Switzerla

スイス

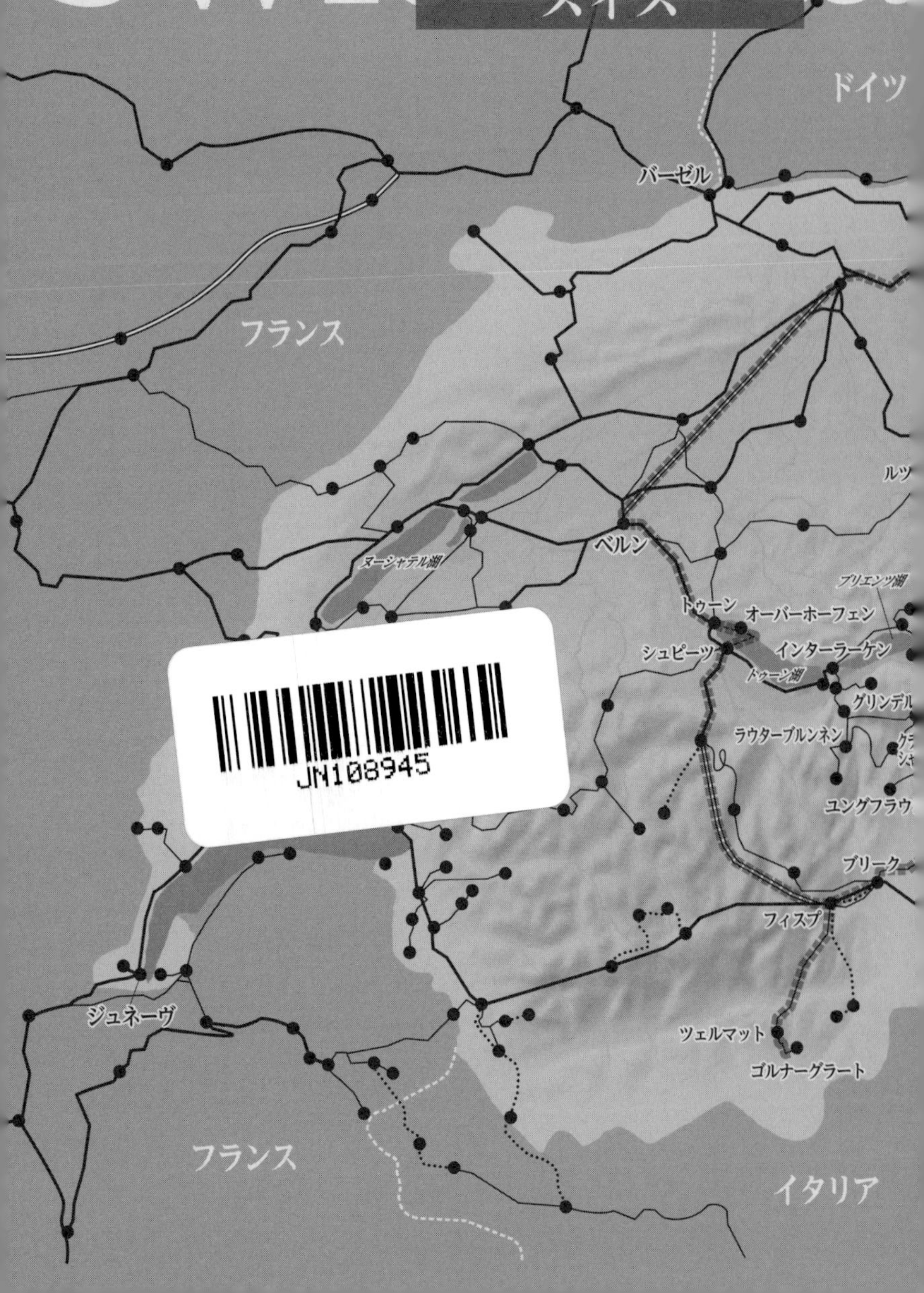

Tabi no keikaku

かみの旅途

Camino Tabito

旅の計画

父と娘、ヨーロッパへ行く。

新葉館出版

はじめに

大学四年の次女とヨーロッパに行きました。

そのとき私は六〇歳。二三歳で大学を卒業・就職し、鉄道会社の一社員として三七年間、様々な職種・職場を経験し、六〇歳定年を迎え、再雇用に漕ぎ着けたすぐ翌年のことでした。

定年を迎えて夫婦で海外旅行に行くのはよく聞く話で、私もまずは妻に声をかけましたがあっさり断られました。ところが次女が、「私が行く！　絶対行く！」と主張し、父娘二人で行くことになったのです。

父娘二人だけで行くヨーロッパ旅行。友人知人からはうらやましがられるのですが、これから始まるのは、その旅行記ではありません。私の旅ノート、といった方がいいかもしれません。旅行に行くと決めてから、仕事しながら帰宅後の夜の時間や週末を使って半年以上かけて少しずつ準備し（ここまでが第一部）、ついに出発し、帰ってくるまでがどうだったか（この間が第二部）を、手帳に記したメモとスマホに残された記録をもとにまとめたものです。

旅行記といえば、もしかしたら第二部が、それに近いかもしれません。ですがここにはいわゆる旅行記の旅行記たる所以であると思われる、旅先で見聞きしたものごとについて具体的に伝え紹介する部分がほとんどありません。そこでこれは、いかにして（より微妙に正しく言えば、どのような過程を経て）私たち二人が今回の旅に出るに至ったか、その段階的な構築の過程、旅の作り込みの経緯と、その結果（計画どおり実行できたかどうかを実地検証した）報告、と言えるかと思います。

では、なぜこのようなものをまとめたかといいますと、この計画をスタートさせてから出発するまでの七ヵ月間が、実行中の一四日間に負けず劣らず、実に楽しく、生き生きと過ごせた毎日であり、敢えて言えば輝いていた期間だったと思えるからです。

その意味ではこの記録の肝というのか特長は、旅行中の記述よりその準備段階である第一部にあるのかもしれません。実はこれを書き始める時、出発の朝を最終章として描こうと考えたくらいです。ですが第一部だけではまことに中途半端なものになりますよね。何といっても私たち親子二人にとって人生の大きな経験となり果実となったのは、旅行の本体部分であることに間違いはないのですから。

その一部始終――それは企画段階から始まる一連の、連続した経験であり、私たちにとってプロジェクトと言えるものです――を、このまま年を経て、忘れ去ってしまうのが何とも惜しい気がしたのだと思います。何とかこのときの気持ちの高揚、楽しくて仕方がなかった日々のことを――それは長い人生の中ではほんの一瞬のきらめき、されど永遠の輝きを放つもの――、これを記憶に、記録に、確かな形でとどめておきたい、そう思ったからだと思います。そのため第一部は少し冗長なものとなってしまいましたが、どうかご容赦いただければ幸いです。

今回の旅は、実は私が六〇歳から再開しようと目論んでいた数次にわたる海外旅行のモデルケースと位置づけたものでした。それが妻とではなく、友人とでもなく、独りでもなく、仕事や地域や趣味を通じての集まりなどでもなく、全く想定外に娘との二人旅となったことで、フルスペック企画といいますか、当初想定した以上の手間と費用を投入する、自分としてはあり得ないほどリッチかつ大掛かりな旅に、結果的になりました。

その意味でこの記録は、もしかしたら私のように定年を迎えた、あるいは定年が見えてきた、あるいはすでに過ぎた、だがこのような海外旅行に踏み切ったことがない方々にとって、どこか参考になる部分があるかもしれません。ここからの人生は、普通に生活できる程度の健康と体力があって、行こうと決意しさえすれば、内容に応じた出費を覚悟しその費用を調達することによって誰でも本当に希望の地へ行くことができるのですから。

——そう思っていたら、新型コロナウイルスという全く想定外の災禍が全世界を襲い、人々のあらゆる夢と計画をあっという間に吹き飛ばしてしまいました。さらにはロシアによるウクライナ侵攻がこれに輪をかけて世界を悲しみと混乱に陥れ、その行方は混沌として先が見えません。それでも、コロナ後・ウクライナ後の世界にもう一度夢をつなぎ、希望を託して、今からその日のための準備を始めるきっかけとなり得れば幸いです。

もう一つ言えば、書いた動機が動機ですから、とても個人的な思いと行動をここにありのまま披瀝しており、私と家族の貴重な、だが極めて限定的な経験をさらけ出しています。そこでこの一編は、ある親子の旅の物語として、より幅広い皆さんにお楽しみいただけるのでは、と思ったりもするのです。ですがその場合も、読んでいただいているどなたにも、ご自身の人生を飾る花になるような美しい旅を求めて、今新たな一歩を踏み出したくなる——、そんな前向きな思いが湧いてくることを、心から期待するのです。

旅の計画
父と娘、ヨーロッパへ行く。

目次

はじめに　003

序章　後書きのような前書き　013

第一部　旅の計画　娘と旅に出るまで　017

第一章　六〇からの旅　始まる（一月）　018
第二章　旅を想い　旅を決める（二月）　022
第三章　人生船出の旅　帰港の旅（三月）　061
第四章　旅を温め　旅を織る（四〜五月）　107

第五章　旅を直し　旅を深める（六月）　126
第六章　二つの人生が交差する旅（七月）　148
第七章　旅をまとめて　心整う（八月）　173

第二部　旅の報告　娘と旅した二週間　199

第八章　旅の交響楽　第一楽章
憧れのマッターホルン目指して　203
第一日　八月三一日（金）　203
第二日　九月一日（土）　209
第三日　九月二日（日）　221
第四日　九月三日（月）　231
第九章　旅の交響楽　第二楽章
ハイジを訪ねて〜スイス周遊の旅　242
第五日　九月四日（火）　242

第六日　九月五日（水）　257

第一〇章　旅の交響楽　第三楽章
チロルから湖水地方へ～サウンド・オブ・ミュージックの旅　276
第七日　九月六日（木）　276
第八日　九月七日（金）　288
第九日　九月八日（土）　299

第一一章　旅の交響楽　第四楽章
ウィーン～旅の終着地　309
第一〇日　九月九日（日）　309
第一一日　九月一〇日（月）　317
第一二日　九月一一日（火）　325
第一三日・第一四日　九月一二日（水）・一三日（木）　331

終　章　前書きのような後書き　337
おわりに　339

旅の計画

父と娘、ヨーロッパへ行く。

序章

後書きのような前書き

九月一二日（帰りの機内にてメモ。カッコ部分は加筆）

ウィーン・シュヴェヒャート空港を無事出発し、今、機内。左となりで舞（次女）が座席にすぼまってくうくうと眠っている。午前一一時五六分。ビルベリージュースが出た。ひとくち、口に含んで、はぁ………と、旅を無事終了した、脱力の長い息を吐く。

（軽く眠って）

今回の旅では、①決してあきらめず、辛抱強く思いを持ち続けること（長い人生の中で、チャンスはいつか、巡ってくる）。②だが、（いざ実行するにあたっては、その思いを持ち続けるあまり）一つの考えに囚われることなく、柔軟に頭を切り替え、慎重に、正しい道、やり方でもって、いま達成すべき目標は何かを見極めて……というより所期の目的は何だったか、難局に直面して見失うことのないよう、照準をそこに合わせて、（むしろ今その時の）気持ちを、そして行動を大胆に切り替えること・チェンジすること（それによって道が開ける）。その大切さが実証された。まことに旅は、人生そのものです。

旅の第一の、まさに中心テーマであったマッターホルン。その展望台であるスネガからのハイキングに充てた日。唯一のチャンスが厚い雲に阻まれ、出発が足踏みを余儀なくされた時。あろうことか、あれだけ初めの計画段階から「二時間のハイキングだよ」と何度も言い聞かせてあったのにもかかわらず、「二時間も歩けない、私は行かない。(山を)下りる……」と舞が言い出した時はもう、絶望で言葉も出なかった――。

何をしにあなたはここまで来たの? なんで、今回ついてきたの⁉ 父ちゃんはこのために、ここまで来たんだよ、僕一人なら行けたのに……と、心の中は悔し涙で溢れたが、娘のためと何とか自分を抑えて断念し、午後の時間をゴルナーグラート展望台に行くことに切り替えて気持ちを何とか落ち着かせた。翌日に望みをつないで――。

そして迎えた翌朝は、さらに曇りの天気。いよいよ今回の旅は諦めて、また次回、再チャレンジするしかないか……。もう一度、今度こそ、一人で来れば良いじゃないか……とひとり考えていた時、

「今日、これから行けば……」と舞が言ってくれた――。

「二時間歩くんだけど……」(と僕。)

そしてその一日は、生涯最良の、幸せな一日になった。

(還暦を迎えた父親にとって、それは――ちょっと大げさに聞こえるかもしれないが――)まさに〝冥途のみやげ〟と言って良い。人生最高の、思いを遂げた一日に、なった。娘のおかげで、

その旅の姿を、写真に残すこともできた。一人ではなく、娘がいつもそこにいて、その姿を、見ていてくれた。その時間をずっと、共有してくれた。こんな幸せなことが、あるだろうか。

憧れのフィンデルン村の中ほどにあるロッジ風の素敵なテラスレストランで、ちょうど山頂部分に薄い雲のかかったマッターホルンを見上げながらビールを飲み干し食事をして、店を出てそのすぐ前のデッキチェアに悠然と身体を横たえて再びマッターホルンを見上げたその時、頂上にかかった雲が逸れ、その美しい全容を、われわれに見せてくれた。まさに生涯最良の、子どもの頃からいつも思ってきた夢をかなえた瞬間だった。九月三日、午後二時。

フィンデルン村の道（スイス）

第一部　旅の計画

娘と旅に出るまで

第一章

六〇からの旅　始まる（一月）

二〇一七年（平成二九年）のこと。暮れの一二月に六〇歳になり、すぐ明くる年の正月早々、旅行会社の海外旅行説明会なるものに申し込んだ。

まずは情報収集からスタートしなきゃ、そして何より自分を「その気に」させなきゃ始まらない……仕事のスケジュールに追われ、縛られて、気がつくと何もできないまま六一歳が迫っている……そんなことになってはならじと、初めてこういうものに出てみることにしたのだ。

「ヨーロッパ旅行大説明会」とのタイトルで、格安ツアーで知られるA旅行社の主催。一月二四日平日開催。事前予約制・入場無料。正月明けの朝刊にデカデカと全面広告が打ってあったのが目に留まったのだ。定年を迎えた人が結構来るのではないかな、と思いながら、すぐその日の夜、国・エリア別に八回設定された説明会のうち、スイス、イタリア、スペイン・ポルトガルの三つの回をネットから予約した。これまでなら平日開催の行催事に軽い気持ちで申し込む、年休を取って参加する、などということはおいそれとできることではなかったのだが、随分気持ちが変わったものだ。

僕としては、六〇になった今からの旅のイメージづくりというか、自分をそこへ向かわせる、本気で行く気にさせるきっかけ、雰囲気醸成、ベクトル合わせの機会として、これは絶好のタイミングであり内容だったのだ。

当日、会場に行ってみると、これがなかなかのイベントで、名古屋駅前のビルの小ホール（定員は各回一二〇名）二室を使い、朝九時二〇分から夕方四時五〇分まで各回七〇分の説明会をびっしりと入れている。ホール一が①スイス、②オランダ・ベルギー、③スペイン・ポルトガル、④中欧。ホール二は①北欧、②イタリア、③ドイツ・ロマンチック街道、④イギリス、だ。

どの回も参加者が一杯で、入り口では来場記念品とペットボトルのお茶を配り、ロビーでは様々な旅行用品も販売していて、実に活気がある。主催者側にとって、今シーズンの開幕を告げるこの日が春のセールスの成否を占う重要な試金石となるのだろうとうかがい知れる。ここでどれだけ成約を勝ち取るか、スタッフは相当意気込んでいる様子なのだ。

初めての僕には意外に思えたのは、すでに申し込んだ人も結構多そうだということだ。申し込んだ人にとっては、自分が行く旅行先の詳細な現地事情や気候や行程上の留意点をインプットして準備するのに必須の説明会となるわけで、旅行会社はそういう人たちにまとめて説明する機会として設定しつつ、新たな客を少しでも多く引き寄せて、ここで一気に取り込んでしまおうと、うまく両方に向けて仕掛けた一大商談会、兼参加者説明会なのだ。

僕は、少し前に銀行口座に入金した退職金を少しでも有利な条件で保全すべく動いていたので、説明会の合間に、ランチにも出たが銀行へ行ったり会社の関係部署にも顔を出したりして、大変充実した一日を過ごしたのだった。

この日の説明会参加を一言でまとめるなら、こうだ。僕の六〇代の旅がここからスタートする、非常に良いキックオフ大会になった。まさしく当初の目的を達成することができたわけだ。

何といってもベテラン添乗員がパワーポイントを使って、ナマの観光情報だけでなく、今現在の現地の治安情勢から個人旅行と比較してのメリットとデメリット、細かい持ち物の注意点、そして――これが大事なのだが――本当にこの国この旅行で感じ取ってほしいこと（個人的な思い）まで、これから行こうとする人に知っておいてほしいことをコース内容に応じて――かなり踏み込んだ程度にまで――包み隠さず話してくれるのだ。これは聴かない手はない。

僕はこれから行きたいと考えていた三つのエリアについて、幸い開会時刻が重なることがなかったので三つとも聴くことができたが、おかげで（?）何と、もう、これは行くぞ、行かなきゃ！　と、三つとも完全に行く気になってしまった。まさに僕の中で〝雰囲気醸成〟が一気にこの日、なされてしまったわけで、旅行会社の企画に脱帽。見事に主催者側の思うツボにはまってしまった（?）といえるが、A旅行社とまだ決めたわけではない僕にとっては、まことにありがとうございました！　と、こちらから礼を言いたいほど大きな収穫の得られた機会となったのだった。

実をいうと、この説明会に参加した時、まだ今年行くつもりでいたわけではなかった。パンフレット、チラシ類を当日いろいろもらってきたので、一旦持ち帰り具体的に検討しよう――

A旅行社のツアーは価格がお値打ちな割に内容充実この上ないコースばかりで、カネのない僕はかねてから新聞に広告が出ると何となく注目していたから、今回もしも利用しないとしても、いずれ数年のうちにはきっとお世話になることもあるだろう——、そう考えて、興奮冷めやらぬまま大キックオフ大会の会場をあとにしたのだった。

ところで、この説明会に申し込んだ一月八日当日の僕の手帳に、新年の計、としてこの一年の計画をざっくりと挙げている。そこに今年のテーマとして

来たるべき〝海外の一〇年〟に向けた準備体制づくり

と書き込んでいるのだ。つまり、六〇歳の今年は——実は、仕事の方が結構大変な状況になっていて、旅行どころではないかもしれない、という事情もあったので——、来年からの海外行きに備えた準備期間としよう、むしろ今年は六〇の節目となる別のこと、もっと地道なあることをやろう、と考えていた。

なので説明会に行ったのも、今年行こうとしてではなく、あくまで来年から行くべく、そのための事前準備を六〇になったこの時点からスタートさせよう、との考えからだった。

第二章

旅を想い　旅を決める（二月）

二月四日、日曜日。名古屋へ出た帰り、ちょうど乗り換え駅となる金山駅前にB旅行社があることを知っていたので立ち寄ってみた。A旅行社の説明会を聴いてからというもの、旅のイメージが勝手に膨らみ、家や通勤電車の中でいろいろと考えてみるのだが、分からないこと、聞きたいことが一杯出てきたのだ。B旅行社を使うかどうかは別として、いや、ツアーで行かない場合があるとすれば使う可能性大と何となくイメージしているので、ここは一つ飛び込みで相談してみよう、と考えたのだ。結果、本当に良かった。モヤモヤがさっぱりと解消した。

A旅行社の説明会が第一次調査のキックオフ、次回予定のC旅行社の説明会が第三次調査——と、もう一回、他社の説明会にも出向こうとしているのだ——とすれば、今日は第二次調査となるB旅行社へのヒアリング実施、と相成った。海外旅行のまとまった説明が聴けて全体概況を把握できる旅行説明会を基本としつつ、そうした機会の合間に、専門の旅行会社カウンターを訪ね、自分の希望、膨らんできたイメージを話し、具体化の可能性と方向性をつかんでおこうと考えたのだ。

しばらくカウンターで待ったが、その間に幾つかの募集チラシと、ちょうど座ったカウンター席の後ろのラックにあった「鉄道で旅するヨーロッパ」、「列車・バス・湖船で旅するスイス」という二つのきれいな鉄道旅行パンフレットを見られたのは全く幸いだった（ここが、さすが個人旅行を基本としてきた同社らしいところだろうか）――。いや、もしかしたらこのことが決定的になった、といって良いかもしれない――。これからの六〇代、是非したいとずっと願っていた旅こそ、ヨーロッパ鉄道旅行だったからだ。

僕は、そこでいろいろ語った。

――今年定年になったのを機に、念願だったヨーロッパへ行きたいと考えている（新婚旅行で一度ヨーロッパへは行っている）。ことにスイスのツェルマットに滞在し、マッターホルンを眺めながらフィンデルンという（昔からよく写真で見てきた美しい景色の）村をハイキングするのが中学生くらいからの夢だ。ハイキングを組み込んだパッケージツアーもたくさんあり、効率よくいろいろ見られて良いとも思うが、自分で鉄道旅行もしてみたいと長い間考えてきた。氷河急行にもぜひ乗りたい。けれど他にもスペインはいつか行きたいと思ってきたし、ヨーロッパといえばやはりイタリアは外せない……等々、自分の思い描くヨーロッパ旅行の夢を熱く語ったのだ。

さらに僕は続ける。

――そのように思ってきて、今六〇になり、仕事人生にもひと区切りつけるこの段階で、いよいよ夢の実現、夢の回収に取りかかりたいと考えているのだが、行きたいヨーロッパの、とりわけ鉄道旅行をするのに、仮に個人旅行とした場合、どこから入ってどうコースを組んだら良いのか、具体的に何から手を着ければよいのかサッパリ分からないのです、と。

——まだ自分の中でコースのイメージがあるわけではないし、それどころか実はまだ、いつ行くとも決めて今日来たわけでもないのです。今日はそちらも忙しいところ申し訳ないが、そんな私の漠然としたイメージを具体化するうえで何らかのヒント、アドバイスをいただけたらありがたいと思って、やって来ました……。

——さらに、来るべき旅のセッティングを、仮に御社に頼むとすれば何をどこまでお願いできるのか。今ではネットを使って自分で予約して行く人も多いようだが、旅行会社は今、個人旅行に対してどんなサービスを提供してくれるのか。そして——ここが大事なことなのだが——考えている旅行を実現すると費用規模はいかほどになるのか。パッケージツアーと較べて有利なコースを組むことは可能か。パッケージツアーの方がずっと安く済み、良い内容のものがあるのであれば、ツアー参加もありと考えている……といったところまで、ひととおり尋ねたのだった。

担当してくれた女性は、初老をとうに超えたサラリーマンの夢の告白とひどくぼんやりとした定年旅行のイメージを面倒くさそうな顔一つせず聞いてくれ、親切にこちらの話に受け答えしてくれる。そして、旅行会社はパッケージツアーは勿論、個人旅行も、そしてその中間的な形態を含むあらゆる旅行に、客の要望と必要に応じ対応する用意がある、ということを縷々説明してくれた。

考えてみれば当たり前のことだったが、何でも個人でネットを通じて申し込めてしまう今日の旅行環境において、プロの旅行会社の利用価値、あるいは個人旅行をサポートするその役割が理解でき、安心したのだった。国内旅行ではネットで全て予約・手配し、どこへでも行ってきた僕だが、こと海外となると話は別。とくに初回となる今回は、旅行会社をうまく活用する方が安心ではないかな、そう思っていたのだ。

そして彼女は、どこから入ってどこから出るのだってできますよ（これも当たり前の話！）、例えば……と言って、手元のパンフレットのヨーロッパ地図を指で辿りながら、スイスに入って鉄道旅行しながらウィーンから帰ってくることだってできますよ、と、それがいかに素敵な旅になるかという口振りで、言ったのだ。

ウィーン⁈　そうかウィーンがあったか！　芸術の都ウィーン、楽都ウィーンに行けるのか⁉　行く⁇

ウィーンは想定していた三、四の国から若干離れているから全く範疇外にあった。ところが、彼女とやり取りしながら鉄道旅行パンフレットの、路線図が載っているページに目をやると、マッターホルンのツェルマットから氷河急行を経由してウィーンを目指す鉄道ルート上にインスブルックがあり、ザルツブルクがあるではないか——。

先日の説明会ではスイス・イタリア・スペイン・ポルトガルの四つの国の説明を聴いたけれ

ど、オーストリアは僕の中ではスイスとセットのように感じてきた国なのだった。とりわけ映画『サウンド・オブ・ミュージック』の舞台ザルツブルクと、アルプスを背景としたチロルの教会のある風景、そしてインスブルックという街は、昔から美しい外国の風景カレンダーや学習誌の口絵写真、大学ノートの表紙——これらが年若い僕の外国旅行への夢の源泉だった——でいつも見ていて長い間憧れの街であり風景だったのだ。

帰りの電車で考えた。六〇歳の今年は、人生の一つのけじめとして、あること（これについては後述したい）をやる年であり、同時に（国連の取り組みを真似て）〝海外の一〇年〟、海外へ行く一〇年の準備年としよう、と決めて明けたはずだ……。まずは大きな仕事が先にあり、これを成し遂げてこそ、後半、いや、おそらくは年明け以降に、海外に行ける、行こう、というイメージからスタートしただろう？　ところがこの一〇日間ほどの急展開ぶりは、いったいどうしたことだろう……と、改めて、行くべき時期と場所、そして誰と、どのような形態で行くのか（個人なのかツアーなのか）について、考え直すことにしたのだった。

今年の後半以降というと秋か冬。ヨーロッパは高緯度ほど日が短く活動時間は短くなるから、行き先としてスペイン、スイス、イタリアのいずれかであれば、まずは南のスペインからかな……そう考えていたら、ちょうどタイミングよく開催されたA旅行社の説明会にラッキーにも参加することができた。ここで旅行会社ならではの生の情報、基本以上の情報をひととおり得て、俄然、その気になった。そして妻にこのことを告げ、一緒に行くか問うたところ、即座に、そして明快に「行きません」と言われた。が、次女に僕の計画を話したら、その三つの国なら、どれも「行きたい！」と言ったのだ。

次女の舞は、今年大学四年。①残る必要単位は多くなく、休みが多い。九月まで夏休み。②六月にも就職先が決まる可能性が高い。③来年四月には就職し、海外旅行は行けなくなる。④一〜三月のヨーロッパは日が短く、寒い。その時期、卒業旅行も行くかもしれない。いや、きっと行くだろう。まさかヨーロッパではないだろうな……。冬に娘とヨーロッパに行くなら、クリスマスか、いっそオーロラなら分かるが、僕の行きたいのは（ちょっと違うんだよな）……と考えてきて、結論。娘を連れて行くとするなら、今年の夏休みしかない、ということだ。いやはや、これは急な展開になってきたぞ……。

では、どこへ連れて行くとするか。電車に揺られながら、僕が六〇からの旅で考えていたことをひととおり思い返してみた。

まず、スペイン。アンダルシア、フラメンコ。強い憧れがある。ガウディも高校生ぐらいから興味を持ってきたが、もっと見たいのはアルハンブラ宮殿。アンドレス・セゴビアのギターが長年、頭にこびりついている。スペインを舞台にした小説なども結構読んだ。妻と行くならツアーに限るが、一人なら鉄道旅で、大きな国だから二回に分けて行き、一回はポルトガルと組み合わせて行きたいなぁ、と思いつくまま勝手なコースを空想し手帳に書き留めてもいた。現実には二回もなんて行けそうにないのだろうが……。

今回、妻とでなく娘と、そのうちの一回を実行することになるのか？　娘が一緒なら、父ちゃんの知られざるスペイン語の実力を見せてやれるぞ……。僕は大学での第二外国語はドイツ語だったが、南米各地のフォルクローレを学生時代から広く深く聴き込んでおり、歌も聴けば独特の民族楽器もヘタだが一応、演奏できるのだ。就職してからは幾つかのスペイン語クラスに何年か通ってもきた。日本語の喋れないコロンビア人彫刻家のクラスに通った若いホテルマン時代の情熱を思い返せば今も胸が熱くなる。多少とも言葉ができ、スペイン文化圏の知識と感覚があれば、一人の旅でも何とかなると思っているし、娘を連れての旅も安心感が全然違うというものだ……。

次にイタリアを考えた。人気の高いイタリアに、僕は格別な思い入れがあったとはいえない（僕はマイナー志向なのだ）が、中学生の頃、大学生の兄がヨーロッパを旅した時の、ベネチアはサンマルコ広場の写真の印象が鮮烈に頭に残っていて、これが夢の原点かと思うが、何といっても古代からの文明。多彩な都市文化の広がりと宗教・芸術の粋を、一度は見ておきたい、見ないでおられるものかは、と念じている。北イタリアの山と湖のある美しい風景にも、子どもの頃から心魅かれてきた。

スペイン文化圏と違い、これまで何か特別な関わりや強い感情をこの国に持ってきたわけではない――ただしダ・ビンチは例外で、この左利きの天才の気持ちを、左利きの僕は良く理解できるのだ、と勝手に思い込んでいる――分、興味の程度は普通で健全（？）で、観光面に関して言えば一般の観光客と、さほど変わらぬ知識レベルかもしれない。言葉も分からないから、これはどちらかというと、誰かと一緒に行くのかな？　というイメージだ。

パスタやドルチェを好む妻とツアーで行くのに最も適した国がこのイタリアと思うのだが、わが妻はどうしたわけか、若い頃からあまりラテン系の国々に行きたがらないので、イタリアこそ娘と行くのに最適かもしれないな……。若い女の子なら行きたいに決まっているし、僕も特別なこだわりがない分、より普通に観光旅行が楽しめるというものだ。

とか何とか思ってはみるが、スペインとイタリア、この二国とも僕自身初めてで、マドリッドやローマといえば、ヨーロッパで治安がよろしくないことでは筆頭に挙がる街と聞く。とても若い娘を連れて、いきなりフリーで旅する自信は、ない。連れていくならツアーか、でなければ練習、下見が不可欠だ……。そうだ、いっそ今年中に一回、思い切ってスペインかイタリアに一人で行き、六〇歳の鉄道旅を敢行し、年明けに娘を連れて再訪するってのは、どうかな？（ニヤリ笑）などと調子のいいこともつらつらと考える。そもそも二度も行くカネもヒマも、あるはずがないではないか。

こう考えてきて、結局、二人で行くならスイスがベストだ、スイス以外ありえない、という結論に落ち着いた。まずスイスなら安全だ。新婚旅行で行ったこともあり、未知の国でない。美しい国だ。娘を連れて旅するのに相応しい。鉄道網が発達している。鉄道旅行は一人でも楽しいが、一人なら予約なんてしないところを、二人なら予約して行ける。個人では夏のベストシーズンとあってチケットもきっと取れないだろう。何といっても観光立国。世界中から観光客が押し寄せるのだから。

そして夏なら、念願のハイキングができる。二人ならそれも、一人で歩くよりずっと楽しいに違いない。ハイキングのツアーも多いが、スイスなら、今日見てきたようなコースを自分で作って、念願の鉄道旅行ができるではないか……。ああ！　マッターホルンのハイキングが……何と、すぐそこまで、やってきてしまうではないか！　と、これは大変なことになってきた。

こうして、行くのは今年の夏休み、行き先はスイス、そして旅行会社のカウンターで再発見したオーストリア、と決めた。

この日は節分会で、今年のわが家の守り札を受けにお寺に行った帰りだった。軽い気持ちで立ち寄ったB旅行社。そのカウンターで僕の積年の思いを吐露したら、たちまち僕の六〇からのヨーロッパ旅のメインとなるだろう鉄道旅行の基本ルートが急浮上し、そして帰りの道すがら、そのルートをすぐこの夏、娘と二人、辿るということが――まだ舞には何も言っちゃいないが――僕の頭の中で事実上、決まってしまったのだ。座席で膝に乗せたリュックにはお寺で受けてきたお札《ふだ》を入れたまま。これはもしかして、仏の思し召しではあるまいか⁇

家に帰ってからも自分の部屋にこもり、昂ぶった頭でまだまだ考える。

日本↓(乗り継ぎ)↓スイスの空港↓ツェルマット滞在、ハイキング↓氷河急行↓インスブルック↓ザルツブルク↓ウィーン↓(乗り継ぎ)↓帰国

おお、六〇でとうとう、いや、六〇になるなり早くも、かなうのであろうか、ツェルマット。マッターホルンのハイキング。しかも娘と二人で行ける機会なんて、もしかしたら一生に一度しか……今しかないのかもしれない、と気づく。ザルツブルク、ここは勿論、『サウンド・オブ・ミュージック』の旅とするのだ。当の娘も、どういうわけか不思議なことに、小さな時から繰り返しビデオで見ていた、あの名作映画の舞台を訪ねる旅に。

こんなコース、まるで夢のようだ。そうだったのか。僕のたっての望みのコース、昔から夢見ていたコースを、この機会にこそ、組めば良かったのか……。自分でネット予約して行くか(だがそんなこと、海外旅行で、したことがない)、そうでなければパッケージツアー参加(みんな一緒の、慌ただしくてちょっと窮屈な旅か、それを回避しようとすればするほど高額な費用を伴うだろう)か、そのどちらかしかない、その間の中間的な、かなり自由な形態がないのではないか。そう思い込んでいた僕の旅の困難なイメージはきれいに吹き飛んでしまい、そのあとにすがすがしい青空が見えてきたのだ。

いや、この日の帰り道はすでに暗くなっていたから、むしろ空に星が輝き始めた、といえば

良いだろうか。あるいは節分でまさしく冬は終わり、春が見えたか。本当に良かった。まさにこの年初の一期間、一年の計画・イメージづくりのために調査行をした甲斐があったと実感し、胸が熱く、うれしくなった。

この年、二〇一八年。結婚三〇年。僕、定年六〇歳。至極当然のように、夫婦で海外旅行を……と考えそうなもの。僕もそう考えていた。だがわが奥様は、行きません、とのたもうた。夫が定年になって夫婦で海外旅行に行きたがるのは、往々にして夫だけだ、と聞いたことがあるぞ、などと思ってみるが、これは痩せガマンというべきか……。

下の娘（末子）、御年二二歳。ちょうど、私たちが結婚した時の妻の年齢だ。妻は体育学科出身で、水泳やスキー指導の経験もあるスポーツウーマン。片や僕は文学部出身。音楽や絵も好きで、どちらかと言えば学究肌（かな？）の人間だ。社会科の教員免許と学芸員資格を取って卒業したが、妻と異なり体育系はからきしダメときている。

これほど正反対の夫婦も珍しいかもしれない。似ているのはタバコが大嫌いなことと、ペットを飼う（動物を家に入れる）のがイヤなことぐらいか。あと、無駄遣いができないこととか。おっと、血液型はどちらもO型。マイペースで、どこか図太い（？）神経は、共通しているかもしれない。そう考えていくともう少し共通点・一致点もあるのかもしれないが、ものの見方・感じ方、考え方や嗜好は信じられないほど違うから、きっと自分に本質的に欠ける部分を、遺伝子が求めた相手だったのだろう。まこと不思議なご縁だと思う。

子どもには三人恵まれ、上から順に、男・女・女。件の次女は成績優秀、絵が上手くマンガを描くのも大得意で、音楽も武道もこなす。両親の強いところをより強く、バランス良く受け継いだといって良い。といってもこれはいささか、いや随分と褒め過ぎで、実際は世間知らずのくせにとても気が強くて困るのだが……。ふだんの生活でも、父親の不注意をキツく指摘する他はほとんど僕に話しかけることもない。

それでも、この子と二人、旅するのに、スイス・オーストリアは最良なのは間違いない。映画のことはすでに触れたが、ことにウィーンの街で、二人で音楽を聴き、美術館を訪ねれば、きっと知性と感性のスパークが（?）二人の間を飛び交うことだろう！ と、勝手に自分たちを持ち上げて、一人大いに気分が盛り上がるのだった。

結婚して三〇年の節目の年に、妻の代わりを、娘が務めてくれるという。神の、仏の、まさに計らいではないだろうか？ これがそうでなくて、いったい何だろう！ とさえ思える。あり得ない不思議。三〇年はわが家の三〇周年でもあるのだ。その三〇年目の夏に、スイス再び。それも今度は妻の分身、その身体から出てきた子、私たちを受け継いだ最後の子と一緒に……。そう考えていくと、うれしさと期待感に心が満たされていく。こんな幸せ、本当に実現するのだろうか？ 本当に、行けるのだろうか⁇

それにしても、ちょうど三〇年前、妻と二人してスイスのユングフラウヨッホに上がり、歴史あるスフィンクス展望台から壮大なアレッチ氷河を見ただなんて……。やはり昔から憧れの地だったグリンデルワルトに泊まり、二人でアイガーを望むハイキングを、花が咲く六月の暖かい日にゆったりと楽しんだなんて……。あれはやはり人生の一つの画期、夢がかなった日々だったのだなあ、と、楽しかった新婚旅行の記憶が次々とよみがえるのだった。

私たちの新婚旅行は、ドイツのロマンチック街道を観光バスで南下し、オーストリアのチロル、リヒテンシュタインを経由してスイスに入り、最後にパリに行く一〇日間の行程だった。今思い返しても大変充実した、素晴らしいコースだったと改めて感動する。

この日は、自室の古いＣＤラジカセがいよいよ壊れそうになっていたので、他の用事を片づけついでに近所の家電量販店に出かけ、コンポを見ている。そこで思わずよそ見してしまうのは一眼レフカメラ。急に今年の旅が、この日、一気に具体化の動きとなったことで、ふだん見ることのなかったものに目が行くのだ。娘をモデルにカメラマンを務めるかな？――というより舞の写真係だろうな。それも良いではないか、と、ちょっとうれしい、かなり楽しみ。かつて鳴らしたカメラの趣味、六〇歳で復活か？　それも良いではないの……と、俄然、前向きになっている僕だった。

帰った後、確か風呂の中で思いつき、出てから、忘れないうちにと書き留めた（浴槽に浸かっていると、本当に様々なことが頭に浮かぶものだ）のは、〝旅のため、今のうち無くしておこう不安材料〟。標語のような一文だが、万全の態勢で旅に臨むため、仕事は勿論、身体の健康状態を整えておこう、と思ったのだ。

昨年の秋、会社の健康診断で不整脈が見つかった。すぐ再検査したところ、良くない、との診断だったが、しばらく置いてでもう一度検査しましょう、それでも（不整脈が）出たら治療です、治療は足の付け根からカテーテルを入れて……云々と言われていたのだ。そこで、今こそヤルベシ不整脈治療、と考えた。これは即、実行に移し、二日後がちょうど休日出勤の代休だったので予約して再検査した。その翌日も代休で、後述するC旅行社の旅行説明会に出た後、結果を聞きに行ったところ、心配した不整脈は出ず、本当にクリアしたのだ。

一つずつ、こうして片づけておかねばならない、と思い、歯のほうは大丈夫だったかな？むし歯はよほど大丈夫だと思うが、残っている親知らずのうちの一本が痛み出す可能性もなくはないぞ……などと内なるリスクを点検してみるのだった。

二月七日。平日だが前週末出勤の代休（仕事で週末に行事を開催することが多い）に充て、第三次調査行。今度はC旅行社のネット予約商品の説明会だ。そしてこの日も素晴らしく充実した、成果ある一日となった。

この日の説明会は、一〇時から①イタリア、一二時から②スイス、四時から③スペイン・ポルトガルの、やはり三回を申し込んでおいた。各一時間。名古屋駅前の真新しい商業ビルが会場だったので、①と②の間に銀行やATMを回るなど用事を済ませ、②と③の間はこのビルのレストラン街でランチタイム等々、立地の便利さを活用させてもらうスケジュールとした。

因みにそのランチ。会場ビルの地下にあるイタリア料理レストランにした。今日の説明会のチラシで、ビル内レストランでの食事が割引になるのだ。さすが大手は違う、と感心。オードブル・ドリンク付九八〇円というのもお値打ち価格だが、これが五％引に。店の雰囲気も気に入った。イタリアでは小さな店に飛び込んでも意外なほどおいしい食事に出会えると本で読んだことがあるが、イタリアに行く時は……と思いを巡らせ熱いコーヒーを飲む。旨い。フレッシュがポーションのまがい物でなくホンモノなのも今時うれしいではないか、などとご満悦なのも実に安上がりな僕。一人ならこれで充分過ぎる価値をもらった。楽しみを心に持っていると、こんなささやかなことも、うれしいものだ。

食後は今日、再度、B旅行社に行くつもりだった。先回いろいろひらめかせてもらった金山まで行くべきところではあったが、今日は説明会の合間の時間を利用している。今後のことを考えれば、便利な名古屋駅前の営業所も見ておきたいと考えた。B旅行社の名古屋駅前営業所は、これまた別の真新しいビルの上階にある。今日は考えてきたコースを示し、少し具体的な相談ができるぞ……と思ったのだ。

そしてそのあと③に出たら、今度は循環器科のクリニックへ行って、検査結果を聞いてから帰るという、隙間のない今日のスケジュールがなかなか楽しく感じられる。検査結果は前述のとおりで、良い気分で家路につくことができ、満足な一日とすることができた。

肝心の説明会の内容を飛ばしてしまったが、今回はますます、添乗員らスタッフの話がバシバシと頭に入ってくるのだった。完全に行く気になっていると、こうまで響くものかと思われた。スイスの六、七月は、晴れたら晴れ、降ったら一週間雨（！）という言葉や、山（が目的）なら晴天率の上がる八月、それでも山の上ですから雪が降ることもありますよ（！）、八月後半から九月は天候も安定して、花はないが観光客も減って、良いですよ〜、九月には山に早くも雪が……といったナマの情報がありがたい。娘は九月まで夏休みなので、もうこの日の話で僕は九月前半に行こうと心に決めてしまった。

食事のあとで訪れたB旅行社では、金山での相談のことをお礼とともに述べた上で、次の行程イメージ（素案）を提示した。

名古屋↓ヘルシンキ↓ウィーン↓ザルツブルク↓インスブルック↓サン・モリッツ↓氷河急行↓ツェルマット↓スイスの空港↓ヘルシンキ↓名古屋

そう、この日、スイスの説明会のあとで考えたのは、先のルートを逆に辿るコース。マッターホルンのハイキングが目的であるならば、C旅行社の言う、より天候の安定する九月の、それもなるべくあと寄りにこの予定を入れ、最終目的地とした方が、安心かつ充実感の高い旅となるのではないか、そう考えた。何といっても今回の旅はツェルマットが目的地。当初イメージと逆コースを辿ることで——ガイドブックでも氷河急行の旅は西行きの説明が多い——マッターホルンが近づく、マッターホルンに向かって行く期待感が味わえて、この方が良さそうではないか、と。

出発は八月末か九月あたま。通常のヨーロッパツアーに多い八日間の行程として、費用はいかほどか、と聞いた。八日間とすれば現地は六泊。この行程では実際にはかなりきついのだろうが、僕としては、ツアーと比較して自分の希望でコースを組んだ場合、どのくらい費用が違うのか、いったい幾らぐらいで行けるのかを知らなければ、ここから一歩も前進できない。

担当してくれた女性は、まずは出発日が最終的にいつになるとしても、また、旅程が何日になるとしても、仮で良いので今すぐ調べられますよ、と、八月末出発・八日後帰着で名古屋から便利な便のある日程をすぐに調べてくれた。

フィンランド航空利用・ヘルシンキ経由ウィーン入り・チューリヒ出発の八日間。エアー代金に諸費用込み、二名で約三六万円、と出た。これにあとは鉄道パス代、ホテル代をそのまま足せば、旅行費用が出ますよ、と至って明快。ホテルはB旅行社のサイトから申し込めます、エアーのチケットが格安券なので予約後三日以内に購入・発券が必要となります、とのことだ。これが第一案となった。

これなら今日行ったC旅行社のパンフレットで見る氷河急行を含むスイスのパッケージツアー——それはスイス全域を回り四大名峰とやらを全部押さえ、ハイキングも二回付いたフルメニュー版——が八月下旬出発で一人約三九万円、とあったから、これと比較しても結構、個人旅行でも行ける金額ではないかな……。貴重な退職金をつぎ込んで行く人生の一大旅行。仮にツアーとトントンぐらい？　で行けるとしたら、これだけかける意義はあるんじゃないか――。パッケージツアーはすでに行ったところや特段行きたいと思っていないところも行ったりするから、行きたいところばかり組み合わせて行けるのなら、この方が良いではないか……、そう思われた。

この第一案の中で、ちょっと移動に無理のありそうな心配な部分があった。オーストリアからスイスに入る、インスブルック――サン・モリッツ間だ。その場でそれを聞くと、すぐに所要時間を調べてくれ、鉄道で、二回乗り換えて五時間一〇分かかります、と検索結果を示しながら教えてくれた。他にも、そもそも最終目的地だ、ハイキングだなどと言いながら、ツェルマット滞在が短か過ぎるではないかと思ってもいる。僕は、いよいよ形を見せ始めたこの案を持ち帰り、旅行日数と宿泊地の具体的な検討に入ることにした。

翌日、昨日の第一案を検討した。

現地六泊案では、サン・モリッツまで行くのは無理がある。氷河急行はサン・モリッツ始発だが、古都クールを経由してツェルマットへ向かうから、インスブルックからのルート上にあるクールから氷河急行に乗ればショートカットできそうだぞ。遅めの便にクールから乗ることにすれば、その日インスブルックから出発しても、結構、時間が稼げそうだ……。そうか、ここでサン・モリッツの一泊を省略できれば、ツェルマットでもう一泊確保できるではないか。ハイキングの日の天候を考慮すれば、これはむしろ絶対条件だ……と、こう切り詰めて考えてみるのだが、どう考えてもさらに一泊は必要だろう。七泊九日だ。

名古屋↓ヘルシンキ↓ウィーン（一泊）↓ザルツブルク（二泊）↓インスブルック（一泊）↓クール↓氷河急行↓ツェルマット（二泊）↓チューリヒ（一泊）↓ヘルシンキ↓名古屋

サン・モリッツが飛んでしまった。ガイドブックでも見たが、サン・モリッツは無理して行くところではないかもしれない——、山はツェルマットで満喫する計画だから。それにサン・モリッツは高級リゾートだ。メインストリートの写真を見ると、高級ブランドショップがずらり並んでいる。われわれ、いや、僕がわざわざ訪ねるところでもあるまい……。それよりはウィーンの方が価値大であることは間違いない——。

この案でもツェルマットでハイキングをする時間は一日半の幅しかない。ネットで検索してみるとツェルマット——チューリヒ間は鉄道で三時間半。仮に予定日の二泊目の日が雨で、三日目がハイキングとなった場合でも、夕刻に列車に乗れば翌日朝のチューリヒ発の帰りの便に間に合うことは間に合うのだ。

また、せっかく行けるウィーンでも、観光が半日しかないと来ている。二日目にザルツブルク入りしていないと、その翌日にザルツカンマーグート（湖水地方）――図書館で借りた鉄道旅行の本によると、またサウンド・オブ・ミュージックの旅とするにも、絶対に欠かせない美しいエリア――の観光にはとても行けそうにないからだ。

こう考えてくると、ツェルマット泊をさらに一日増やすか、ウィーン泊をもう一日追加するかして、現地八泊一〇日間は少なくとも必要だ、ということが分かってきた。ネット上にはたくさんの旅行情報が溢れている。当然必要な移動時間、そして観光の時間をここでいろいろと調べながら織り込んでゆくという作業が始まり、いよいよ具体的な行程づくりに入った、と感じた。そして、こうして旅に自由に考えを巡らせ、膨らませる時間が、何ともいえず楽しいのだ。

週末の休みの日に思う。クール――サン・モリッツの行程は消えてしまったが、クールの手前にマイエンフェルトがある。新婚旅行で妻と訪ねた『アルプスの少女ハイジ』の舞台だ。ただ、あの時は「ハイジの泉」を見て記念写真を撮っただけだった――。

そう、今回はハイジの旅にもできるということだ。妻にやはり今回一緒にどう？　ハイジの村に行こうと思うんだけど……と、再度誘うことを考えてみる。娘に（二人で行くぞ！　と）最終決定を告げたわけではないとはいえ、今さら舞に行くなとも言えないから、親子三人は可能か？　と。娘が一緒なら、妻も行ってくれるかもしれない……。

いや、無理だ。ホテルはツインが基本だ。三人となると、全てがややこしくなる。それに三人だと僕は完全に添乗員役になってしまうのではないか？　添乗員ならまだ良い方で、二人がかりであれやこれやと要求され、望む行程が危うくなる羽目に陥ったりしないか？　とか、場合によっては結束の強固な母娘から旅中で却って疎外されるのではないか⁇——といった要らぬ危惧が頭をもたげてくるのだった。

それに、いくら若干、行程に余裕が出る可能性が出てきた（とその時は思った）といっても、ここであまり時間を取られるのもどうかな、せいぜい立ち寄り程度にとどめておくのが賢明ではないかな、そう考え直すのだった。

そして二月一四日の夜、自室でこの年の僕の〝六〇歳の事業計画〟を手帳に書き記した。毎年一、二月の間にその年一年の計画を手帳に記すことにしている僕だが、今年は、事業計画「二〇一八　¡Adelante!（アデランテ）プロジェクト」と銘打って、年末から何となく考えてきていた、今年やること・今年の取り組みを、一〇ほどの〝プロジェクト〟としてピックアップし、列挙したのだ（アデランテはスペイン語で前進・前へ）。

その第一は先に触れかけた、六〇歳の記念事業。第二に「海外旅行プロジェクト」を位置づけた。

数こそ多いが僕の二〇一八プロジェクトは大小様々で、長女の「第二子誕生プロジェクト」、次女の「就職プロジェクト」といった家族の重要ライフイベントがまずある。これらの案件に父親としてしっかり取り組むぞ、という決意というか意思決定（表明は一切、していない）が基本となるが、「源氏物語（を六〇歳の今、読むぞ！）プロジェクト」のような、ごくごく個人的な趣味系だか自己啓発系だかの取り組みもあれば、健康上の目標なども、ある。

僕の年間計画は年々盛りだくさんになる傾向があり、それぞれの具体的な内容と進捗は、追い追い書き込んでいくことにしている。ついでにいうと、テーマごとにそれぞれの実施時期があるから、手帳の月間スケジュールのページにその月の仕事の計画と進捗をまず記し、その下段にプライベートな月間テーマを併記して、公私同列で実行を図る。

週末の土曜日も出勤だった僕は、仕事帰りにB旅行社に立ち寄った。やはり最初にお世話になった営業所で話を進めようと金山に行ったのだが、夕方は若い女性客らで一杯で、待ち時間が長く、すぐ諦めた。申し込み時点でパスポートが要るようだから、そろそろパスポート用の写真を撮らないといけないかな、などと考えながら、次に名古屋駅前の大型書店に立ち寄り、ガイドブック類を調べた。

本屋と図書館は僕の〝隠れ家〟。仕事帰りに度々立ち寄るようにしているから、「るるぶ」「まっぷる」の若い人向け二大ビジュアル観光ガイド本は当然見ているし、いつも行く市内の図書館に置いてあるヨーロッパ鉄道旅行の本などは、かなり古そうだったが以前から興味深く眺めてはいたから、それらの新版は出ていないか、またその他にどんなものがあるかをひととおりチェックしておこうと思ったのだ。この日も先に図書館に行っているから、早速何か借りてきて、帰りの電車で見ていたのかもしれない。というのも、その日の晩、自室でさらにプラン変更を行っているからだ。

ウィーンとザルツブルク間が遠いのと、改めてガイドブック等で見るウィーンがあまりに巨大な〝芸術の都〟過ぎるのとがどうかなと、つまり中途半端に訪ねる街ではないのではないか、今回のコースに加えると全体の行程に与える影響が大き過ぎるのではないかと、少し前から気になり始めていた。でも、この際、チャンスではないか、これは今回与えられた絶好の機会なんだからと、音楽・美術・建築大好きな自分としては行くべしと、思い直していた。

しかし、今のスケジュールの時間的な厳しさが分かってくると、やはり重いウィーンを敢えて省き、初めにザルツブルクに入り、ザルツブルクを一、二日目、インスブルックを三日目、クール四日目、ツェルマットで五、六、七日目、その七泊目はチューリヒと考えれば、七泊九日コースでも何とか可能ではないかと考えたのだ。

ここで敢えてウィーンを外そうかと思ったのは、ちょっと今回の主旨と違うかも……、という思いがしてきたからでもあった。行くならまた別の機会に一人か、音楽の趣味の合う人と、ウィーンのみと、したくはないか？……と。

よし、今回は思い切ってウィーンを外そう、ヘルシンキ↓ザルツブルクのルートもあるはずだ、もしなければヘルシンキ経由でなくたって良いじゃないか。ここで欲張ってウィーンを入れるとなると、一日や二日の滞在ではとても済まなくなるだろう。しかし、そんなに日数を増やすわけにはいかないのだ。仮に入れるとすれば初案のように、泊まって即出発、ということになるだろう。ならばわざわざ遠回りせず、今回は行かないのだ。次回、ウィーンのみ、行くか！（本当に行けるかな？）――そう考えた。

こうしてできた次のプランがその日の晩、自室でまとめた変更案。現地八泊、一〇日間の日程となった。今回は、長年行きたかったところに行くのだ、そして、娘と二人の素晴らしい時間を、感動を共有する旅にするのだ、と決意を新たにした。

①名古屋発（乗り継ぎ）ザルツブルク着（泊）
②ハルシュタット観光　ザルツブルク（泊）
③ザルツブルク市内観光　ザルツブルク（泊）
④インスブルックへ（市内観光）　インスブルック（泊）
⑤クールへ（途中、マイエンフェルト観光？）　クール（泊）
⑥氷河急行　ツェルマット（泊）
⑦スネガ展望台～ハイキング　ツェルマット（泊）
⑧ゴルナーグラート展望台　ツェルマット（泊）

⑨チューリヒへ・チューリヒ発（乗り継ぎ）（機中泊）
⑩帰国

ザルツブルク滞在がここでさらに厚くなっている。これは図書館で借りてきた、オーストリア鉄道旅の本の影響だ。ザルツブルクからインスブルックにかけて、周辺に古い蒸気機関車が幾つも保存運行されている、とある。ヨーロッパの保存鉄道に大いに興味がある僕にとって、これはとても心魅かれる旅の要素なのだ。こういうところへ、鉄道やバス（ポストバス。その名が昔の郵便バスの名残りをとどめていて、とても良いではないか！）や船に乗って訪ねて行く旅は、実に魅力的と思われた。

この行程とした場合も、これら古い蒸気機関車のどれか一つに乗れれば良い方だと思われた。というのも、『サウンド・オブ・ミュージック』にほんの一瞬だが出てくるシャーフベルク登山鉄道などは簡単には行けそうもないところを走っているようだし、保存鉄道というものは運行本数も乗車人員も限られているため、結構な時間を見込んで行かなければならないからだ。

また、有名なハルシュタット——ここも昔から美しいカレンダーなどで見ていた——にはぜひ今回の機会をとらえて行きたいと考えたので、まずはここに一日を割いた。

そして、インスブルック——クール間のマイエンフェルト。再び、行こうか、このプランなら行けるのでは……という思いがよみがえる。ここはちょっとしたハイキングになるらしい。

せっかく娘と行くのだから、彼女の喜ぶ要素は盛り込みたいし。しかし、大きな荷物を持って国境を越えてきたところでハイキングなど、相当無理があるぞ――。駅にコインロッカーか荷物預かりは、あるだろうか。地図を見るとクールに結構近いので、これは早めにインスブルックを出て、クールまで行ってしまい、ホテルに荷物を預けてから戻れば良いな……と、何とかして行こう行こうと考えている自分に気づく。

きっと心の奥では行きたいと思っているのだ、今考えているコース上にハイジのふるさとがあるというのも何かの縁ではないか。新婚旅行では「ハイジの泉」にごく短時間、観光バスを停めただけだったから、牛のいる牧歌的な場所、という以外、大した印象も残らなかっただけに、今回もし一人だったら、きっとわざわざ立ち寄ることはなかった場所だ。そこへ舞が行きたいと言うのなら、この機会にぜひ一緒に行って、きちんと見て来たいではないか。今回の旅で、あの旅と唯一の接点となるだろうこの地を……。そう思った。

そこで先週末に思い浮かべたマイエンフェルトを三人で歩くハイキングのイメージがまたぞろ頭に浮かび、反芻するのだ。うーん、ハイジの好きな妻が、娘が、行きたいだろう、喜ぶだろうと、何とか時間を確保して、ハイジの家があるという山の上まで四時間もかかるというハイキングなんぞに連れて行った日には、きっと母娘ともへとへとになって、大ヒンシュクを買うに違いない……。そんなことになったら、楽しいはずの一生の旅が台無しだ……。

ガイドブックで見る限り、ここでのハイキングはハードな割にそれほど魅力的なコースとも思われないし、マッターホルンでメインのハイキングを楽しむのだから、仮にもう一ヵ所ハイキングを入れるとしたら、よほど他の場所、そう、オーストリアのチロルの方がうんと良いのではないか（チロルは新婚旅行で観光バスの車窓から美しい風景を堪能したのだった）――。ここはやはり、ハイキングは目的の一ヵ所とすべきだな、マイエンフェルトでもしも歩くとしたら、大げさにせず、ごくごく軽いコースを、二人で気楽に歩く程度にしなくては……と思い直し、気持ちも落ち着くのだった。

さて、この変更案の日程では、最終日の朝、ツェルマットからチューリヒ空港駅に直行し、その日の便に乗る計画となっている。運航スケジュール上は不可能でない、と調べた結果だが、いかにも無理に詰めた行程だし、そもそもヨーロッパまでの飛行経路自体が不確定のため、現地で本当にこの日程で移動できるのか疑わしい。

名古屋（中部国際空港セントレア）から直行でヨーロッパへ入れるのはフィンランド航空（フィンエアー）かルフトハンザドイツ航空しかないから、取りあえず最短コースで先の第一案は出してもらったが、乗り換えて行くのなら、いろいろと方法はある。

経由地は？　出発時刻は？　乗り継ぎ時間は？　到着時刻は？　そして料金は？　といったことを手元のスマホで調べてみる。するとウィーンへも、ザルツブルクへも、仁川から行けるんだ……とか、イスタンブール経由も楽しそう、おまけに随分と安いようだぞ……などなど、調べれば調べるほど、費用の安い、昔は選択肢になかった航空会社に心が惹かれていく。

でも、これが男一人、僕だけで行くなら、それも良いだろう。イスタンブールといえば、何といっても旧コンスタンチノープル。世界史が好きで社会科の教員免許を取った者としては行ってみたい、見てみたい街に決まっている。今回、経由だけだとしても一目見ておけば次回のための下見になるではないか、などと僕はすぐ考える。けれど今回は、オジイ一人ではない。大事な娘を連れて、定年迎えた父親が決行する人生の大切な旅なのだ。調べれば夢も膨らむが、迷いも増えることだろう。膨らんだ夢は次回のジジイ一人旅のために取っておけば良いのだ。

そもそも今回、日程を少しでも切り詰めようとしているくせに、ヨーロッパ直行ルートを取らないと、往復に余分な日数と時間が取られるに決まっているではないか。

実際、この行程でトルコ航空などを利用してザルツブルク入り・チューリヒ出発を検討してみると、片道一日ずつ余分に取られてしまうため一二日間の行程になってしまう上、調べた日程では空路の費用も却って高くなることが判った。自由自在に時期を変えたり延ばしたりできるなら利用価値もあるかもしれないが、費用を少し抑えられるからといって、経由地で日数を取られ、現地の日数をむしろ減らすことになりかねず、そんなことをしていたら本末転倒だ。

それとフィンエアーは、ヨーロッパに行く際はぜひ乗りたいと実は思っていた。フィンランドにも、小・中学校時代から、ちょっとした思い入れがあったのだ。なのでヘルシンキ経由以外の選択肢は、仕事帰りの時間を使ったりして（時間つぶし程度に？　いえいえ、むしろ僕の場合、あらゆる情報に総当たりした上で判断したいとの気持ちが強くて）調べてはみるのだが、実は僕の気持ちは最初からフィンエアーに向いていた。
調べるといえば、長年の間に何冊も買い込んでいたスイスの旅やヨーロッパアルプスの写真中心の本なども、わが家の本棚にしまい込んであったのを思い出し、早速この日のうちに引っ張り出してきて手の届くところに置いた。そんな大昔の情報が役に立つのかどうか知らないが、とにかく今回の旅を最良のかたちで実現できるよう、積年の夢をかき集めてきて、そのエッセンスを一滴でも染み込ませたい、そんな思いからだった。

翌日曜日の晩、やっとB旅行社の予約サイトを開いてみて、驚いた。エアー、ホテル、オプショナルツアー、その他詳細まで一切合財、ネット予約できる仕組みになっているではないか。何だ、そうだったのか、このことを係の女性は言っていたのだな——と、コースづくりにのめり込んで、今さら基本中の基本をチェックしている自分が笑える。今や人はこうしてオーダーメイドの旅をじゃんじゃん？　していることを知り、今さらながらびっくりさせられた。

『サウンド・オブ・ミュージック』のDVDが家にあることは先に触れた。舞がまだ小学校の頃、日本語吹き替えで何度も何度も見ていたが、僕はこの名作を映画館で一度しか見た記憶がない。だのに実に多くの場面を鮮明に憶えている。その後、テレビで見たのかもしれないがその記憶はなく、あくまでスクリーンを見ている記憶だ。この映画が公開されたのは僕が小学校二年の一九六五年だから、こうまでハッキリ記憶に残っているとは思えない。リバイバル上映されたという一九七〇年に見たのだろうか。

七〇年といえば大阪万博の年。日本中が万博ムードで盛り上がる中、学校から一度、そして家族でも泊りがけで見に行って、外国に大きく目が開かれたこの年。僕は中学生となり、夏に家族とともに名古屋の市街地から郊外に引っ越した。このとき父が、立派な家具のような大きなステレオをリビングに据えた。

すると以後、大学生の兄が毎日毎日、ほぼクラシック、ときどきシャンソンとかドイツ歌曲とかロシア民謡とかの外国の音楽のレコードを、それこそ年がら年中、かけるようになった（レコードを買ってくるのは父だったと思う）。休みの日ともなると、バッハやベートーヴェンやいろんなレコードを、だが一日に同じレコードを何回も何回も、それこそ朝から晩までかけるのだ（兄はだいたい、分厚い世界文学全集か、ニーチェなど「世界の名著」を読みながら聴いていた）。だからその頃聴いていた（聴かされた？ いや、毎日の暮らしのBGMとしていつも流れていた）数々の名曲は僕の頭の中に沁み込んでしまい、今もって丸ごと〝録音〟されている。

この映画のレコードも、英語の歌詞をそらで憶えてしまうほど聴いたから、音楽と一緒にその場面もありありと記憶に残ったのではないか――。

今、僕の家にある『サウンド・オブ・ミュージック』のDVDは、たまたまおトクな二枚組を見つけた時に、これは！ と思って買っておいたものだが、その後自分では一度も見ることのなかったそのＤＶＤを、まさか末の娘が小さいうちに幾度となく見ることになるとは思ってもいなかったし（おかげか英語もできるようになってくれた）、ましてやその一〇数年後、その娘と二人でオーストリアに行き、映画の舞台となった地に立つ日が来る――本当に来るだろうか？とまだ信じられないが――とは考えもしなかったから、これまた、まこと不思議なことと、何か深い縁を感じずにはいられない。

この機会をとらえ、行く前に是非きちんと見ておこう、ＤＶＤ。記憶を新たにするとともに、オーストリアのどこがどう映っているか、確かめて行くのだ（かくも、あらゆる物事を自分でひととおり確かめて臨もうとするのだから、僕には準備期間が半年ぐらいあってちょうど良いようだ）。

翌週、仕事帰りの電車の中で考えた。一生に一度の時間。優雅な、それも最高の時間を、楽しむ・味わう・満喫する、それができるコーススケジュールを組もう。無理はしない。娘と一緒に旅して過ごす貴重な時間、大切な一日一日は、かけがえのない日々となるに違いない――。

そしてもう一つ。これは鉄道旅行だ。本やパンフレットを見ると、ヨーロッパでは今も健在という食堂車。これを喫茶利用だけでも良いから巧く利用するコースづくりも考えてみよう。移動時間を楽しく有効に活用するのだ。車両の種類もこの際、選ぶとするかな――と、鉄道旅を大いに楽しもうという気になってきた。たまたまこの前後、栄のホテルの旅行カウンターで見つけたレイルヨーロッパの総合パンフレットには、詳しく地図や車両紹介、サービスとその利用の仕方などが載っていて、夢はさらに広がるのだった。

翌日、図書館で「地球の歩き方」と、ドイツ・オーストリアの鉄道旅の本を借りてきた。どちらも古い版だが、片道一時間かかる通勤電車の中でページを開くとたちまちワクワクしてきた。書いてあることが全てそのままストレートに、知識として頭の奥までぐんぐん入ってくるではないか！

――と、異常に（？）脳の中が活性化しているのを実感する。未知なる旅への新たなチャレンジが、思いをこうも昂ぶらせるのだろうか。そう、これは確かに、チャレンジなのだ。好きなことへの挑戦は、かくも脳神経を活発化させ、知能を高めるものなのだろうか――。本を読んでいると心が熱くなり、本をしばし措き、高揚した気持ちで頭に浮かんだ考えや想いを手帳に記すのだった。

オーストリアとスイス東部はドイツ語圏、スイス西部はフランス語圏。と一応、知ってはいたが、第二外国語をそれぞれドイツ語とフランス語とした僕と娘が、それぞれ活躍のステージを与えられる（？）というのも、まるでそのために組んだかのようなコースではないか。これは忘れたドイツ語を思い出しておかねばならんな……などと興奮して思うのだった（その時は、旅程の一部はフランス語圏かと思っていた）。

一方、英語は娘にお願いしたい、と考えた。僕は英会話はサッパリなのだ。英語圏の歌には——古くはブラザースフォアやPPMといった兄の世代の音楽から、サイモン&ガーファンクル、そしてカーペンターズ等々は人並みに、さらにはプログレにハマるまで——それこそ長年親しんできたし、映画が中学・高校時代の一番の趣味だったから、ヒアリングはそれなりに、と自分では思っているのだが、喋りはからきしダメときている。むしろ大学の教養部時代、日本語の喋れない二人のドイツ人講師から習ったナマのドイツ語会話の方が、どうしたわけか、中高六年間習った英会話より、はるかに自然に口をついて出てくるのだ。

Wo ist der Bahnhof?（駅はどこですか？）

おお、あれを使うチャンスが、四〇年ぶりにやってくるのだろうか？

そして、揺れる電車の中で、僕は手帳に記す。先週、一〇のプロジェクトタイトルをズラリ書き出して明確化した〝六〇歳の事業計画〟の空白部分に実施方針を書き込むとともに、優先順位を入れ替えたのだ。

すなわち一番の計画、これが実は約七〇万円もの支出を伴う記念事業だったのだが、その取り組み自体は旅行の後、年度内完遂を目途に進めるとするも、年内の支出は見送り、最終段階で支出する。つまり来年の第一プロジェクトとして継続する。そして第二の計画だった「海外旅行プロジェクト」を格上げし、(家族のライフイベントプロジェクトは別として)今年の特別支出のメインとする、と決めたのだ。

そして、今回のこのプロジェクトを「六〇の今年スタートする三回プロジェクト」の第一回とし、まずは何年かかけて三回のヨーロッパ旅行をすることを目標とするとともに、初年度の今年、いま動き始めた旅が、願ってもない娘との二人旅となりそうだから、この旅をもって「六〇歳の記念事業」とする、と決定したのだった。

三回シリーズで初期の目的を完遂する・完全実施するという考えは、五六歳から五八歳にかけて三年連続で親しい友人たちと訪ねた沖縄旅行の経験がベースとなっている。これは僕の旅の中でもとても面白く、充実した経験だったたから、以来、六〇から今度はヨーロッパ三部作をやって、この三回で長年の夢を実現させるプロジェクトとしようか……と何となく考えていた。それをいよいよここからスタートさせるのだ、これはまさに人生の〝総合編〟の段階に、今ついに入ったぞ、と自覚した。

六〇の還暦にして〝総合編〟とか〝総集編〟などと言い出すと、いよいよこれで終わりか、みたいな感じだがそんなつもりはない。これまで長い年月をかけて、いろいろな職場で、順に積み上げてきた。キャリアを、経験を。その間、それなりに培われたであろう諸々の分野の知見や能力を、六〇のここから、横断的に生かしてゆく。己のやりたい事に、今こそ総動員する、総合力で生きる——。周りに規定されたり遠慮することなく、己を全開で前進してゆける人生の段階。これを、ここから、やって行く。人生総合編への旅立ちだ。はたから見れば大げさに過ぎるかもしれないが、当の本人にすればこれは大マジメでドラマチックな心理展開なのだ。今新しいステージへ上がるようなこの感覚、この気持ちの大きな変化を、電車に揺られながら一人、熱く感じている僕だった。

そしてこの日、帰宅後、妻と次女に今回の旅の計画をひととおり話した。

翌木曜日はまた代休で、栄の眼科に行ったついでに近くの生活雑貨専門店にある大型書店に行き、ガイドブックを調べた。ここのところオーストリアの本を見るにつけ、ウィーンがどうにも気になってきてしょうがない。結局、吹っ切れていないのだ。ここで本を見ているうちに、旅のコースを再び逆にして元に戻し、中盤を周遊型に、そしてウィーンで締め括るのが素晴らしく良い流れにできる、と発想を再転換した。

舞となら、ウィーン、やっぱり有りでは？ と気になっていた。彼女は音楽もやる（大学の軽音楽部でベースとボーカルをやっている）し、若いのだから、今回は本場のクラシックを吸収できる良いチャンスではないか（因みに僕はショパン、そしてベートーヴェンが大好き）――。

音楽の都、芸術の都ウィーン！ この魅力ある街に、本来なら行かない手はないはずだ。が、費用と、仕事のことを考えると日程的にさすがに心配なのと、それに加えて旅の装備だ。ハイキングがメインと言っているのに、ここへウィーンを加えることによって随分と旅のスタイル、全体の色調が変わってしまうことも若干心配なのだった。それでも、やはりここはコースに入れて、もう一度組み直してみよう！　せっかくここまで行くのだから！

そう、ウィーンへ行くのだぞ。行くならそれらしい会場で、オペラかコンサートは聴かなきゃならんだろう！　費用なんて宿泊費プラスアルファの追加で済むのだ——。人生の大切な旅を自ら引き締めてかかり、必要最小限の範囲で夢をかなえることばかりを念頭に計画してきたけれど、それこそ六〇を過ぎた今こそ、もっと自由に日程を、プランを考えれば良いではないか、それができるのが今なのではないか、という考えに辿り着いたのだった。己を全開だ、と昨日考えたことで、心の縛りが解けたようだった。

この日は、朝、地元のショッピングセンターでパスポート用の写真を撮り、役場へ行って戸籍抄本を取り、その足で駅から名古屋へ出て名古屋駅の旅券センターでパスポートを申請した。栄の眼科は午後の予約。幾つかの検査を終えてから診察を受けるまでの間に、予約制の割には結構、待ち時間がある。生活雑貨専門店でのガイドブック調査は、この間に行く。診療の合間に街をうろつく患者が他にいるのかどうか、僕は知らない。戻って医師の診察を終えると、外はもう真っ暗だ。仕事で土日に出勤すると平日に代休を取れるので、この貴重な平日休みをいつもフル活用する僕だった。

週末は、知多半島の先にある古い酒蔵の蔵開きを友人と存分に楽しんだ。蔵開きは無料開放も多いが、ここは五〇〇円と有料だ。その分、様々な種類の旨い酒をたっぷりと試飲させてくれるので人気が高く、最寄り駅から頻繁に出される送迎バスも超満員。若い女性や外国人客も多く、会場内はどっちを向いても、つまみ片手に「私はこの酒」、「いやぁ、こっちも旨いですよ」といろんなグループが酒談議に花を咲かせている。

僕は何を考えたのか、この酔った帰りにも名古屋駅前のB旅行社に二度目の立ち寄りをしているが、さすがに何を聞きに行ったのか、正確な記憶がない。酒の強い僕は、酔いが人に分かるほどではなかったはずだ（と思う）から、失礼はなかったものと信じているが、ウィーンを復活させることに決めた直後の週末のこと。このすぐ二日後には旅行申し込みをしているから、この時に日程拡大の相談をしたはずだ。

そして帰宅後、酔った頭で気が大きくなったに違いない。その晩のうちに一〇泊一二日間から一一泊一三日間の、次に掲げる〝拡大版〟コースを、楽しく、勢いよくまとめ上げた。そしてこれが、他の航空会社を利用した成田経由となった。成田空港から何とスイス航空、オーストリア航空が利用できる曜日があって、費用も安くなる上、帰りにイスタンブール経由便を利用することで、さらに相当安く上がることを帰りの電車で発見したのだ。この場合、八月二九日出発、九月一〇日帰国の一三日間の日程となる。

第一日　名古屋――成田――チューリヒ（泊）

第二日　チューリヒ――ツェルマット（泊）
第三日　ハイキング　ツェルマット（泊）
第四日　展望台　ツェルマット（泊）
第五日　ツェルマット――（氷河急行）――クール（泊）
第六日　クール――マイエンフェルト――インスブルック（泊）
第七日　インスブルック――ザルツブルク（泊）
第八日　ザルツブルク――ハルシュタット――ザルツブルク（泊）
第九日　ザルツブルク――ウィーン（泊）
第一〇日　ウィーン（泊）
第一一日　ウィーン夜発――トルコ航空（機中泊）
第一二日　イスタンブール経由（機中泊）
第一三日　成田着――一八：一五名古屋着

二日後の二月二七日夕刻。名古屋市内で業務終了。B旅行社へと向かう。そしてこの日、ついにB旅行社に旅行申し込みをした。ここまで相談してきたなら、個人でエアーのチケットを取るよりも、引き続きプロのアドバイスを受けて、より良い旅としたいではないか。何といっても娘と二人、生涯の記憶に残る大切な旅になるのだから。

そしてその旅程からは成田とイスタンブールが抜け落ち、ウィーンが一日増えて一四日間の、充実した、しかもすっきりした内容のものに落ち着いた。期間は八月三〇日から九月一二日。八月三〇日の一〇時三〇分にセントレアを出発し、ヘルシンキ乗り継ぎ――乗り継ぎ時間は一時間五〇分と、ムダがない、なさすぎるぐらいなのが僕好みだ――、同日中の午後六時一五分チューリヒ着。帰りの便は、九月一一日ウィーン発一一時一五分、ヘルシンキ経由――今度は乗り継ぎ時間二時間三五分と、のんびり最後の買い物やお茶もできそうで、まことに良い塩梅ではないか！――、翌一二日の朝八時五〇分、名古屋着。全便フィンエアー利用。名古屋からヨーロッパまで最短、最速、そしてわれわれの記念すべき旅行に最適、だ。

旅行申込書は海外旅行保険の申込書がセットになっていたが、取りあえず往復のエアーのみ二人分、申し込んだ。費用は、航空券代金とその諸費用のみで三〇万円。三日以内に二〇%を、七月下旬までに残金を支払う。出発三〇日前までに発券が必要。座席指定は発券後。出発日が八月中なのでピーク期に当たるため、通常は三〇日前からのところ四〇日前からキャンセル料がかかると言う。担当はDさん。落ち着いた雰囲気の、とても魅力的な女性だ。

申し込みを終えてから、すぐ近くにある例の本屋に立ち寄り、「地球の歩き方　ウィーンとオーストリア」を購入して晴れやかな気分で家路に就いた。旅の中身を作り込むこれからは、このくらい詳しいガイドブックがいよいよ必要なのだ。

最初の説明会から一ヵ月。こうして今次の旅が確定した。

第三章

人生船出の旅　帰港の旅（三月）

三月一日。パスポートが発行される日だ。名古屋駅前のホテルで会議を終えてから、地下街を通り抜け、旅券センターに急ぐ。五時三分前。クローズぎりぎりで、いよいよ新しいパスポートを手にした。わが六〇代をカバーする、旅の一〇年保証書だ。

そのあと、例によって駅前の本屋に立ち寄り、前に立ち読みしていたスイス鉄道旅のガイド本を購入。テーマがテーマだけに役に立つに決まっているが、実は今回行くところはあまり多く載っていない。けれど、駅や鉄道の利用情報、そしてきれいな写真が満載で、行程をこれからひと工夫して、より充実させるヒントが見つかりそうな気がする。旅行プランの夢が広がり、通勤時間が楽しくなるに違いない。

最終的に一日増えて二週間になったのは、こうした楽しい情報を新たに仕入れるにつれ、〝この際、一泊をケチらず、むしろプラスアルファの余裕を持たせた行程として、何よりも満足を取るべし!〟という気持ちが強くなっていった結果だ。旅の中身を濃くすること、旅を満喫し、十分満足して、無事帰国することができること、それこそが一番重要、と。そう、二週間かけるのだ、今回の旅に。

僕は二三歳の時、二週間——今回調べなおしたら、正確には一五日間——、当時憧れの地だったペルー・ボリビアをひとり巡った経験が、実はある。大学を一年留年し、就職直前の半月間だった。え、何？……そんな地球の裏側まで行った経験があるのなら、今回のヨーロッパなどたやすいものだろう⁉　と言われてしまうかもしれないが、そうではない。あの時は若かった。アルバイトをして金を貯めるうちに卒業ギリギリになってしまい、残された時間はなく、現地のこともろくに分からぬまま旅立った。今と違ってボリビアのガイドブックなどない時代だ。まことに怖さ知らず、若気の至りそのものだ。

そして今、六〇歳になり、今度は末娘と——当時の自分と同じく就職前のわが子を連れて——、もっともっと若い頃から夢見ていた、もう一つの憧れの地を訪ねて廻れるという、素晴らしい機会が到来した——。だから二週間はかけないと……！

これって——と、その日気づいた——、人生の次の段階のスタートを刻印する、わが人生において南米旅行ときれいに対を成す人生旅になる、ということではないか。何か運命的なものを感じてしまう。

同時に今回の旅は、卒業・就職という人生の門出を迎えるわが娘にとって、間違いなく素晴らしい経験となることだろう。それは思い出以上に、きっと超鮮烈な印象を残し、僕にとってのアンデスと同じように、その後の社会人生活を乗り切っていく大きな力となってくれるだろう。僕にとっての南米旅と同じスタートポイント、彼女の人生の新たなステージの幕開けを刻む旅になるのだ……。

これ、あり得ないぐらいの幸せ。文字どおり有り難き、幸せ。娘にとり、ここが人生を一人立ちするためのベースキャンプとなり――今もって僕が、二三歳のあの旅を、以後の自分の原点と位置づけているように――、そしてその人生のポイントに父親の僕が立ち会うことになるのだから……と、熱く思うのだった。

僕は、大学卒業を一年見送っており、留年した一年間を「自分0年」すなわちモラトリアムで無色の一年、翌年すなわち南米旅行と就職の年を「自分元年（自分一年）」とする〝自分暦〟なるものを付けている。厳密にいえば留年も一年度、就職も年度初めだから、就職直前三月の南米一人旅は「自分0年」の仕上げであり、同時に「自分元年」のスタート地点に位置する。自分を生きる新たな暦の出発点に、この旅を据えたのだ。

親の元で生きてきた大学までの期間に一つの区切りをつけたその空白の？　いや、フリーな思索と行動の一年と南米への旅は、僕にとってそれくらい特別な期間であり強烈な体験だった。

そして今も事あるごとに、その暦を記した古い小さなノートを開き、こまごまと雑多な書き込みをした年表を見ながら、世相の移り変わりの中で家族と自分の歩みを振り返り、次なる新たな一年、三年、いや――自分暦年表は先々まで欄だけは作ってあるから――もっと先の人生まで、何となく俯瞰するような感じで眺め、そしていろいろと過去と未来を想うのだ。自分暦はどこまで書くのかなぁ、いつまで続くかなぁ……と思いながら。

三月二日。今日も名古屋駅前で仕事を終えたので、B旅行社に行き、旅費の着手金を支払った。この頃、出発日を九月初めに変更した場合の費用なども打診しているが、これは九月に入ると費用がどのくらい違うか知りたかったのもあるけれど、ガイドブックを見るにつけ、観光施設などの休みの日の都合も大事な要素と考えるようになってきたからだ。日によっては帰りの便がなかったりしたが、一日だけずらすのが結構良さそうだったので、この日は出発日を一日ずらして八月三一日出発に変更した場合の費用を打診し、三〇日出発と両方、取りあえずアシを確保してもらった。ここが押さえられていないと、宿を決めることもできないのだ。

いよいよホテル予約にかかろうと思い、一枚の行程表をエクセルで取りあえずワクだけ作る。一番左の欄は一日目から一四日目までの日数を一四行使って入力し、次いで月・日・曜日を三〇日出発と三一日出発の両パターン併記。次の欄にその日の宿泊地を入力。以下は発地・発時刻、移動手段・経由地・交通費、着時刻・着地、観光場所・観光費、ホテル・室料、朝食・昼食・夕食、備考等々と、いずれ改訂しながら埋めていくつもりだが取りあえずは空欄ばかりの、横長の記入用紙とした。

日程と宿泊地さえ間違えなければ、ホテル予約に進むことができる。宿泊地の右の空欄に赤のボールペンで、ネットで調べる宿泊先の有力候補や料金、朝食の有無などを自由に書き込み、さらに調べ、そして消し込んでゆくつもりだ。若い頃、社内報の編集をしていたこともあり、赤ペンで書き込んだり直したりするのがどうもクセになっており、作業の進捗が目に見えることでぐんぐんはかどっている感じがするのが好きなようだ。

この表（記入用紙）に入力した行程は、この日、先だって風呂の中で塾考して一部修正したコースだ。クール泊をバート・ラガッツ泊に変更した。クールで泊まるのをやめ、この古都をひと周り散策したら、少しでも先のバート・ラガッツまで行ってそこで一泊すればマイエンフェルトは目と鼻の先、いや、ひと駅戻るだけ。バート・ラガッツは温泉リゾート。旅も第一目的を終えて中盤にさしかかるこの辺りで、今回のコースになかったスパとリゾートっぽいホテルを加えてちょっとゆったりしようぞ、と考えたわけだ。

これはなかなか良い考えだ――と、浴槽に浸かりながら（ならでは？）の着想に、満足感にも浸る僕。バート・ラガッツは『ハイジ』にも出てくる、クララが療養した古い保養地。街の雰囲気も他とちょっと違う感じで、ここらで気分を変えて一服するのに持ってこいだ、と思われた。舞もきっと喜ぶぞ、これは水着を持って行かないと……。

翌三月三日、土曜日。午後から、インターネットでホテル予約を開始。海外のホテル予約サイトは幾つか見ていたが、この日までには信頼できる某大手サイトに辿り着いていた。七月頃までキャンセル料がかからないホテルなら、取りあえず良いと思ったところは押さえていけば良いわけだから、三一日出発の行程として選択に着手し、良いホテルが都合良く取れていけばいければそれで決めてしまおうと思った。

まだ半年あるせいか、予約サイト上に掲載されているホテルの数が大変多く、この中からの選択と予約の作業は非常にハードだったが、同時に、どこにしようか探し、選んでいくのは、どんどんのめり込んでいってしまってやめられなくなるほど楽しい時間でもあった。

鉄道旅なので、駅からなるべく近い立地のホテルか、翌日朝の行程に便利な場所を選びたいと考え、地図と見比べながらいろいろ調べていくのだが、写真が多数添付されており、これが大いに参考になる。というか写真に左右されざるを得ないわけで、初めのうちは、ふうん、こんな感じか、こんなのも良いかな、と思って見ていくのだが、次第に比較できるアタマができてきて、より良いホテルを求めてその街じゅうのホテルを調べ尽くすぐらいの数をチェックした。宿泊費が意外なほど安い、ということもあったからだと思う。一人一万円前後で泊まれる宿を中心に次々と見ていくうちに、あっという間に時間が過ぎていくのだった。

そして深夜〇時三〇分、ついに全行程の宿泊予約を完遂。昨日は空欄だらけだった行程表がホテル情報で真っ赤に埋まり、これで基本行程がひとまず（仮）決定した。

■ホテル予約の状況（カッコ内は、現地支払いの必要な税金等を除く、予約時レートの宿泊代金合計。二人分の支払い額。一日目、五・六日目は朝食代を含む。）

▼一日目：チューリヒ（一六〇〇〇円）

初日は舞も疲れているだろうし、要領を得ない夜の混雑したチューリヒ中央駅で、娘と二人うろうろと食事場所など探していて、初日からスリにでもやられたら目も当てられないぞ……と慎重に考えた僕は、初めは空港のこぎれいなレストランで夕食をとったらすぐ空港で泊まることを考えた。

が、調べてみるとホテルがやたらモダンな感じで意に添わなかったのと、例のスイス鉄道旅の本に写真付きで、空港の真下に駅があり、チューリヒ中央駅までわずか一〇分と書いてあったので、これは即、空港を離れ、翌日の行動がスムーズになるチューリヒ中央駅前で泊まるのが良いな、と考えを変え、中央駅から三分のところにあるホテルに決めた。スーツケースを引いて夜の駅前通りを歩かないで済む場所だ。

▼二〜四日目：ツェルマット（五四三〇〇円）

四泊目までは予約時即支払い、五泊目以降は予約のみの現地払いとした。初日とツェルマットぐらいは確実に押さえておきたいし、慣れないうちはフロントでの支払いを減らした方が良いかと考えた。それとツェルマットは三泊もするし何といっても憧れの旅の目的地。良いところに泊まりたいではないか。探していくうちに、駅前通りの非常に良い場所に、見るからに素敵な宿を発見。ここがどうにも気に入ってしまい、三階と思しき部屋を即、予約した。

良いところに泊まりたい、と言ったばかりだが、何と、ここがアパートメント。レストランなどのサービス施設は何もない。比較的、安あがりなこともあるが、載っている写真を見ると、もしかしたら最上階の四階が取れたのかもしれず（三階とあるのが本当に三階なのか、現地でいう三階すなわち四階のことなのか分からないのだ。あちらでは二階を一階というらしいから、このサイトの翻訳がどうなっているか正確には分からないと思った）、この部屋に限って「景観あり」との記載もあるのだ。

もしかして……、もしかしたら？……マッターホルンが見えるのでは?! いやいや、まさかこの料金で、そんな幸運まではとても期待できないだろう、と思いつつ、まあ三泊もするのだからアパートも良かろう、却って滞在型っぽくなり自由に寛げて楽しいかも……と、たちまち楽しみになった。

一般のツアーでは、マッターホルンの見える部屋だと数万円高くなるのが常のようだ。「景観あり」は何の景観があるのか本当のところは分からないぞ、旅行パンフレットにはよく「ストリートビュー」とも書いてあるではないか。期待はすまい、と考え、舞に失望させないで済むよう内緒にしておこうと思った。

夢の街に滞在できるのだから、もっと立派なホテルに、という考えも勿論あったが、とにかくここが、気に入ってしまったのだ。三日もいれば街を歩く機会も多くなるだろうから、食事も時にはテイクアウトも楽しいかもしれないし、そもそも一階がモダンな飲食店だ。それでいて建物の外観はステキなスイス風シャレー。部屋ごとにバルコニーが付いている。その最上階かもしれないのだ――。心が早くもウキウキとしてきたぞ……。

▼五日目：バート・ラガッツ（二二四〇〇円）

駅から近く、大きなスパ施設にも近いという、ロッジかペンション風の、バルコニー付きの明るくきれいなホテルを予約した。駅前通りのアパートメント三泊の後だから、気分を変えて、郊外の温泉保養地でのびのびできそうで良いではないか。ただし、取れたのはシングルルーム二室。また、バスルームがなくシャワーのみ。シングルであることは、舞も父親と四泊してきて、そろそろ一人部屋ならその方が喜ぶかもしれないと思ったし、シャワーについては、ホテルから本物のテルメに出かけるのだからそれで充分と考えた。

▼六日目：インスブルック（二〇六〇〇円）

オーストリアに入って最初の宿泊地。ハイジのふるさとを歩いたあとで、くたびれているだろうし、スーツケースを引いているだろうから駅付近が良いに決まっているが……、駅から少々離れても、雰囲気の良い旧市街に泊まりたいものだと思って探していると、素晴らしいホテルを見つけてしまった。何とも前面ファサードが、何と形容したらよいか、いよいよオーストリアへ来た！　と実感させる素晴らしい意匠の建物だ。それでいて客室はとても洗練されている。立地も最高、旧市街のど真ん中。すぐにここに決めた。

▼七・八日目：ザルツブルク（三〇八〇〇円）

ここも旧市街が良いと思っていろいろ探すのだが、二日目は湖水地方へ行く計画だ。ガイドブックを見ると、ポストバスに乗って訪ねるのも一興と思っていた。バスになるにしても鉄道にしても、郊外へ丸一日の日帰り行楽となるなら、いずれにしても早朝出発となるだろう。バスターミナルは中央駅のすぐ西側にあるようだから、その近辺のホテルにするのが得策と思われた。三日目には荷物を持って、ウィーンに向かうわけだし。

そこで一旦はバスターミナルにごく近いホテルを予約したが、バスが前提というわけでもないし、市内観光自体は全て駅の南側に集中しているようだから、若干でもそちらに近い方が何かと都合が良いのではないかと考え直し、観光のポイントであるミラベル宮殿方面へ向かうのに、多少とも便利な位置にあるホテルに変更した。今度はグッとドイツ風のがっちりとした木製家具が特徴的な、広い客室のホテルだ。

▼九～一二日目：ウィーン（七一五〇〇円）

終着地の、大きな都のホテルに四泊もするのだ。ことにウィーンだからこそ、中途半端なホテルではいけないな、と考えた。どこの泊まりにせよ、男一人とはワケが違う。舞に気に入ってもらわねばならないから、それなりにフツウ以上のところを厳選しよう。最後のウィーン。ここはちょっと気張って、ガイドブックに載っているホテルにしよう、と考えた。

場所はやはり旧市街が良いかと調べ始めるが、最終的に、できれば初日に時間をかけて見たいと思っている美術史美術館や王宮に近く、市内パス（シティカード）を初日に入手するのが良いと考えていたのでこれを購入できる市の観光インフォメーションにも行きやすい場所のホテルに決めた。ガイドブックでは高級ホテルに区分され、夜遅くに娘と歩いてホテルへ戻っても怖くなさそうな通りにあることもポイントだ。その辺りの感触は、図書館でありとあらゆる本を見ていたから何となくつかんでいた。女性好みの、オーストリアらしいやわらかな意匠が素敵なホテルだ。

翌三月四日、日曜。今日からは早速、鉄道パスの具体的な検討を開始し、次の段階に入ろうと考えながら、B旅行社に連絡。八月三一日出発・九月一三日帰国の日程に最終決定すると伝え、手配を依頼。手配完了とともに、エアー代金は変わらないことを再確認した。

旅の骨格となる宿と現地へのアシは、取りあえず押さえた。これで決まった、決めた――。アシを決めたといっても途中の移動のアシはこれからなのだが、宿の方はキャンセルもまだまだ可能だし、この後も必要とあらばどんどん変更をかけるつもりだ。コースのさらなる変更も辞さないから、それに伴い、より良く便利な宿が見つかるかもしれないし、そもそも舞の希望を何ら聞いてない。自分としてはかなり厳選したつもりではあったが、まずは押さえたに過ぎない、と言えば言えるのだ。まだまだたくさんの良いホテルが空いていたのだし、しかも結構安いときている。より良いプランに仕上げていこう、これから時間はたっぷりあるのだ。

それでも、これでついに往復と宿泊地が決定したのだ。いよいよこれで旅がスタートした、本当にスタートしてしまった、という武者震いのようなある種の、重みのある感覚を覚えた。それは、仕事の合間を縫うようにして、通勤電車の中をおもな研究時間として、ゼロから検討に検討を重ねてきて、ついにやったぞ、これで始まったぞ、という感慨。それはある種、自信、あるいは、もう後へは引けないぞ、という覚悟のようなものだったかもしれない。

とはいえ、まだ出発まで半年あるのだ。旅の中身の大まかな計画づくりは三月中、荷づくりを意識した支度は七月以降でも充分だとすると、この間にゆったりとスーツケースを選んだり、カメラを買ったり、舞にトレッキングシューズなんかも準備してやって、馴らしておいてもらう時間もたっぷり取れるな、と考えるのだった。そう、これから半年も準備期間を楽しめるのだ、ジックリと行こう――。

そしてこの日、先にエクセルで作った表に全面的に加筆し、第一次行程表を作った。まずはそれらしい体を成してきたが、まだまだ検討・記入用メモには変わりない。それでもここで、旅にタイトルが付いた。

「定年六〇歳・新たな人生旅出発記念～舞と行くスイス・オーストリア鉄道旅行二週間」。

るのだった。


A四用紙一枚を舞の分と二枚出力し、ようやくここまで来たぞ、と眺めながら一人、悦に入るのだった。

そしてこの行程表では、九月四日に「氷河急行──クール──ザンクト・ガレン──バート・ラガッツ」と一つ内容が増えた。ざっくりと今回の計画コースを舞に話した時、彼女が「ザンクト・ガレンの修道院図書館が見たい」と言ったのだ。そうか、父ちゃんも本で見て知っている。世界遺産だろ。本当にきれいだよな、グーテンベルクの印刷本なんかもあるらしい。父ちゃんも実は行きたいと思っていたのだ、それなら行くぞ──とばかり、僕は五日目の行程にこれを盛り込んだのだ。

氷河急行でクールに入ったら、クールの街を観光してからザンクト・ガレンへ行き──調べると、これが一本の列車で行けるのだ──、修道院図書館を見たらバート・ラガッツまで戻る、というスケジュールだ。

この行程表ではその計画としたのだが、実はこれはかなり無理なスケジュールで、氷河急行は急行と言いながら随分ゆっくり走るので、クールまで五、六時間かかる。クールの街はなかなか魅力的らしいのでぜひ見たいが、ここからザンクト・ガレンに行くには一時間半は見込まねばならないので、クールで少しのんびりしていると、着いた頃には修道院図書館が終わってしまうのだ。

見ず知らずの外国の街から街へ移動するというのに、僕は国内旅行でいつもそうして（スリルを楽しんで?——いや、時間のムダを排し濃密なプランとして)きたように、ギリギリのスケジュールで列車に飛び乗るような目一杯のスケジュールを作り、敢えてこれを実行しようと目論むのだった。これも舞のためだ、頑張るぞ! と意気込みは大したものだが、今回の場合、大きなスーツケースを持っている、同じくスーツケースを手にした娘を連れている……。ハード極まりない旅となるに違いない。

僕は、まずは諦めず行程表に入れておき、もう少し調べたりコースを工夫して、ここ二日間の行程がこなれてくれれば何とか納まるのではないか……と、早速、ザンクト・ガレンの駅にコインロッカーはあるかな、と調べ始めるのだった。

舞にようやく形を成してきたこの行程表を渡したところ、今度はハルシュタット(彼女もぜひ行きたいと言った)に昔の塩の洞窟があって、中に昔使われていたすべり台があり、滑れるらしい……と注文が付いた。ハルシュタットはきっちり楽しみたい目的地の一つに位置づけているから、きっと行けるだろう。

因みにこの段階の行程表では費用の総額が五三万円、と出ているのだが、これはエクセル入力分の合計だけで、順次増えていく。当初予算としては、これに現地での移動・観光・食事代等として少なく見積もって三〇万と、旅行保険を足して、計八五万。土産代と現地でのその他追加費用を足せばざっと一〇〇万円の大旅行になりそうだ、と見込んだ。

翌三月五日。朝の通勤電車の中で、ひょっとして氷河急行の予約は六ヵ月前発売ではなかったか⁉　と急に気づいて非常に焦った。もしもそうだとすると、昨日発売されてしまって——そしてアッという間に売り切れてしまって——いるのではないか？　急いでスマホで調べ、そして安堵した。三ヵ月前だった。何となく六ヵ月前までに基本行程を決めておきたいと思っていたのは、このチケット予約開始時期のタイミングを計ってのことだったような気がしたので、違うと分かり、本当にほっとした。正確には九〇日前で、六月六日が予約日となる。

この時、ネットで氷河急行のチケットが予約購入できるサイトを見て、①一等二人掛け窓側席必須、②サン・モリッツまで行かねば意味半減どころか氷河急行にわざわざ乗る価値なしと言っても良いぐらい、ということが判明した。今日、帰ったら、すぐホテルの予約変更に挑むべし！

氷河急行はとにかく乗ること自体が目的であり今回の旅の大前提と思ってきた。以前からマッターホルンを目指す旅を紹介するテレビ番組で見ては、いつか乗りたい、行くときは絶対乗るぞと心に誓ってきた。今回は絶対にチケットを取らねばならないのだ。乗車記念のお土産に、有名な傾いたワイングラスを買ってくるのだ。これにクールまで乗る計画としたが、今日、サイトを見て、かの有名なランドヴァッサー橋はクールの少し手前からサン・モリッツ方面へ分岐したアルブラ線の先にある、ということを再発見したのだ。

こんな基本的に重要な情報をこれまで見逃していて、いったい何を本で見ていたのか。必死でチェックしている割に、やはり六〇過ぎればこんなものか？　いや元々そうか、それとも電車の中で適当に見ているからこうなるのか。あるいは見た時期が早過ぎて、まだコースの意識がなかったからかな？　とかいろいろ考えてみても全く呆れてしまうが、ともかく今分かったのは幸いだ。すぐに行程を変更し、バート・ラガッツからサン・モリッツ泊にホテルを変更せねばならない。いや、この朝は、帰ったらサン・モリッツの予約を取り、バート・ラガッツのホテル予約日を一日あとにずらす作業をしようと考えた。

もう一つ、①の氷河急行の座席の問題がある。このヨーロッパ鉄道予約サイトによれば、二人で乗るなら一等パノラマ車両のテーブル付き向かい合わせの一人掛け座席を確保しなければならない。

これは厳しい！　一等も二等もパノラマ車両ではあるが、この席以外は全て四人掛け座席なのだ。つまり一等車は通路を挟んで一列が一席＋二席、二等は二席＋二席の座席配列となっており、ネット上にあるオンライン予約サイト系で予約すると、座席が離れていたって同じ車両内であれば予約がされてしまうというのだ。

一人旅なら最初から四人掛け席でも別段良いし、窓側を押さえられれば上出来、とも思えるが、娘との二人旅で舞とどこか別の席に離れ離れに座り、隣や向かい側はどこか他の国の人たちで、最悪の場合、騒がしいグループに取り囲まれている？……なんてことがあっては、せっかくの氷河急行の旅が台無しではないか。一人なら、どこかの外国人の家族やグループと身振り手振りで会話？　しながらの列車の旅もまた格別なのだが……。

サイトには時刻表も載っていて、ツェルマット発は朝の七時台・八時台・九時台に各一本の一日三本のみ。いずれもクール経由、サン・モリッツ行きで、サン・モリッツに着くのは夕方ほぼ四時・五時・六時。八時間もかかるんだから、確かに朝出発の三本ぐらいの設定になるのだろう。でも何両編成で、うち一等が何両あるのか、車両編成は判らない。ピーク時は増結したり、予約状況によって編成を変えるのかとも思われるが、とにかく二人掛け席はとっても少なそう、ということだけは分かった。それを、押さえねばならないのだ。何としても。

乗車券はユーレイルパスで良いということで、これに座席を予約して指定券を購入しなければならないのは分かるが、その料金が高い。一等・二等共通の指定料金で（というのは一等は新車、二等は従来の一等車両という違いだからららしい）、距離によって二六〇〇円・四六〇〇円の日と四六〇〇円・五五〇〇円の日、六六〇〇円・八六〇〇円の日の三パターンがある、と書いてある。僕たちが乗る九月四日と五日は三パターンのうちどの日なのかはその時は判らなかったが、きっと新幹線でいう閑散期・通常期・繁忙期の違いだろうから、きっと繁忙期に違いない。それにしても高いなあ……。

しかし、乗らないわけにはいかない。二人掛け座席を何としても確保すべく、九〇日前の六月六日、現地時間の朝一番であろうか、予約にチャレンジせねばならない！　世界の旅行エージェントが真っ先に押さえるであろう座席予約に。九月初めといえばまだまだ夏の真っ盛り。こちらは仕事もあるというのに、そんなことできるのか？　していられるのか？　うーむ、こここぞ旅行会社に頼るべきところだろう……。

帰宅後、宿泊予約の変更に着手したら、せっかく取ったインスブルックの素敵なホテルをキャンセルするぐらいなら、ここは思い切ってバート・ラガッツ泊を諦めよう、と考えが変わった。バート・ラガッツも良さそうなホテルだったが、シングル二室で別々というのが少々気になってもいたし、行きたかったインスブルックで泊まらないなんて、あとで後悔したくない。

今朝の考えでは、サン・モリッツに泊まり、翌日をバート・ラガッツ泊とすれば、移動ばかり続く予定だったこの日の行程を一部翌日に回すことができ、若干、余裕ができるのではないか、というイメージだった。翌日はクール、そしてザンクト・ガレンの図書館を見ても、その日のうちにバート・ラガッツまで戻れば良いなら可能ではないかな、そう思えたのだ。

そうだ、サン・モリッツに泊るなら、朝、ちょっとした観光ができるかもしれないぞ――。ケーブルカーがある。この乗り場近くのホテルを取ったら、ベルニナアルプスを望む山の上の展望台（ピッツ・ネイル展望台）まで約三〇分、と書いてある。これは朝一番に乗れば行けるのではないか？――と、ほんの少し時間的な余裕ができると見るや、俄然、本で得た知識がまたしても僕を欲張りなスケジュールへと駆り立てた。

でもそうするとクールはいよいよ乗り継ぎ時間しか見ていられなくなるし、修道院図書館などは結局、駅から歩く距離にもよるが、落ち着いて見ている時間はなくなるだろう。もともとこの日の予定にあったマイエンフェルトはさらに翌日にずらさないといけなくなるが、その日はザルツブルク泊りだ。マイエンフェルトを朝一番に見て、インスブルックは途中下車してほんの立ち寄り程度になってしまうがそれで良いのか？　いかにも残念ではないか――。

こう考えてきて、やはり泊りの変更は最小限としよう（一旦予約すると、なかなか変更するのも難儀に思うものだ）、インスブルック泊は外せないのだ。全てを盛り込もうとするのは、土台、無理なのだ。ザンクト・ガレン、どうやらここがムリっぽい――。舞の希望とあって何とかコースに組み入れてきたが、やはり厳しいようだ。見たいのはやまやまだけど、図書館一つ見に行くために、ここまで遠回りするわけにもいかないだろう……との考えに落ち着いた、というわけだ。

こうしてこの晩、バート・ラガッツのシングル二室をキャンセルし、サン・モリッツのホテルを総ざらいしたうえで、予約を完了させた。サン・モリッツ。僕にはどうかと少々気後れもしていたが、この際、名高い高級スキーリゾートに行けることになったことは、それはそれで大変うれしい気がした。舞にとっても、却って有名でしゃれたところに泊まれるのは良かったかもしれない。何だか好い感じにコースも収まってきたではないか……と、あっさり気持ちが変わり、喜べるのだった。

▼第五日：サン・モリッツ（二〇二〇〇円）

サン・モリッツは大きく分けて二つのエリアがあるようだ。高級リゾートの丘の上エリア（街中心部）より、そこを離れた湖の向こうのエリアにあるゆったりとしたロッジ風の宿が、野生動物もホテルのすぐ前で見られるらしく興味が湧いたが、やはり行程的に駅からあまり離れるのは得策でないように思われたので、湖を見下ろす高台のホテル——これもせっかく有数の山岳リゾートに泊まるのだからと、ガイドブックに載っているホテル——にした。

大学生の頃購入した雑誌「美術手帖」の世紀末美術特集号に、かなり怖い『嬰児殺し』という邦題の付いた、寒々とした、だが非常に美しい絵画が左右見開きで載っていた。この作品は今も頭に焼き付いているのだが、この画家セガンティーニの美術館がここサン・モリッツにあると、この時ガイドブックを見ていて初めて知った。その美術館がホテルの道をもう少し先に行ったところにあると書いてあったのも、このホテルに決めた理由の一つだったが、着いた晩も翌日の朝も、美術館の開館時間内に立ち寄れる余裕は、今のスケジュールでは、ちょっとなさそうだった。

朝は再び氷河急行でクールまで戻り、駅で荷物を預け、市内を散策したら、早めにマイエンフェルトに向かい、ここでまとまった時間を取ることにしようと決めた。夜になっても良いのでこの日のうちに国境を超え、インスブルック入りすることとしよう。

ん？　朝は再び氷河急行？　復路も予約しなければならないのか？　いやいや、前日ここまで乗ってくるのだから、復路は氷河急行にこだわらずとも良いかも。調べてみると、二時間おきに普通電車もあるではないか。所要時間はさほど変わらない――、いや、どういうわけか氷河急行より早い？　まさかと思うが、またよく調べて、むしろ時間に制約をつくる予約便は必要最小限にした方が良さそうだ。

それに普通電車なら窓を開けられるかもしれないではないか。ランドヴァッサー橋を通過する時――そんな高いところを通過するのに窓が開けられるのかどうか知らないが――、窓を開けて写真が撮れるかもしれないぞ――。それに普通電車なら、ユーレイルパスで乗れてしまうではないか。これはクールへの朝の便は普通電車で決まりだな！　と愉快な気分になるのだった。

そして、オーストリア入りが夜になりそうなので、ユーロの小銭の用意が要るだろう、両替のできる場所・方法を調べておかなくては――と考え、国境を越える列車の食堂車で食事ができたら、これは楽しくて一石二鳥だ、飲みものを頼めば釣銭でユーロの小銭だって確保できるぞ！　と、こここそ食堂車利用のタイミングであり絶好のチャンス、との考えが浮かんだ。これこそ時間節約かつ充実・実践的旅行術だ。

昨日作った行程が一日にして変わってしまったので、この日、表を修正した。宿泊地が定まり、基本的な枠組みがこの段階で出来上がった。出力するとすぐ、今度は鉄道の所要時間をレイルヨーロッパのサイトで調べ直し、自ら作成したものに、あれこれと追加記入していく。今度、B旅行社に行ったら、これをベースに鉄道パスの相談をしよう。

三月七日。この日も通勤電車の中で思っている。娘の一生の思い出になる最高の旅——。二二歳にして最高？　とは、ちょっと早過ぎるような気がしたが、考えてみれば、一年のモラトリアム期間の有る無しの差こそあれ、僕のアンデスも同じではないか。人生最高の旅という、僕にとってのアンデスと同じ、若き日の、かけがえのない人生の一大エポックを今、彼女は迎えようとしているのだ。

彼女のこれからの人生の基調をなすことになるだろう重要な旅がスイスでありオーストリアであり、ウィーンであることの何という幸い。幸せな子だ、と思う。だが同時に、「行きません」と言ったわが奥様には、あとになって悔やまれたり恨まれたりすることのないよう、彼女の気持ちを思いやり、何らかのフォローをしてあげることも忘れないようにしよう、と思った。

夜、家計に係る出費を整理する。長女が出産するので関連費用が多々かかるうえ、やれ電子レンジが壊れただの冷蔵庫が調子悪いだので、いろいろな支出が見込まれる中、今回の旅の費用を捻出しなければならない。退職金が出たからこそ行ける旅だが、いきなり取り崩すしか方法はないのだろうか……。

毎年のことながら、次女の学費や年払いの自動車保険などの支出もばかにならない。おまけに就職活動を控えた当の娘から、時計が要るだのカメラ買ってだのとせびられており、僕の念願のスーツケースやら、ネット予約してしまった宿泊費と航空券などの代金をどう捻出すれば良いのかマコトにアタマが痛い……。ここは自分のスーツケースなど、この年になって購入するなんてゼイタクはしないで済ませる方法も考えねばならないかもしれない……。

スーツケースは、これまで会社関係を含め一〇回海外旅行をしてきたが、とうとう一度も自分のスーツケースは買わないで来た。毎回、身内から借りるか、持たないでザックなどで行くかしてきた。六〇からはようやく自分らしい旅が自由にできるのだから、この機会にぜひ自分のを、六〇歳の記念品として——それはあたかも小学校入学の子どもが新しいランドセルを買ってもらうように——ここから始まる六〇代の旅になくてはならないツールと(勝手に意味づけを)して、買うのを楽しみにしてきたのだが……。実に悩ましいところだ。

三月八日。仕事帰りにB旅行社に行き、作った行程表を渡し、これを説明しつつ鉄道パス、氷河急行の予約について相談した。持参した行程表の各日の備考欄には鉄道パス利用予定の有無を記載しており、全八日間の使用を予定。計画は次の段階に入った。

鉄道パスについてはすでに調べており、図書館で初めに借りたヨーロッパ鉄道旅行モデルプランの本で基本的な知識を得ていた。

ヨーロッパ各国の国鉄、あるいはJRに当たる鉄道会社が連携し二〇ヵ国以上で相互利用できる鉄道パス、ユーレイルパス。若い頃から、ヨーロッパをこのユーレイルパスを駆使して鉄道旅行したいものだなあ、という憧れを持っていたので、いよいよ今回これを使うのだと思っていたが、この本を見ると、結構、種類が多い。全域で使えるものから、三ヵ国から五ヵ国版のセレクトパス、二ヵ国版のリージョナルパスがあり、リージョナルパスにスイス・オーストリアの設定がある。それぞれ一等・二等があり、二人用のセーバーパスもある。

しかし、ユーレイル系以外にも、各鉄道会社による一ヵ国周遊用の鉄道パスがある。スイスは、スイストラベルシステムの「スイスパス（スイスフレキシーパス）」があって、ガイドブックでも目立っていたし、鉄道旅行のパンフレットでも大いにPRされていて魅力的に映った。

ユーレイルパスは日数の設定も各種あり、連続使用タイプと、フレキシータイプといって任意の使用日を選べるものとがある。僕たちはスイス・オーストリアのリージョナルパスのセーバータイプ、ということになろうかと思うが、スイスの鉄道はやたら運賃・料金が高いようなので、僕たちの利用する路線で特典が受けられるのはどちらか、スイスパスもよく調べてトクな方を選ばないといけない――。無料で利用できる特典も、結構たくさんあるようなのだ。

ところが、難しいのは、フレキシータイプのパスで無料特典を利用すると利用日一日分がカウントされてしまうというところだ。一方、割引特典は、通用日でなくとも利用できるという。これはスケジュールにうまく組み込んで最大限有効に、上手に活用すべく、いろいろ行程を工夫したいではないか。両パスの特典がごっちゃになってしまうので気をつけなくてはいけない……。何だかややこしいのだ――。

ヨーロッパ鉄道旅行といえば昔から名高い「トーマスクック時刻表」も、実現の暁には持って行って、楽しく自由な旅をしたいものだ、と思ってきた。この本はその後、名前が「European Rail Timetable（ヨーロッパ鉄道時刻表）」と変わったが、昔と同じ赤い表紙の本で出ている。日本語版は年四回発行から六月・一二月の年二回発行と変わったようだが、本屋で実物を手に取って見ると、ヨーロッパ中の鉄道の時刻表でぎっしり埋まっていて、ページをぱらっとめくるだけで鉄道旅行の夢が大いに広がる魅力的な本だ。

ただ、ガイドブックの他に、こんな分厚い本を一冊持って行くのかとなると……。いざとなると考えものだが、まずは夏号の発行を楽しみに待つ気になるのだった。

B旅行社に話を戻そう。この日はいつもと違うスタッフが対応してくれたのだが、僕の計画ではユーレイル二ヵ国（スイス・オーストリア）のセーバーパスを想定しているが、レイルヨーロッパのサイトで見たところ、ちょうど三月二八日購入分まで無料で一日追加キャンペーン中、と書いてあるのを見たので、八日間の使用を想定している僕たちには七日＋一日サービス付パス三八〇〇〇円が最も有利ではないか、と持ちかけた。すると先方は、担当者に伝え、確認し連絡します、八日間セーバーパスですと二等で四四一〇〇円×二枚となります、と答えた。

また、パスをスイスの登山鉄道で使うと確かに五割引になるが、やはり一日分パスを使用（消化）することも確認できた。ただしこれはのちに間違いと分かる（ユーレイルパスでの割引はない、使えない）。

さて、この日から一〇日にかけては、音楽の旅への期待が高まった。ウィーンには、僕の一番好きなショパンの足跡こそ残っていない？　ようだが（住んでいたはずだが、ガイド本に出てこない）、ベートーヴェンがいた！　普通はモーツァルトがいた！　ということになるのだろうが、クラシックは人並み以上に聴いてきた（先に書いたように、聴く環境の中で育った、という方が正しい）僕だが、正直なところモーツァルトはほとんど聴いてこなかった。僕はどうも重い音楽、どちらかといえば暗い音楽、そして静かな音楽に心が熱くなるタチであるようだ。

ベートーヴェンを〝暗い〟と人はあまり言わないのかもしれないけれど、それでも〝重い〟とは言えるだろう。とにかくあの荘重で、鍵盤をたどる指の熱が感じられるようなピアノの音が一番だ。いつまでも余韻となって心に残り、たまらなく好きなのだ。

僕の一番好きな曲、好きな演奏は昔から（兄の影響だろう、中学生頃から）ヴィルヘルム・バックハウスの『熱情』だ。この曲、この演奏はまさに全編、魂の奔流だ。今も聴けば最初のワンフレーズで一瞬にして心静まり、だのに同時に（逆を言うようだが）胸が熱くなる。心の鍵盤を弾いていくがごとく、あの熱い心を抑えたような、いや、抑えきれない熱い思いがほとばしるような旋律も、絶妙な間も緩急の機微も、僕の秘めた（？）情熱を、思いを、あるいは優しく撫で、あるいは鼓舞してくれているようで、何とも心地良いのだ。そう言いながら、ウィーンで書かれたという『田園』も軽やかで美しく大好きなので、ウィーンではぜひベートーヴェンのよすがを何か、訪ねたいものだ。

三月一一日。「人生節目は一人旅」――そんなタイトルの本を書きたいと、ここ何年か考えてきた。これまで人生の節目節目に、思うところあって一人旅をしてきた。一人の人生にそう何度も何度も大きな節目が訪れるものでもないから、回数は数回、サラリーマンのことだから期間もせいぜい一週間と、知れているが。行き先も国内の方が多い。それでも、いつしかその経験を一冊の本にまとめてみたいと考えるようになった。

その終章となるかもしれない？　六〇歳の旅は、実はヨーロッパの三つの中でもスペインを、強く意識していた。スペインというよりスペイン文化圏と僕の人生との関わりは結構深く、還暦節目の旅の目的地として相応しいと考えてきた。

そしてそこから始まる六〇代は、仕事の制約から身も心も解放されて海外に行く一〇年、と心に思い描いていた。しかしてその海外の一〇年は、もともと僕の考えでは、一人旅のシリーズでは、実は、ない。むしろいろいろなパターンを考えていた。海外は一人で行動するのに不便があると感じていたし、不安もよぎるからだ。だがカネはないから、何となくその最初の三回に関しては、可能なら三年連続で、その代わり一人、もしくは友人と――要は一人分の支出で――徹底的に安く行くシリーズとしてイメージしていた。

僕の六〇歳は末子が就職するタイミングとうまく重なり、生命保険を厚くして家族のリスクに備える期間も終了し、父親の務めも命も（？）軽くなると見計らっての考えだ。

世の中では夫の定年・還暦の旅は夫婦二人旅が多いと考えられ、それ以降、熟年夫婦旅を繰り返す幸せな方々も多いように見受けられる。僕もまずは妻に声をかけてみたが案の定、断られた。予想は、していた。思ったとおりだ、やっぱり一人か……と思いきや、思いがけぬことに娘と二人で旅することになった。三人もうけた子の三番手が卒業を控えた大学四年の年に、父親に付いて行くと言ったのは、全く想定外の展開だった。

節目の一人旅にこだわるなら、還暦一人旅は絶対だ。だからスペインは、妻に断られることを何となく予想していたこともあり、まずは一人をイメージした。スペインなら、一人でも行ける自信はあるのだ。それがなぜか、いきなりフリーの旅を娘と二人、しかも行き先そのものも変わってしまった――。これでは「一人旅」と題した本が書けないではないか。まあ、本来は夫婦二人旅が想定されたのだから同じことか……。

いや、そうではないのだ。別に両方、行けば良いのだ。行けるものならば。実際、僕の勤続二五周年記念旅行は会社から旅行券をいただいて夫婦二人でオーストラリアの旅、すぐ翌年、今度は一人でリフレッシュ休暇を使って東北一週間の旅をした。どちらも本当に素晴らしい旅だった。六〇を節目とする一人旅と、今回は断られたが定年・還暦夫婦旅とは並立可能なのだ。別に間が一年や二年、開いたって構わない。その時その時の事情も情勢もあるのだから。

だから今回がスペイン一人旅なら、次に夫婦で旅行すれば良い（一緒に行ってくれるものならば……）し、逆に今回が二人なら（娘とだが……）六〇を超えたって、次回をケジメの一人旅とすれば良いだけの話じゃないか（と、こうして何でも自分に都合よく考えをまとめ上げて自らを納得させることで、思い切った一歩を踏み出すことができるのだ）——。

今回が二人なら……、ん？　一年ぐらい開いたって？　待てよ、もしかしたら昨年、定年を前に実行した五九歳夏の青森一週間の旅が、それだったのではないか？　六〇を目前にして、ついに日本全国四七都道府県全踏破を達成した旅。一度は見たかったねぶた・ねぷた、立佞武多（これは展示のみ）を見、太宰を訪ね、温泉を巡った。あの旅は、来るべき還暦旅とは別物で、定年前の一人旅と位置づけてきたが、定年と定年後を見据えて旅立ったあの旅こそ、僕の還暦ケジメ一人旅だったのか……と、今にして気づく。

そうすると、六〇を通り越した次の節目、タイミングは、六五歳かその前後に訪れるだろう。そしてそれは本当に仕事を離れる時になるだろう。それこそ人生大きな節目の時。何を思い、どこを旅しているだろうか。三年連続の野望は、今回が思いのほか高くつくことで雲散霧消してしまいそうだが、六五前後なら何とかなっているのではなかろうか。（そしてその時は、夫婦旅と一人旅、果たして目出度くダブルで行けているだろうか……⁉）

三月一三日。B旅行社に尋ねておいた、僕たちの行程に最適な鉄道パスの返事がDさんから電話とメールであった。現地に問い合わせてくれていたようで、僕たちにはスイス＆オーストトリア二等六日間セーバーパス利用が最適、とのことだ。三月末までに購入すると一日分無料で付加されるサービスがあることも、こちらで調べたとおりと確認できた。一人三八〇〇〇円が割引価格の三四五〇〇円で用意できるという。

僕の調べたところでは、レイルヨーロッパの販売価格では確か七日間（+サービス一日付パスがこれと同額の三八〇〇〇円とあったが……。手数料が付加されているということかな。それが割引価格で購入できるというなら、まあ、良しとするか。

他に、ツェルマット——ゴルナーグラートの登山鉄道は片道一人七五〇〇円とある。五割引でもこの金額なのだろうか。いくら夏場とはいえ、スイスの鉄道は（物価全般らしいが）何と高いのか。また氷河急行の指定券は一人六五〇〇円プラスアルファ（季節により異なるためこれより上がるという。これまた高い！）、同じくランチが一人六〇〇〇円（これも高い！）かかるけれど、他はパスにて乗車可能、と教えてくれた。

ここまでの進展を行程表に反映させた。鉄道パス利用は初日をやめて全七日間になった（六日間セーバーパス+一日と明記）。費用の方は鉄道での移動、予約昼食、宿泊地変更、旅行保険を加味し、本日現在で約六八万円となった。

三月一四日。ホテル予約サイトで予約した宿の事前支払いを最小限にとどめたのはどうやら正解だったようだ。現地で使う金を少しでも減らすため、予約時に即とはいわないけれど、なるべく事前に支払っておこう、為替レートのアップダウンが若干はあるにしてもその方が安心だ、と考えていたのだが、この日、職場の先輩と話していて分かったことがあるのだ。

予約して支払って、いざ現地に行ってみて、もし万が一、予約が取れてなかったらどうするの？　と言われたのだ。その時フロントでどんなやり取りができるというのか。考えただけでも恐ろしい。ネット予約時に支払ってしまったが最後なのだ——。

この前日には、職場の女性でヨーロッパに上等のツアーで何度も行っているEさんから、五月のオーストリアで、下界は暖かいのに山の上は吹雪でめちゃくちゃ寒いうえSLが動かず困った、という話も聞いた。あのシャーフベルク登山鉄道の山の上だ。いつも目の前のデスクに座っている彼女がそんなところにまで行っているとは……と知って驚いたが、彼女のこうした体験談はとても役立ちそうに思われた。

例えばホテルの一階は結構、泥棒が来るからやめた方がいいと言われたのだが、これを聞いて、ホテルを予約サイトで調べた時のことを思い出した。

きれいでとても広い割に格安な部屋が出ているのでどうかなと思って他の写真を確認していくと、窓のすぐ外にリゾートっぽい丸テーブルとイスがカーテン越しにうっすらと写っている。それが何卓もだからその部屋のテラスやベランダではない。中庭か、どうやら屋外のレストランと思われる共用スペースに面した（中が丸見えか？）客室ということだ。これではとても落ち着けないし用心も必要だろう。

さもありなん。安く出ている部屋にはやはり理由があるのだ。階段下のデッドスペースを改装して無理やり客室に変えたと思われるいびつな部屋もあった。サイトの写真を見る時は、ちらりと写り込んでいるものを見逃さず想像力をたくましくして、現地の状況を立体的に思い浮かべてみる必要がありそうだ。

泊まると決めた街でサイトに出ているホテルは高評価のものを中心に網羅し、客室の写真をくまなく見て確かめた僕には、何となく価格と施設水準の関係イメージができつつあったから、彼女の話はいちいち合点がいくのだった。

それでもこの段階でこういう話を聞くということは、今一度よく確認しておけよ、という天の声かも？　と考える用心深い僕は、再度、予約したホテルを確認するのだった。調べに調べたらエイヤッと一気に予約したが、もっと慎重に判断しなければならないのだな、ということがだんだん分かってきた。

それでも幸い、支払いを済ませていないホテルも多いので、まだまだ変更は簡単だ。予約はして、ひとまず安心を買うが、支払いまで済ませてしまうと、こうしたことが分かってきた時、面倒だ。行程も、まだまだ変わる、変えるのだ、少しでも良い旅とすべく。そのためには宿の確保は必須だが、最後の最後まで、より便利で安全で快適な宿を選択できる自由は担保しておかねばならない――、と思うのだった。

一方、この頃、毎日のように心の中で思うのは、こんなに幸せで良いのだろうか……ということだ。今回の旅は考えれば考えるほど幸せな話で、僕は何か良いことをしたのだろうか？　本当に何かしてきただろうか⁉　と考えるほど自らの幸運を不思議に思うのだ。

「なにかよいこと」――あの『サウンド・オブ・ミュージック』の大好きな曲――を思い出し、その歌詞を自分の過去に照らしてみたり、映画の場面を思い出したりしながら、今回がサウンド・オブ・ミュージックの旅でもあるのを不思議な因縁と感じないではいられないのだった。今回の旅中では、あの名曲の数々が旅のBGMとして次々と流れて行きそうだ。全く、何に感謝したら良いのか分からないぐらいだ――。心して行くべし、神仏への感謝、そして妻に感謝だ。

そして同時に思うのは、気をつける、ということだ。どうも自分は調子に乗っているようだが、こんな気持ちで浮かれていてはダメだ。駅で、宿で、途中の行程で。荷物の注意、安全への配慮。そうだ、熱田さん（熱田神宮を、親しみを込めて人はこう言う）には必ず行って、「旅守り」を受けて来よう。娘と自分と、留守を頼む家族の健康と安全を祈り、守ることが大事だぞ――。旅中もだが、これから出発までに家族に何かあったら、それこそ行くことすら覚束なくなるのだ。旅のことを思うとうれしくなり楽しみになってくる中にも、ここはひとつ引率者？　あるいは団長⁉　として責任を自覚し、気持ちを引き締めてかからねばならんぞ――、そう覚悟を決めるのだった。

三月一六日。ユーレイル二ヵ国二等セーバーパスを予約購入した。先にメールで、購入可能と連絡が来ていたので手配を依頼したが、今月中の発券が必要なので、この日申し込みに行き、三四五〇〇円×二人分を支払って確保したのだ。

この日もじわじわと、旅の怖さを思うようになってきた。舞とは同居はしているが日常の交流は案外、ない。学生は忙しいのだ。僕も六〇過ぎたとはいえ、ここしばらく仕事の帰りも遅く、なかなか旅の話をする時間も見つけられない。もっとよくいろんな話をしておかないと……と気になるのだが——。

例えば、はぐれた時、連絡が取れない時の取り決めをしておく必要などありそうだ。特に大都市の拠点駅などでは、雑踏の中、お互いを見失うこともあるだろう。夜だったらなおのこと。夜遅く到着する初日のチューリヒ中央駅から、まず一番の要注意だ。ただでさえ目の悪い僕。国内でも、行き慣れたスーパーの売り場の中でさえ家族をすぐ見失うほどだ。行く駅の構内図も調べればあるだろうから、ぜひ所持して行こう。さてどうしていくか——。よくよく打合せして、ルールを決めておく必要を感じた。

子どもたちが大きくなってからというもの、僕は一人で、あるいは友人、職場の仲間らと旅することが多かったから、かつて家族で旅行した時のように、人の荷物を持って移動したり、子どもを抱えて夜道を歩くといった旅の大変さを、もう長い年月、経験していないように思う。この間、どちらかというと気楽な旅をして来たわけだ。

でも今回は違う。若い娘が一緒だ。この間にこちらも随分年を取ってくたびれてきたはずだが、助けてやらねばならない場面もあるだろうし、女の子なんだからいろいろ気も使ってやらねばならんだろう。そこのところを僕も常に心していなければならないな——、と思うのだった。

この日、Dさんによると、エアーはチケット確保つまり座席確保であり、当日チェックインの時まで席は決まらない。ヘルシンキでの乗り継ぎ便の席も名古屋で同時に取るが、こちらはもともと座席数が少ないからバラバラになる可能性が高い。預けた荷物はスルーで積み替えられる。エアーの座席予約はフィンエアーは有料。ネットで自分で席を取れる。席により値段も違うが三〇〇〇円前後だったか、結構高い。なので出発当日の朝、できるだけ早く空港カウンターに行って（受付開始は二時間前から）取りたい席を確保すべし。帰りの便は出発前から座席予約して行くと良い。慣れない現地の空港ではなかなか予約も取りづらいから。ネットでは予約番号を入力して自分で席を選ぶ仕組みになっている……。

うーむ、ここは何としても確実に並んで行き、かつ安心して帰りたいものだ……。

氷河急行は、リクエストは入れてあるが、二人掛けの席を取れるか、いや、席そのものを取れるかどうか不明、と言う。だが一人なら、まあ、必死に取ることもなかろうが、そこはやはり娘との旅。席が一緒でなければ意味がない。逆にいえば、一人なら無理してわざわざハイクラスの車両に乗ることもないような気もするが、今回、二人旅であればこそ優等車両の旅もできるのだし、それが娘とであらばなおのこと似合うのだ。当初の意気込みと、積年の想いとを再確認して、まだ間に合うどころか世界中の選手たちと同じスタート地点に僕たちもエントリーしているんだ——と、数少ない一等二人掛け席の獲得に挑むのだ。

で、もし取れなかったらその時はもう、いっそ普通列車で行こう。優等列車で乗れる区間があればその区間だけ乗り、途中駅で下車したりしながら行けばそれもきっと楽しいぞ。乗り継ぎはちゃんとできるか、時間がかかるのではないかと心配はあるが……。どちらにしても特急だの急行だのといってもこの列車はノロノロ運行らしいから、普通列車でも最悪その日のうちに着けば良しとしよう。取れるか取れないかは考えても仕方のないことで、いざという時のために代替案を何となくイメージしておけば、切り替えも早くなるというものだ。

それと、もう一つ。ホテルの支払いの件で、アドバイスがあった。予約確認書は必ず出力して持って行くこと。いざ、取れてない時のために？　いや、むしろ列車や天候のトラブルで予定どおり移動できず、こちらが到着できないことが意外とありうるから。だからやはり現地払いが安心、と言うのだ。辿り着けない場合は、電話しないといけない。不泊で一〇〇％取られることだってある——。そう聞くと、荷物を持って次々と移動していく周遊型の旅の困難さを改めて思うこととなった。辿り着けない可能性があるというリスクの存在に、初めて気づかされたのだった。

旅行中の荷物についてはB旅行社に相談していたことがあった。スイスでは駅での荷物配送（駅で預け、他の駅で受け取る）サービスが非常に充実していると本などにあり、ぜひ利用したいと考えるが、取り扱いがいろいろ異なるようなので、実際の利用駅の確実な情報をつかんでおかねばならないのだ。

予定では、九月五日にサン・モリッツを発ってクールまで戻り市内観光。マイエンフェルトで二時間過ごしたらインスブルックに向かうのだが、この間、ずっとスーツケースを持っての移動は大変なので、

①朝、サン・モリッツを出る前に駅に荷物を預け、この日午後六時以降、インスブルックへ行く途中のスイス内の乗り換え駅（ザルガンス？　あるいは他のどの駅？）で受け取れるか。何時までか。

また、②マイエンフェルト駅での受け取りは可能か。ただし、ここを出ると長距離移動となるため、六時以降受け取り可ではダメ。

③もしも六時以降しか受け取れないというのであれば、その間にザンクト・ガレンまで行って修道院図書館（もう、開いてない？）を見てくるというのは無理か。あまり受け取りが遅くなってカウンターがクローズしてしまっては元も子もないが……。

こう考えてくると、より安全・確実なのは、④四日にツェルマットを発つ前に、一泊分の着替えは持って、大きな荷物は預け、翌日中は何時でも受け取れる状態で観光・移動し、ザルガ

ンスまたは他の乗り換え駅で荷物を受け取り、いざオーストリアへ向かう、というスケジュールが最も良いのではないか。

——と、つらつら考えながら相談していたのだが、要は移動に次ぐ移動の一、二日間、荷物を預けて身軽に動ける良い方法をアドバイスいただけないだろうか、ということだ。このサービス、ガイドブックやパンフレットを見るにつけ、駅により取り扱いの有無や時間もバラバラで分かりづらいのだ。ここはちゃんと確認し理解しておかねば安心できない。

これに対し、三月一七日、Dさんから調べた結果の連絡があった。

当日中に別駅で受け取りのできる「エクスプレスラゲージサービス」はサン・モリッツで預けることは可能だが、マイエンフェルトでの受け取りはできない。ザンクト・ガレン駅での受け取りは可能。この場合、ザンクト・ガレンの図書館の開館時間は五時までだが、六時以降の受け取りになる。ザンクト・ガレン——インスブルックは所要約三時間半。

一方、預けた日の翌々日から受け取り可能な「ラゲージサービス」だと、有人駅であれば受け取りが可能。ただ、翌々日からの受け取りになるので、五日にマイエンフェルトで受け取ろうと思えば三日の時点でツェルマットで預ける必要がある。

そうすると、やはり数日前から荷物を預け、五日に受け取る後者のプランの方がゆとりがあるかと思う——すなわちツェルマットで預けて身軽になって二日間の旅をし、最後の駅で荷物を受け取ってスイスをあとにすることをお勧めする——、ということだ。

それはそうだよな……と、いろいろ自分で調べているとどうしても欲が出て突っ走り、敢えて難しい方に挑みたくなる僕の陥りがちなプランを、このようにちゃんと確認して丁寧に教え(諭し?)てくれるのがありがたい。ややこしい手はすんなりと諦め、ツェルマットで預けていくことに決めた。

彼岸入りの三月一八日。熱田神宮で旅始め安全祈願。そして亡き両親の墓参りに行き、旅のスタートを報告。

神宮からほど近くに行きつけの図書館がある。仕事帰りに乗り換えついでに、また土日に名古屋へ出た際は度々立ち寄る。この日は六冊返し、三冊借りた。今はほぼ、旅行の本だ。

ヨーロッパ鉄道旅の本を手に取ると、これが随分古い本だが、オリエント急行の話の中で、復活した列車がインスブルックを通ると書いてあるのを見てはあのエレガントな車両を一目見られないものかな、と思ってみたり、スイスでは同じ行き先でも大回りした方が乗り換えも少なく、うんと早く着く場合が多いとあるのを見ては、こういう説明はよく留意してプランを組むべし……と思ったりするのだった。

夜、舞とテレビ「世界ふしぎ発見!」のビデオを見た。前に放送されたオーストリアの回を録ってあったらしい。ハルシュタットの岩塩坑を紹介しているのがこれで、坑道の中にある長ーいすべり台を、レポーターが一気に下降するのを見て、舞は「行きたい!」とエキサイトしていた。確実に行けるかどうかは正直、まだ分からない、とこちらは踏んでいるのだが、そこはせっかくのフリー旅。何とかして行きたいものだなぁと、娘の横顔を見ながら父親も内心思うのだった。

三月二七日。いつもの通勤電車の中で、この日もいろいろと考えていて、八月から九月、とくに帰国時と重なる九月半ばの台風リスクに気がついた。この時期は本当に来るぞ、と経験的に身についてしまっている。無事行けるか帰れるか、が海外旅行の一番の関門と思われた。

旅行中、目立つ若い娘を連れて二人での道行きリスクもやはり心配だ。物を取られたり取り囲まれたり、ちょっかい出されたりと怖い目に遭う可能性は結構高いと心得よ。予め状況ごとの危険のパターンを承知した上で二人の意思疎通・連絡を図り、トラブルや事故は未然に防ぐ構えでいこう。周りにスキを見せることなく、いつも注意しながら、しかもしっかりと動くべし――ということだ。何だかサイの角の譬えのごとく、ブッダの教えを実践する修行者のような心境になってきた。

日本大使館の連絡先は、クレジットカードの連絡先などと同じレベルで控えて行こう。二三歳の僕の旅は、本当に慎重にスタートしたものだった……と昔の記憶がよみがえる。

リマの街の強烈なニンニクのにおいと暑さの中、フロントガラスが銃撃されて穴が開き、周りがクモの巣状に大きくヒビ割れて全然前が見えないタクシーに一人乗っかりながら、危ない環境を初日から肌で感じたことで、警戒心・自衛の構えが否応なく出来、結果として事なきを得た。

出発前、現地の事情に詳しい福岡稔さん（日本にボリビア音楽の魅力を伝えることに生涯を捧げ、惜しくもこの年二〇一八年に亡くなった）ご夫妻から、一人で安易に行く国ではないよと諭され、さんざん怖い話を聞かされていた僕は、身の回りに相当気をつけて旅をスタートさせたものだった――。

当時の南米諸国とは時代も国情も異なるとはいえ、今回も同じく慎重にも慎重を期して、大事な娘をくれぐれも怖い目に合わせることのないよう、充分な準備と装備、そして確実な行程・移動・行動を取ることにしよう（ふと気になって調べてみると、この日は僕が南米から帰った日だった。何だか不思議なことが多々あるものだ）。

通勤電車の中で若い昔の旅を思い返したことで、とても重要なことに気づいた。それは僕にとって今回の旅の意味、位置づけがいよいよ明確になった、と言っていいほどの大発見。まさに目が開いた。それは、今回、出来上がってきた旅の形が、四〇年前のわが人生旅立ちのコースと、どういうわけか、そっくりな構成になってきた、ということだ。全く別々の大陸でいったい何が似てきたかというと――。

今回の旅の基本コースは、こうだ。セントレアからヨーロッパの入り口・ヘルシンキを経由してスイスのチューリヒに入り、第一の目的地であるツェルマット入りし、念願のマッターホルンを訪ねる。そして鉄道でアルプスの峠越えをし、丸一日かけてサン・モリッツへ。そこから周遊しながらオーストリアへ入り、最終目的地であるウィーンを目指す。ここでようやくゆったりと街巡りを楽しむ——。おっとその前に、ハルシュタットという名高い景勝地を訪れる。

僕の初めての海外は大学を卒業し就職するタイミングだった。一年間のモラトリアムを経て、社会の荒波に出てゆく覚悟が完全に出来上がり、まさにわが人生一人立ちの時。大きな区切りをつける時だとの決意も新たに旅立った。その時のコースが、こうだ。

成田空港をヴァリグ・ブラジル航空で出発。アメリカ大陸の入り口・ロサンゼルスを経由しての長旅でペルーの首都リマに入り、第一の目的地であるインカ帝国の首都クスコに飛び、ここを基点に念願のマチュピチュを訪れる。クスコから汽車に乗り、コヤオ高原の、それはそれは美しい、雨季が終わりに近づいたアンデスの風景を眺めながら、丸一日、汽車旅。終着駅のプーノに夜着く。プーノからチチカカ湖を船で渡り、バスに乗り継いで、最終目的地であるボリビアのラパスに入る。そしてここで四、五日滞在し、あとはリマへと戻って、再びロス経由で帰国、というものだった。この期間がやはり二週間。いや、一五日間だった。

今回の旅と、何だか似ているではないか。辿り方というか、旅の作りが。リマがチューリヒに、クスコがツェルマットに、マチュピチュがまさに目的のマッターホルンに。車窓の景色の素晴らしさで名高い高地の鉄道旅の一日を楽しみ、最終目的地へと向かう。ラパスがウィーンに替わり、そこでゆったりと街を楽しむ——。ハルシュタットに当たるのはチチカカ湖だろうか。そう、オーストリアの湖水地方が、まさにそれと言えるではないか。チチカカ湖では、葦を踏み固めたウル族の浮島に小舟で渡ったり、太陽の島を観光したりした。

ラパスが最終目的地であったのは、大学時代の僕がアンデスの民族音楽であるフォルクローレの熱烈なファンだったからだ。元を辿れば中学以来の古代文明・遺跡への関心に始まる。南米のそれを紹介するテレビ番組のバックにいつも流れる哀調を帯びた素朴な音楽が、サイモン&ガーファンクルの『コンドルは飛んで行く』で一つにつながり、高校時代にキングレコードの民族音楽シリーズを聴き始めた。大学に入るなりケーナ（葦笛）やチャランゴ（弦楽器）を手に入れ、サークル活動で演奏した。そこで学生時代の総括として、名だたる演奏家やグループの活動拠点である「ペーニャ」という言わば民謡酒場が集中するラパスを訪ね、耳と目と全身で本物のフォルクローレに浸り尽くそうと決意したのだ。

当時七〇年代のフォルクローレ界は開花期に当たる。先住民の文化にようやく陽が当たり始めた六〇年代に芽吹いた花芽が、つぼみが、あちこちで花開いた時代。意欲ある若者たちがアイデンティティに目覚め、伝統文化に根差した音楽を次々と掘り起こし、アレンジし、あるいは自作して、厳しい自然と多様な生活環境に生きる人々の生活を描きつつ、そこに愛と希望と人生の哀歓を織り混ぜて熱く歌い上げた。地方色豊かな様々な民族楽器を駆使し、新たな奏法をも開発して、オリジナリティ溢れる演奏を競い合った。続く八〇年代はまさしく全盛期。あの一連の流れは一つのムーブメントだった、と僕は考えている。そしてラパスはまさにそのメッカだった。一方のウィーンこそ押しも押されもせぬ音楽の都で、優雅さが違うと言えばあまりにも違い過ぎるが、この点まで同じとは、不思議議過ぎるではないか。

先の旅を、長き会社人生に入る区切り、学生時代を完結するケジメ旅とするならば、今回の旅は、まさしくその長かった会社人生にひと区切りつける旅——とうとう還暦に達した僕の、会社員時代のケジメ旅——と言えるのだ。この二つの旅が、奇しくもそっくりな旅の形となったのは、まこと不思議というほかない。そしてその二回は、わが人生憧れの双璧を成す地への旅なのだ。

前回のラパス滞在は、後に思えば、あり得ないほどゼイタク過ぎる時間の使い方をしていた。これは勿体ない時間の使い方、ということを意味する。せっかく地球の裏側まで来ていながら、もう一生、来れないだろうに、僕はそこを拠点に遠出もせず、見たかった郊外の遺跡こそ訪ねたが、音楽を通じて当時からその魅力を知っていたウユニ塩湖やポトシ銀山まで足を延ばすこともなく、あとはただ毎日悠々と——それはのんびりというのとは違い、完全にその世界に浸る、という感じ——現地の音楽ばかりを探し求めてラパスの街中をふらふらとさまよっていたのだから。（実際のところウユニやポトシはラパスから五〇〇キロ前後あり、当時はツアーなどあるわけもなく、行くにはそれなりの時間と装備と覚悟が必要だったという事情もある。）

今回は、そのことを意識し改善したわけでは全くないが、予め徹底的に調べておいて、終着地の旅を、のんびりと言いつつもその膨大な情報から随意に選択し、目一杯満喫しようと考えている。

ラパスの時、これができなかったのは、当時は今日では考えられないほど観光情報が乏しかったからだ。いや、観光という以前に、現地の交通事情や地図などの基本的な旅行情報から、まず入手する必要があった。ガイドブックなるものは、「中南米」という——何と、巨大な一大陸を、いや、ラテンアメリカ全部をひとからげにした——一冊しかなかったのではないかと思う。

僕などは世界の国々をカラー写真で紹介するシリーズ本（ガイドブックでは決してない）や、冒険家か探検家か、文化人類学者らによる体験記・報告や民族誌（これとて観光情報では全くない）から趣味的に情報を得ていたけれども、いわゆる観光レベルの情報を予め収集して行くことは結構難しかったのだ。そこで一部の超マイナー志向の旅好きの集まりや、趣味の音楽を通じて知り合った人から得た体験談が唯一の、だがリアルでナマの貴重な情報だった。この点が大きな違いであることは確かだ。

だがそれは見方を変えれば、歳を取り、それだけ若者らしい自由闊達さや冒険心を失い、逆に情報が多過ぎるために欲張ってあれもこれもと、あまりに安易に中身を詰め込もうとしているとは言えまいか。やれ美術館めぐりだ、カフェめぐりだ、教会だ、公園だ、お土産もいろいろ回って探したい……。フリーな旅ならではの場所もぜひ行きたいではないか——と、やたらと本やネットを調べては、拠点を定めた旅の安心感からか、自由気ままに動き回ろうとしている――。

自由気ままに……、それはラパスも同じだった。だが今回は、一人ではないということと、あり余る情報を持っているということ、人生経験の蓄積があるという点が、全く異なっている。そして、あの時のペーニャめぐりがコンサートに、楽器やレコード探しがカフェと美術館めぐりに取って代わるのかな……と、約四〇年を隔てた二つの旅が頭の中で交錯するのだった。

あと、これは蛇足だが、僕はアンデスのマチュピチュ、ヒマラヤのマチャプチャレ、アルプスのマッターホルンを〝3M〟と勝手に称し、崇敬してきた。奥深い山中に広がる壮大な遺跡と、ワイドな風景の中にそびえ立つ秀峰の孤高の姿は、神々しいまでの美しさだ。そしてこの三つ、形もだが名前も何だか似ているではないか。

マチュピチュのあの峰は、実は遺跡の背景をなすワイナピチュ峰だが、これは学生時代の仕上げに。マチャプチャレは独身時代の仕上げにネパール・ミニトレッキングの旅で。そして今回、死ぬまでに絶対見るぞと誓ってきた、残るマッターホルンを訪ねて行く旅が会社員時代の仕上げに、とうとう実現しようとしている。何だか今回の旅を終えたら人生終わり？　って感じがしてきたぞ……。大丈夫か？

第四章

旅を温め　旅を織る（四〜五月）

四月一日。新年度に入った。

通勤は毎日、電車で片道一時間かかるが、本を読んだり考えたりするにはちょうど良い時間だ。この日はウィーンのことを書いた本、スイスのガイドブック、それに與謝野晶子訳『源氏物語』中巻を、帰路、途中下車して図書館に返却。電車の中で往路は『源氏物語』、復路は旅行関係の本に持ち替えたりスマホを見たり。古典は以前から折に触れ読んでいるが、『源氏物語』は、海外に行こうと考えているここからのスタートに当たり、日本人として読んでおかなくちゃ、と思って読み始めた。

それにしても大部のこの古典の、男女の心の機微と人生の各段階における情（熱）の描き方、あるいは季節ごとの自然の描写、人生のはかなさの語り口の、その細やかにして優れたること！　訳の妙味もあるだろうが、これをして千年もの昔に、わが日本の一女性が書き上げているとは、とても信じがたいすごさだ。庭の描写においては『ヘンリ・ライクロフトの私記』などイギリスの人が書いた本はさすが心に残るが、ここに描かれた日本人の精神性とその奥深さといったらどうだろう。四季の移ろいと、地震や風水害が瞬時に全てを奪い去る災害列島に生きる宿命が、長い歴史の中で幾重にも重なり合って無常感の思想をこの国に育み、このはかなくもしなやかな人生観を生むことにつながったのではないだろうか。

横道に逸れた。新年度に入るとＮＨＫテレビ・ラジオの外国語講座も切り替わるので、この時を待っていた。テレビの「旅するドイツ語」は結構楽しめ、他の番組では紹介されないニッチな情報や知識が得られることも多いので、これまでも何となく見てきた。が、今月からはきちんと見るぞ、聴くぞ、始めるぞ、ドイツ語講座！

これまでの人生の中で、スペイン語講座は時折りラジオで聴いてきたが、どちらかといえばテキストなしで、聞き取れなくても初級・中級、関係なく、通勤電車でただただ音楽を聴くようにして聴いてきたことが多い。今回もラジオは聴き流すだけとしよう、通勤時間を活用して。というのも、今は朝の通勤電車に乗る一分前にスペイン語講座が始まるのだが、ドイツ語講座はその直前に放送されているのだ。ということはこれを聴くには一本早い電車に乗らねばならないが、四月はこういう一歩前進する行動が、なぜか取れる時なのだ。

この日の夜、舞に予め言っておいた旅行打ち合わせの時間を初めて持つことができた。打ち合わせというより、初回なので僕の考えている計画を、作った行程表を見せながら舞にひととおり説明する時間となった。舞はすんなりと了承していた。まずは僕の作ったコースがそのまま受け容れられたわけで、これで一歩前進だ。

四月二日。新年度のタイミングで自分の仕事を一度整理しておこうと、手帳に当面の課題をリストアップした。これまた電車の中で、つらつらと考えながら。この時期はどうしても仕事の課題がズラリ並ぶが、今回の旅についても幾つか挙げる中、「旅の栞」について記した。曰く——「旅の栞」を作成し、舞と共有する。現地・現場で必要な情報・地図等を盛り込むとともに、リスク対応の手引書ともする。僕に万が一、何かあっても舞一人で対処できるよう。はぐれたり、何か事故があっても、一人でその日の宿まで行けるよう。また現地緊急連絡先やカード会社や、場合によっては大使館にも連絡できるよう必要事項を一冊にまとめておく。——何だか大げさにも見えるが、父親は真剣だ。

四月六日は、舞に、少し前に発見して気になっていたウィーンのカフェの本を買ってきた。可愛いリボンでわざわざプレゼント仕様にして。すぐ来月は彼女の誕生日なので、普通ならその日にあげるものだが、そこは少しでも早くから舞の中にも旅のムード醸成をはかり、楽しみにさせたい、という僕のいつもの感覚で。そして事カフェに関してはケーキもセットなのだし、舞に事前によく研究しておいてもらいたい気持ちもあった。カフェを文化として紹介する読み物としての内容もある一冊だ。

そして夜。帰宅した舞に本を手渡した瞬間、「まさかこの子は母さんの生まれ変わりではないだろうな?」という想いが頭をよぎった。というのも、たまたま今日が僕の亡くなった母の誕生日だったからだ。

一九九〇年の三月に亡くなった母。二年後に生まれた長女に生まれ変わり、僕のところへ帰ってきたのかも……と当時思ってみたことはあるが――。勿論、本気で生まれ変わりを信じ込んでいるわけではないが、信仰熱心だった父母が信じていたように思ってみることも親孝行のうち、と考えている。父はその後半生、何度も不思議な夢のお告げ？　で周りの人々との深く長い因縁を知らされ、何ごとも御恩あっての人生と、父母ともに篤い信仰の中に生きていた。

次女の誕生日を母の命日から何となく数えてみたら……、これがぴったり四九日にあたるではないか。何？　しかも次女の生まれた年はちょうど七回忌にあたる――。

生まれ変わりだなどと、わが家で一言でも洩らそうものなら、そんなこととまともに信じてるの？　という表情で、わが妻から無言のまま斜めに見られるのは必定なので絶対に言えないのだが、何か不思議な気持ちがして僕の部屋の仏壇に母の誕生日を祝うと、ふだんは見ることもないムーミンのストラップがポロリと二つ、落ちてきた。

フィンエアーが名古屋（セントレア）に就航した二〇〇六年のこと。同社がイメージキャラクターとしていたムーミンのストラップが当たる就航記念キャンペーンが新聞に載った。そこでムーミン大好きの僕の、ぜひ乗りたい！　いつか行きたい！　という熱い思いを葉書にしたためて早速三通申し込んだところ、見事当たったストラップだ。しかも僕の大好きなスナフキンと、ミイとムーミンママの三本とも送ってきてくれた。妻の妹も何通か送ったが外れたと当時間いていたから、これは僕の熱意が通じたとしか思えない、とてもうれしい出来事なのだった。以来、一度もフィンエアーに乗る機会はなく一二年が過ぎた。

そのストラップ三本は、ほかの雑多な旅の土産やお気に入りの外国の置き物とあれもこれもごちゃ混ぜに、お寺や神社のお札やお守りとともに、わが仏間に鎮座している。実は仏壇は入ってなくて、母が生前持っていた、嫁入り道具と一緒に持ってきたのでもあろうか古い朱塗りの小さな飾り箪笥？（というには小さ過ぎる）だか小物入れだか人形ケースだか（ガラスは割れたのか、付いてない）をその代わりとして納めてあり、周りを僕と家族の長年にわたる人生旅の記念物の数々が埋め尽くしている。盆や正月は勿論、身内に何かことあるごとにこの仏間を開けて神仏に祈っているのだから、考えてみるとこれら旅の記念物をまとめて合祀していることになり、言わばそれら全てがわが神々ということにもなろうか（神仏習合も甚だしい……）。

そうか。旅の前後は必ずここを開け、朱印帳を取り出し、納め、そしてまた新たな記念物を納めているではないか——。旅を神として祀る独自の信仰を、僕はそうと知らずして長年、奉じてきたのか⁉　このことに、これを書いているたった今、気づいた。

その仏間をその時、母の誕生日に開けたら、なぜだか、どういうわけか、中からポロリと、ムーミンのストラップ二本が落ちてきたのだ。スナフキンとミイ。どういうことだ？　これは……。偶然？　いや、偶然にしてはあまりにも不思議過ぎる。スナフキンとミイだぞ。まさに僕と舞、ってことではないのか。

おや？　と、もうひとつ一緒に落ちてきた紙片があるのに気づいて手に取ってさらに驚く。〝同行二人〟の巡拝の証ではないか。かれこれ四、五年も前になろうか、四国のお遍路さんに試しに一回行ってみようと、手頃なバスツアーで一番から六番まで札所を回った時にいただいた紙だ。弘法さんとの同行二人が、亡くなった母とともに行く旅に変わるのか――。いや、母が弘法大師の代わりとすれば、その母に守られ、その後ろ姿について行く旅か――。あるいは息子の旅に、母がその孫娘に姿を変えて、僕と二人、遠い修行の旅に出るということなのか――。

いずれにしても、なんて不思議な巡り合わせなのだ。これはきっと仏に守られて行くということで、こんなにありがたく、頼もしいことはないぞ……と、このところ旅への不安もよぎっていただけに、自信と安心が胸に宿る。今回の旅はそういうことなのだ、母を連れては行けなかったヨーロッパへ、スイスへ、そして母も好きだった『サウンド・オブ・ミュージック』の国へ、生まれ変わりを連れて二人で行けるということなのだ――。

四月七日。休日出勤する朝の特急電車は空いていて、クロスシートの座席に一人、腰を落ち着けるとゆったりと快適だ。窓際にいつものエビアンの小ペットボトルを置き、今日も本を読みながら行程を考える。

考えてもみよ。二週間もいれば絶対に雨も降る。氷河急行だって、取れるかどうか分からんぞ。何せ、世界中から来るんだ。むしろ取れなくて当たり前。宿営地は決めてあるんだ、あとはそれこそ鉄道旅のネットワークと自由なフットワークを活かし、随意に行程を変えていこうじゃないか。その方がきっと面白い旅になるぞ――。

天気の良い日に電車に揺られて車窓の景色を眺めていると、気分も爽やか、解放感に包まれる。基本さえ押さえておけば、あとはあまりガチガチなプランにしない方が良さそうだな――。季節は春。気持ちに余裕が出てきたようだ。本やそれ以外から知識と情報を仕入れておく作業だけは、ここからも怠らずにやっていこうと思った。

情報といえば、各国の政府観光局。若い頃、出張でいろんな国の政府観光局を回って芸能系の催事を名古屋へ呼ぶべく情報収集したことが幾度かある。今度、東京出張がある時についでにスイス・オーストリア観光局に立ち寄ることも考えてみよう。タウンマップなどは大きなカラーの印刷物で持っている方が使いやすいが、こうした物が手に入るはずだ。舞は、地図でもお店情報でもガイドブックの役に立ちそうなページをスマホに撮って行くのだと言っていた。これは拡大も自由自在という点もゼア・グート（実に良い）。しかし僕は地図ならやはり手元で即、広げられ、ひと目で分かる一枚紙が良い。

四月一五日。プロジェクト満載の今年一年間の僕の事業計画実施スケジュールを、空けてあった手帳の冒頭ページにまとめた。一月から来年三月までの一五ヵ月間に――すでに三ヵ月ばかり過ぎているが――やることを両矢印で書き出し、図表のようにしたのだ。

「二〇一八年――還暦六〇歳――末子就職　生活の大転換期」と、この一年の位置づけをタイトルとして明示し、年間の実施時期を月ごと・シーズンごとに振り分け、図式化。実際、細かいものを別にしても一〇ほどもあるプロジェクト群をさばくには、うまく期間を割り振らないとできるわけがない。

今やること、ゴールデンウィークにやること。秋からやること、一つ終わったらやること。今次の海外旅行プロジェクトもそうだが、実施時期・期間が初めから定まったものも多い。それらを優先的に書き込めば、それ以外のものは必然的にそれ以外の時期に取り組む（書き込む）ことになる。健康系などは年中やらねばならないはずだが、これまたやれる時とやってられない時もあり、やはり仕事のスケジュール最優先で落とし込んでいく。なんだかんだ言っても、まだ仕事に係るプロジェクトが最上段を占めているのだ。

年間スケジュールをここまで分かりやすくひと目で見えるものに整理したのは初めてだ。来るべき旅行への意気込みと、そうは思っても家族のイベントは決して手を抜かないぞ、全部こなすぞという決意と覚悟の表れか。それでも、ここまで書き出し、まとめていても、妻がこの年に海外旅行に行くわけがない、ということに気づきもしない。長女が子どもを産む時に、その母親が海外旅行になど、おいそれとは出かけられないはずだった。

四月一六日。朝、いつもより一本早い電車で早出をスタート。ラジオでのドイツ語学習を開始した。七時から一五分間。昔習ったドイツ語の響きが耳に心地良い。毎朝六時に起床していたが、これから一〇分だけ早く起きるのだ。

そして一八日。長女が女の子を出産。二人目の孫の誕生だ。

ゴールデンウィークにかけては、上の孫のお守りなど、この出産プロジェクト関連と、部屋の片づけ、家のメンテナンスなど、おもに他のプロジェクトに時間を割いた。

例年、年度替わりから五月にかけては仕事の方も忙しく、そちらの方に当面集中することとなった。旅に関しては仕事帰りや帰宅後の遅い時間、ネットでいろいろと調べるのが楽しく、調査・研究は進んだ。

五月五日。行程表を刷新。具体的な行動計画をA四横一枚に落とし込んだ。四月までにいろいろ現地情報の収集も進んだので、ゴールデンウィークのここらで一旦まとめておこうと、すでに基本的な枠組みのできている行程表を改訂し、移動プランが主であったものから、日々の行動計画を検討し中身を充実させるための資料に作り変えたのだ。具体的な行動計画(案)を記入し、予め行動を決めておきたいこと、決めなくても状況次第で良いこと、注意事項、そして旅中でやらなければならない手配事項を明記した。

九月五日の行程に、一旦消えかけたザンクト・ガレンが復活した。荷物配送システムをうまく活用することで移動は可能と判断し、行きたいところは可能な限り組み込んで、何とかこのハードな一日を乗り切るぞと考えた。

行きたかったインスブルックでは、六日夕方まで観光の時間を確保したので、前日とは打って変わって自由に楽しむ一日としたい。王宮や大聖堂、宮廷教会は勿論、市街地を少し離れたところにあるアルプス動物園まで足を延ばしたいものだと考え、行程に加えた。生きたアイベックスが見られるかどうかは知らないが、きっと舞も喜ぶだろう。団体ツアーでも、逆に男一人の旅でも、間違いなく行かない場所にこそ、娘と二人なら行きたいではないか。

ウィーン二日目、九日の朝には王宮礼拝堂の日曜ミサへの参加を計画した。かのウィーン少年合唱団がミサ曲を歌うというのだ。実はこれを早くからガイドブックで知ってチェックしていた僕は、舞のサプライズメニューにしたいと考えていた。滞在初日のこの朝、王宮を見学するタイミングでミサを入れられれば最高だ。ところがこのミサ、夏の期間中はお休みで、九月半ばから再開される、というのでずっと保留したままとしており、心配が続いた。再開初日となる可能性を信じて、時折り通勤電車の中で合唱団の公式サイトをチェックするのだった。

九月一〇日の夜は「ウィーン・モーツァルト・オーケストラ」のコンサート鑑賞を予定した。歴史的なコスチュームを身に着けた楽団員がモーツァルトの名曲を演奏するオーケストラ。ウィーン行きを決めた当初から、何かコンサートは絶対に聴こうと考えていたが、オペラや本格的なクラシックコンサートではあまりに長時間で、クラシックをふだん聴き慣れていない舞には退屈なのは間違いないと思った。個人的にはベートーヴェンだがウィーンで聴くならシューベルトやウィンナワルツこそ思い出に残るだろうし、娘と聴くにはやはりモーツァルトは欠かせまい。

このウィーン・モーツァルト・オーケストラ。ガイドブックでは観光客向けとして紹介されていてショーのような扱いだが、ユーチューブで見る限り、意外なほどしっかりした演奏で、次々と知られたメロディが繰り出されるステージは、きっと舞も自分も飽きさせることなく楽しませてくれると思った。本場は、観光客向けだとしてもレベルが違うのだろう。さらに、彼らの出演する会場が楽友協会である点は、他の何物にも代えがたい魅力だ。これらの点で、彼らのコンサートは絶対行こう、と決めた。他に弦楽四重奏など小編成の名曲コンサートを教会なんかで聴けたらなお良いが……と思い、調べを進めるのだった。

九月一一日の午後をハイリゲンシュタットに充てた。ウィーン最終日、すなわち旅の最後の夜を、ウィーンの森に近いベートーヴェンゆかりの地でワインを飲んで打ち上げとしようとの趣向だ。ブドウ畑の広がるそのエリア周辺には、中庭などで土地の音楽を聴かせながらワインの新酒を飲ませる店、いわゆるホイリゲが集中しているらしい。最終到着地で素朴な地元の音楽を生で聴きながらワインを飲めば、まさに二三歳の僕の旅と重なるドラマとして完結するではないか。

そして、そこで聴ける音楽は、南米への旅から数年後、僕が金沢でホテルマンをしていた頃、竪町通りを少し入ったところにあったレストラン「リリーマルレーン」で何度も聴いたジプシーヴァイオリンとアコーディオンが、ほぼそのイメージではないかと思った。ハンガリーから来ていた楽士たちが、キャンドルの灯された客席まで来てクラシックの小作品やヨーロッパ各地の民謡を目の前で聴かせてくれるのは本当にロマンチックで素敵な夜だった。留年の年から金沢で一人暮らしをした頃にかけての数年間こそ、僕の青春時代のピークだったのだ。

旅の中身をより楽しく魅力的なものに作り込んでいこうと、この間いろいろと本を見、ネットで調べて、元となる基本行程のタテ糸（経糸）に、いろんな色をした美しいヨコ糸（緯糸）を自分で選んで楽しみながら織り込んでいく。そんな作業をしている感じだ。六〇年生きてきた間にいろいろとインプットされ、いつしか忘れていた経験と想いが、あれこれと見たり読んだりするうちによみがえるように湧いてきて、今回の旅に趣きと深みとを加えていってくれるようでうれしくなるのだった。

タテ糸とヨコ糸の話から、またしても横道に逸れて恐縮だが、僕は人生、あみだくじ、とずっと考えてきた。こう言うと人は単純な運命論と受け取って快く思われないかもしれないが、僕の考えは多分ちょっと違って、こんな感じだ。

人生は、生まれた環境、例えば国・地域や親・兄弟、あるいは遺伝子配列といった、本人の意思によってどうにも変えることのできない内なる要素・力をタテ糸（縦罫）、生まれた瞬間から日々発生し、出会う外的な影響力・刺激、機会、作用をヨコ糸（横罫）とする複合的・立体的なあみだくじ、なのだ。縦罫をすでにある〝運命〟とか〝宿命〟、横罫を新たに引いてゆくつながり、それは〝縁〟と言い換えても良いかもしれないが、これらはどちらも無数にある。

人は人生を一番下のどこかの出発点からスタートさせるけれど、大小様々な無数の縁によって右に行き左に行きしながら――だが決して同じところに留まったり戻ることはない。人生は、時間は、決して一瞬たりとも留まることのない一筆書きなのだから――、それぞれの人生を懸命に駆け上って行く。

だから遠い過去の経験や想いが何かの拍子によみがえる時は、脳の中で神経回路が古い眠った記憶細胞とつながった瞬間かもしれないが、長い人生の複雑なあみだくじの中で、昔（すなわち下の方に）できた古い一本のヨコ糸とつながった一本のタテ糸に何かの〝縁〟で再び辿り着き、遥か下の方を垣間見て過去の自分と再会を果たし共鳴した瞬間なのではないか。運命は決まっているのではなく、無数の縁によって次々とその相を、居場所を変えていくのだ。幾つもの運命の糸の間を縫うようにして飛び交いながら、縁が縁を生むことで、周囲に幾つも立ち上がっているタテ糸に、次々とヨコ糸が紡がれていく。気がつけば人生は思いもよらなかった高みや境地に到達していることだろう。

ところで、一番下の出発点から、と言ったが、どこか一点からのみ、というわけではない。無数にタテ糸の張られた中を、たくさんのヨコ糸があちらからもこちらからも同時スタートして一つの人生が次々と織り上げられていく、そんな複雑なあみだくじ。それが人生なのではあるまいか。あみだくじと言うよりあみだに編んでいく織物、その人の人生模様を描き出す唯一無二のタペストリー、と言えばきれいだけれども、もっともっと複雑で立体的な作品。そう、作品なのだ、人生は。どこを取ってもオリジナルな、立体的なアートであるに違いない。

翌五月六日。今年のゴールデンウィークも終わってしまう。『サウンド・オブ・ミュージック』のDVDを連休中にじっくり見るつもりだったので、自室のテレビ用にHDMIケーブルを、旅行用のSDカードや、大量に溜まったスマホの写真データを今のうちに移しておくためのHDDなどとともに、買ってきた。

実をいうとこのゴールデンウィーク期間中、上の孫を預かるなど家族関連プロジェクトに精を出したのは事実だが、後半、その隙を縫うようにして、わが六〇歳の記念事業（順位入れ替え前まで今年のメインだったプロジェクト）にも鋭意取り組んでいた。何を隠そう、この事業の正体こそ「執筆プロジェクト」なのだ。

知人宅の空き部屋にパソコンを持ち込み、「人生節目は一人旅」をコソコソと、いやコツコツと書いていたのだ。ところが、キーボードを叩く指は弾むが、書き進むほどに遠い記憶が次々とよみがえり、何ともまとまらないまま第一章の途中だったか序章どまりだったか、早くも時間切れと相成った。「海外旅行プロジェクト」が急遽、前倒しされてきたために、あおりを食らった「執筆」のほうはゴールデンウィーク中に何とかメドを付けておきたいと考えていたのだが、この春を逃すと、もう旅の準備を本格化させる段階に突入し、こんなものを書いている時間も気分的な余裕もないはずだ。

一応、僕の計画では、旅行から帰ったら「執筆プロジェクト」を再開し、年度内には原稿をまとめ、来春から「自費出版プロジェクト」として推進する構えだが、せめて第一の旅（南米編）は今回の旅の前にまとめておきたかった――。

『ハイジ』の原作を読もう、と思っている。家にあるのだ。子どもの頃、実家にあった「少年少女世界文学全集」の一冊にあった。現在のわが家に全巻もらってきたが、その後、どこへ入れてしまったかな？　そうだ、リビングの書棚から片づけてよ、と妻に言われ、段ボールに収めて、自分の部屋の、すぐには出せないところにしまい込んだのだった。これを取り出すのも億劫だ。やるならゴールデンウィーク中にやっておくべきだった。いっそ借りるか。図書館で調べてみよう。

買うもののリストの一つ、スーツケースについて、下見を開始した。ショッピングモールに買い物に出かけた折り、見かけついでに店に入り込み、ひととおり見て、九〇リットル二二八〇〇円のなど良いかなと思った。これをベースに調査していこう。以前は同じように歩いていてもムーミン柄のものが目に留まったりしたものだが、具体的な計画を前にすると、より実用的・本格的な型に目が行く。

そしてカメラ。やはり買い物ついでにチラ見してくる。この最高の機会を捉えて自分のを……と初めは思ってワクワクしたが、舞が欲しいと言っている。ならば自分のはやめて、写真はスマホで撮ろう。父ちゃん、カメラには少々詳しいんだがな——。モノクロの味わいや昔のブローニーフィルムの魅力なんて、舞に話しても全然通じないだろうが、せめて基本は教えてやりたいものだ。買うなら早く選ばせて、重いのだし、ばっちり慣れさせ、練習させて行かなければならない。

五月一〇日。舞が希望の就職先から早々に色よい返事をもらってきた。今年のプロジェクトの重要な一つが意外なほどすんなりと進んできたことに安堵した。

五月一三日。モーツァルトのＣＤをネットで購入。すでに持っているモーツァルトのＣＤは二枚だけで、ささやかなわが家の庭の草取りをするときのＢＧＭとして、いつも決まってかけてきた。どうしたわけか、良い気分で草取りがどんどんはかどるのだ。だが今回購入したのは全一〇枚組。しっかり聴き込んで行くぞ！

五月一五日。仕事帰りに時折り立ち寄る本屋で、「週刊・奇跡の絶景 ハルシュタット」を発見。以前これが出た頃、本屋で眺めた分冊百科のシリーズの一冊だ。気になっていたので昨晩ネットで調べたところ、かなり稀少と見え、発刊から一年程度だというのに二千円近い値が付いていた。もともと五九〇円なのに。これは新刊そのままを絶対探し出してやろう、と、どこの本屋ならこのシリーズをまだ置いてあるか考えて、この日ここから行くことにしたのだ。見事一発で発見した、というわけだ。

そしてさらにうれしいことに、ここはバックナンバーがきれいに揃っていた。「マッターホルン」もある。さらにシリーズ第一号「ウユニ塩湖」まで。発刊時にはちゃんと本屋でチェックしているが、敢えて買うまでもないかと、買わなかった。今見るとラパスなども載っていて、何と、ティワナク遺跡、月の谷……と、僕のかつて訪ねて行ったところが紹介されている。このグラフィックなシリーズで、今回の旅と、若い頃の旅の号をまとめて手に入れられる最後のチャンスかも、と、ありがたく三冊とも購入した。いつも行く名古屋駅前の二、三の大型書店には、このシリーズ、もう全く置いていなかった。

それにしても、ボリビアが創刊第一号とは。この高地の塩原が広く知られるようになるまで、この国の名前に（政情不安という政治・社会的な側面を除けば）興味を示した日本人はごくごく限られていたと思う。僕が行った頃だと、フォルクローレのファンでもない限り、年配者なら移民、僕の世代なら映画『明日に向って撃て！』の主人公二人かチェ・ゲバラの最期の地、といった受け止めだった。そのぐらい一般には知られざる国だったはずが、世の中、変わったなぁ——と、しみじみ（?·）表紙を眺めたのだった。

夜、ネットでまた調べた。そうしたら、五月二五日発売、と出ているではないか。「地球の歩き方　スイス」の新版。どこの本屋も欠本が多くなっており、ゴールデンウィークの書き入れ時に向け旧版が増刷され並んでいた。待った甲斐があるというものだ。

翌一六日夜。ネットで旅行ドイツ語会話の本を購入。そして「地球の歩き方　スイス」と「ヨーロッパ鉄道時刻表」夏ダイヤ号（六月下旬刊）を予約。この三つ目は今夜調べているうちに、いよいよ出る時が分かった。いつかヨーロッパ鉄道旅行をする時には……と思っていた本を、ついに買う時が来たのだ。

そうこうしているうちに五月も下旬。あと三ヵ月になってきたというのに、意外とこの四、五月、何も進んでいないことに気づく。それでもこの間、具体的な準備こそ進まなかったかもしれないが、手続きから一旦、距離を置くことで、いろいろな思いを深められた期間だったような気はする。敢えて言うなら製品化する前の熟成期間、生地を膨らませる時間。そんな感じか。

五月二八日。仕事の方がだいぶ落ち着いてくると、新緑の季節とともに心も伸びやかになってきたのか、舞を今回、心から楽しませてやろう、そして今回の旅で、僕も家を離れ日常を飛び出して、自由に、水を得た魚に、なろう、なれるかな？　なりたい、なるんだ——という気持ちが湧いてきた。

　家ではすっかり判断を放擲し思考停止したかのような（？）父親の状態しか見ていないであろう我が子に娘に、父の、外でのごく自然な姿を見てほしいものだと。きっと家庭で木偶の坊になっているだろう父を元々の父親だと思っている舞に、本当の父を知ってほしいものだと。父娘二人旅は、その得難い、貴重な機会となるに違いない（結局、何のことはない、家と同じじゃないのと、呆れられるだけだったりして……）。

　けれども旅は、危険と変更が次々とやってきては判断を求められる、言わば総合行動編だから、何が起こるか分からない。水を得た魚のつもりでいい気になって泳いでいると、まんまと餌に引っかかってしまったり、敵に襲われたりするかもしれないのだ。ここは慎重に、ブッダのごとく、よく考え、考えて、自らをのみ灯火とし拠りどころとして、娘を守り、行動せねばならない——。

　五月三一日。出発まで三ヵ月。この日、一週間後の東京出張が決まる。仕事の後、スイス・オーストリアの観光局に行く時間は取れるだろうか。現地の詳しいコンサート情報や、ウィーン少年合唱団が歌う教会ミサが今年はいつから始まるか。そしてこの確実な予約方法を、しっかり確認してくるのだ……。

第五章

旅を直し　旅を深める（六月）

六月三日。今月、行程中の移動にかかるメインイベントである氷河急行の切符も取れ（る予定で）、時間が一つ確定する。そうすると、ここから順番に正確な移動と滞在・観光の時間が読み込めるようになってくる。いよいよ具体的に旅の中身を決定していける段階に突入するわけだ。

手始めに、舞に国際学生証を大学で取っておくように言った。美術館などの割引が受けられたり、主要な街で発行されている市内交通パス（これも主要観光施設の入場割引付き）が有利に購入できるのだ。

六月四日。仕事帰りに舞とスマホで連絡を取り合い名古屋駅前で合流。スーツケースとケースベルト、それにカメラを一緒に見てから、二人でケーキを食べながら今日が結婚記念日の妻へのプレゼントを相談した。家電品店に取って返し、舞が選んだスマホケースを購入。お祝いのケーキとともに持ち帰る。

家族と待ち合せて買い物して帰る――、こういうことって普通の家庭ではよくあることかもしれないが、わが家ではとんとなかった。僕の帰りがこれまで長年のサラリーマン生活のあいだ中、ほぼ遅かったせいもあるかもしれない。家族の普通の幸せを感じながら帰る。

それにしてもスマホのケースとは。結婚記念日のプレゼントにしては、あまりにささやかに過ぎるが、僕が良いと思って選んだ物は、まあ、なかなかすんなりと喜んではくれない、いや、好みでないものを適当にごまかして受け容れることのできない、至って率直な奥様だ。しかも欲がなく、何が良い？　と聞けば、モノは「要らない」と言う。だから舞と相談した上で、実用的で絶対に間違いのないものを、あくまで舞に選んでもらったわけだ。これなら大丈夫。きっと使ってくれる。だが、それにしても。三〇周年とか何とか言ってなかったか？　――そう、それはまた別途、旅行をもって記念としたいのだ。

六月六日。氷河急行に乗る九〇日前。いよいよ予約チケットが取れる日だ。

Dさんから早々に、ツェルマット七時五二分発が取れました、と電話が入った。朝一番の列車だ。良かった！

一列二名掛け、と言うから、すなわち一人掛け向かい合わせ席。希望どおりだ。早速、帰りに立ち寄り、詳しく聞いた。

料金は二人で二七四〇〇円。パス利用者が座席指定の列車に乗るにはパス保持者用チケットが別途必要なのでその代金（一等パスの指定料金）とランチ代分だ。この代金は日本で支払うが、僕が持っているのは二等なので、一等パスと二等パスの差額は現地で追加支払いが必要だと言う。車内で支払うが、窓口で申し出ても良いらしい。現地での手間は極力減らしたいのに、ちょっと面倒、と感じたがここは止むを得ないところか。とにかく取れたので何でもやりますよ！　まずは良かった、良かった――。

翌七日。東京出張。仕事を終えて急ぎ赤坂に両観光局を訪ねたところ、それらはあると思った所に存在しなかった。

昔は多くの国がそれぞれ公式の観光案内所を都内に構え、規模の大小の差こそあれ、各種パンフレットも人も揃えて、広く一般のビジターに対しても対面案内を行っていた。だが、もしかすると幾つもの国が、いつのまにかネットを通じての情報配信をメインとする運営に切り替えているらしい、ということが今回分かった。どおりで電話番号や所在地の記載がサイトにないわけだ。僕は無理して場所を探し当てたため、どうやら昔の情報を拾ってしまったようだ。確かにネットが活かせる業態なのだから、わざわざ高い賃料を払って広い案内スペースを都内に確保し、専任スタッフを揃えてまで案内所を開設・維持するまでもないのかもしれない。

いずれにしてもサイトから依頼すれば欲しいパンフレットは送ってくれるようだし、問い合わせメールには対応してくれるのだろう。今では聞く方も、地方にいたって全国同じレベルのサービスが受けられると思うと、よほど改善していると言えるのではないか。公開される情報の質も量も格段に向上し、いつでもどこでも最新の、しかも詳細な情報が瞬時に得られるのだから。

僕の調べ方が結構、いい加減で、間違った情報を仕入れている可能性もある、ということにも気づかされた。だいたい準備期間もあるのだから、先に資料郵送を依頼するなりメールで問い合わせするなりしておれば、こんなムダ足を踏むこともなかったろうに。

――ということでこれはムダ足となったが、それでも今回、娘との旅に向けての発見が、全く予想外のところで得られた。

というのは、今回は横浜に一泊して二日目の午前中に市内の関係先で仕事があったため、せっかく横浜に行くならばと、ついでに市内の明治建築を見ておこうとか、二日目の業務終了後はこの際、江ノ島を訪ねてもみたいものだ、などと目論んでいた。ところが、これが荷物の重さと厄介さ、そしてその有無を考慮して旅の行程を考えることの重要さを、否応なく気づかせてくれたのだ。

たかが一泊二日の出張。荷物といっても書類のボリュームがやたらと多いだけなのに、この存在の重さだ。ましてや事情もわからぬ海外での二週間にも及ぶ個人鉄道旅行において、大きなスーツケースを始めとする荷物の扱いの厄介さは、いかほどのものだろう！　このことを予感・実感させてもらえたのは、今次出張の意外な（あくまで番外編だが）収穫だった。

今回、当初は小田原ルートで帰ることを考えた。この案は小田原停車のひかりが少なく不便であること、時間もかかることなどから見送り、やはり新横浜起終点としたため、先に新横浜駅のコインロッカーに荷物も上着も預けることで、短いながらも実に軽快な装いで余暇時間を過ごすことができた。これがもしも小田原経由で帰っていたら片道の周遊コースになり、荷物を全区間持ち歩くことになっていたはずだ。

幸い、初日が時間ギリギリの観光局探しで閉口したこともあり、その後はサッサと横浜のホテルに向かい、荷物を置いたら身軽なスタイルで街へ出ることもできたし、二日目も市内の訪問先から直接大船に出て、モノレールで江ノ島まで行くルートを取ることで、全く無駄なくプラスアルファの時間を有効活用できたのだった。こうして目一杯詰め込んだスケジュールを全て達成し、予定どおり駅弁と缶ビールとつまみを新横浜駅で買い込んで、のぞみの指定席に納まり、大きな達成感に浸りながら無事帰名することを得たのだ。

最適な場所で荷物を預けたり、先にホテルにチェックインしてから活動開始するときのあの解放感、自由な旅時間への期待感。この気持ち・状況と、疲れを押して荷物を抱えながら延々と歩かねばならない旅の苦行（？）との落差の大きさといったらどうだろう！　このことを今の段階で実地に体感できたことは、この二日間の（個人的な）成果だったと言える。

念のため補足すると、仕事は仕事でやはり徹底的に、スキなく進めている。仕事と余暇（自分の時間）の差はないのだ。どちらも人生旅を担う大事な車の両輪だ。

六月一一日。仕事の帰り、B旅行社に氷河急行のチケット代の支払いに行く。ここで何と、乗車予約がツェルマット――サン・モリッツ間でなくクールまでになっていることが判明した。当初、クールまでとしたまま変更されていなかったのだ。チケット手配段階ですでにサン・モリッツに行く行程としていたから、てっきりそうなっているものと思い込んでいた。

サン・モリッツまで乗り越し・延長は可能か問うと、一旦取ってしまった予約の変更は難しいが聞いてみます、ただ取り直しをかけてちゃんと取れる保証もありませんし、それ以上の対応もできません……との説明だった。これまで行程変更はそのつどB旅行社に伝えていただけに大変驚き、残念だったが、確かにオーダーの変更はきちんとかけておかねばならないのだった。この間、ベストの行程を目指して変更に次ぐ変更をかけていたから、当初予約段階がどうだったか、頭から飛んでしまっていたのだ。

帰りの電車で落ち着いて考えて、これは今、予約の取れているままにしておいた方がベターと判断した。クール――サン・モリッツ間は二時間かかる。ただでさえ長い列車旅。クールで下車して、午後の良い時間を二時間弱、観光とお茶して過ごし、それからサン・モリッツに入った方が、翌日の行程にムダがなくなり余裕ができそうなのだ。それに、せっかく取れている予約をここで取り消して、取り直しできなかったらどうするのか。

念入りに作り上げてきた行程だけに、B旅行社では興奮して何とか変更できないかと懇請してきたのだったが、これはむしろ内容をより良くできる、却って良かったと、家に帰ってすぐ

Dさんにメールで伝えたのだった。「八時間も乗っていないで済むし、却って中身を濃くできる、と考え直したのです。さらに良い方へとスケジュールを見直します。心配ないですからね」と。

六月一四日、夜。ウィーン三日間のスケジュールを考えた。旅の最後のこの三日間こそ大切な日々になる。市内観光を効率良く、なるべく経済的に、それでいて徹底的に楽しむ術を、内容を予約せねば。工夫しなければならない。まずはウィーン・モーツァルト・オーケストラのコンサートを調べた。この予定がいつ入るかが、三日間の過ごし方を規定する――と思い、ネットで調べた。以前調べた時は早過ぎてまだ具体的なスケジュールが入っていなかったのだが、三ヵ月を切った今なら、確認も予約もできるはずだ。

すると、この三日間の彼らのコンサートは、一日は休演、二日間は開催されるが、会場がいずれも楽友協会ではあってもメインの黄金のホールではなくブラームスザールという小ホールとなっていた。

何だって？　こ、これではいけない……。何たることか……。黄金のホールを会場に使用する他のコンサートがこの日に入ったのか、あるいは九月に入ると観客が減って、大ホールを埋められないということなのか？　いずれにしてもこれは諦めざるを得ないのか？　いや、ブラームスザールでも、ここはやはり聴くべきではないか……？

ウィーン滞在中に市内で開催されるクラシックコンサートを改めてネットで調べてみると、これがあるわあるわ……。ほぼ毎晩、同じようなコンサートがあちこちで開かれている。シェーンブルン宮殿や、王宮で行われるコンサートもある。ディナー付きもある。うーん、モーツァルトも良いがヨハン・シュトラウスも聴きたいなぁ、何といってもウィーンにいるんだものなぁ——。観光客向けにほぼ毎晩とは、さすが音楽の都だ。

これらに加え、やはり教会でのコンサートも魅力的だ。弦楽四重奏など小編成のクラシックコンサートを本場ウィーンの教会で間近に聴いたらさぞ素敵だろう——と、あれもこれも聴きたくなってしまい、これは早めに食事してから行くか、一晩はディナー付きを聴いたりして、三日三晩音楽に浸るかな……などと、思わずのめり込みそうになってきた。

滞在中の教会コンサートでは、九月九日と一一日にペーター教会で弦楽四重奏コンサートがある。『四季』や『G線上のアリア』を含む魅力的かつ一般向けの演目が並び、思い出に残りそうだ。九日はシューベルト『死と乙女』を含む、やはり弦楽四重奏のプログラムをアンナ教会でも聴ける。昔聴いた名曲ぞろいだ。一〇日はカールス教会でオーケストラのコンサートがある。カールス教会は行きたい場所でもあるので、楽友協会を諦めてこちらに切り替える方法もなくはない。

これらはいずれも二九～五六ユーロだが、ウィーン・モーツァルト・オーケストラは七五～一〇五ユーロとずば抜けて高い。が、学割があるので舞は半額になる。安い席もあるが、舞台が見えないらしい。
そこで滞在中の三日間の夜の過ごし方として、①モーツァルト・オーケストラもしくはカールス教会でのオーケストラ・コンサート。②ペーター教会で弦楽四重奏コンサート。③そしてもうひと晩はホイリゲで音楽とお酒を楽しむ。と、まずはこんなイメージを描いた。

六月一七日。三月半ば以降、旅行関連支出はあっても旅行費用の具体的な発生がしばらくなかったため放置していた費用の計算を、ようやくエクセルの一覧表にまとめた。
費用は当初、行程表の中に費用欄を設けて入れていたが、これを単独の表にする段階となったのだ。現地観光費用がメニューとしてはだいぶ出揃ってきたものの、ウィーンでの出費が空白に近い状況だったため、これを調査・検討し全体の費用をつかむ必要があった。取りあえず予定される項目や費用は上げておき、具体的になった段階で順次、加筆・訂正ないし削除していくつもりだが、いざ出してみて驚愕した。ざっと八五万円の数字が、合計欄に出ていた。

翌一八日。電車の中で費用について考えた。何もここで驚くことはないのだった。前回算出した額に食事代などその後の追加分をざっくりと足し込んだだけのことだし、三月時点ですでに予算として八五万円くらいかな、と見込んでいたので、ぴったりの数字になってきたに過ぎない。これにまだあと、現地での観光費用と見込みの土産代などを足さねばならないから、ブランド品を買うつもりはないが、まさに一〇〇万円コースだ。

だが今、ここまで来て怯んではならない。まずは三〇万は回収できる予定だし。父七〇万・娘三〇万。舞の負担分の根拠を明確にして、初めから三〇と本人に条件提示してある。それを了承の上で同行を許した。三〇万の根拠は、こうだ。基本料金、すなわち交通費として移動に要する四〇万の一人分二〇万。及び、宿泊費一泊平均九千円として一一泊で一〇万八千円。計、ざっと三〇万という計算だ。就職したら毎月返してもらうので分かりやすい金額にしておいてやらないといけない。本当ならちゃんと計算して、きちんと請求すべき、とアインシュタインのようにも考えたが、そこは自分の過去に照らし、僕の親と同じようにするのだ。

僕が就職前、南米に行ったのがやはりざっと一〇〇万円近い大旅行であって、親から不足分を借り、就職すると毎月二万円ずつきちんと返済し、就職二年目から約三年間、一人暮らしした金沢での勤務の間に完済した。あれはいくら借りたのだったか、今となっては思い出せないが、月二万を仮に二年としても四八万円になるから、不足分どころか結構な金額を借りて行ったことになる。当時ボリビアは極端に政情不安定で、治安の悪いことだけは知られていたから、親は、選りによってそんな危ないところへ行かなくても……と引き留めたが、よくぞ許し、貸してくれたものだと思う。

クラシックや欧米の品の良い音楽こそかかっても、南米の超素朴な音楽などそれまでかかったことのないわが家（どころか、どこの家でも聴かない類の音楽ではある）で、文字どおり寝ても覚めてもチャランゴを爪弾き、あるいはかき鳴らし、ケーナや妙な笛を吹き鳴らし、珍しい現地盤レコードを入手してはうれしそうにジャケットをためつすがめつ眺めながら聴いていた大学生の息子。一年留年しても、両親はただ見守ってくれていた。それが、就職を前にして一人南米に行くと言い出した。今しかないから、と強い決意で両親を説得し、旅立った。

そしてその後、親から旅費返済の催促は一度たりともなく、むしろ一人暮らしでお金が要るだろうから無理しなくていいよ、と気遣ってくれたほどだったが、息子としては（家に居候していたわけではないから幾らかでも入れる義務はなかったとはいえ）親への仕送りに代えることができていた、換えてしまっていたわけで、まさしく今回のわが娘と同じなのだ。舞は就職後も同居だが、家計に入れるべき金と、返済とをごっちゃにするに決まっている。だが親としては、家計に少しでも入れてくれればそれで良いのだ。

それにしても、わが青春の旅と、こうまで重なるのが実に不思議で、感慨深い。親にしてもらったのと同じことを、今度はわが娘にしてやり、しかもその娘の旅が、父である僕の還暦の旅、さらには若い頃からの夢をついに実行する旅とセットの親子旅として実現することになろうとは……。ありえない幸せ（恐縮ながら、つい繰り返したくなる）。これは生涯最良、最高の旅になるのかもしれないな——と思ったりするのだった（究極の旅、とも言えなくないが、〝究極〟は〝最後〟をも意味するから、これが最後の旅にだけはならぬよう、究極の旅は最後の最後まで取っておく）。

六月二一日、年休。栄に眼科に行ったあと、大型生活雑貨専門店でスーツケースを探した。初めて見た北欧製のしゃれたデザインのものが気に入った。旅行用のバッグやザックなども見て、ほぼほぼアタリをつけた。割引セールは、いつかな……。

六月二二日。まだ費用の大きさが頭から離れないようで、少しでも削る策をふと考えてしまう。だが、ここで怖気づいていては、当初の計画を達成できないぞ。全て達成する。計画を全て、何としても達成する。出発する、しかないのだ。今さら妙な変更は後退であり、すべきでない。あとは運を天に任せて、出発する、しかないのだ。時間は迫ってきたようで、まだまだある。あり過ぎるから余計なことも考えるのだ。目標達成に向け、どんどん進めることだ。それによって道は開ける。そう自分に言い聞かせるのだった。

六月二三日。夜、ふだんから旅行の計画を書き込み、旅行中も携帯してメモして行く僕の旅手帳〝旅ノオト〟に、出発から帰国までのスケジュール記入枠を作成。一日一ページを充てた。こういうものはキチンとパソコンなんぞで作ろうとしてはいけない。余白だらけのフリーな書き込み台帳とし、まずは決まっていることを記入。やろうと思っていることも書いておく。以後どんどん追加と訂正を加えながら、そのつど気づいたことは何でもメモしていく。でないと僕はすぐ忘れてしまう。こうして一日一日のスケジュールが次第に具体的に目に見えるようになっていく。

僕の〝旅ノオト〟は螺旋綴じの手帳サイズ。ちょっと縦長。螺旋綴じのノートはページが浮いてこず、完全に二つ折りできるところが、屋外（僕の場合、それは電車の中が大変多い）、そして旅中で、移動中などに何かふと書いたり描いたり（見たものをさっとスケッチできる）押したり（これは記念スタンプ）するのにとても都合が良いのだ。

六月二四日。地元の図書館で借りていた『ハイジ』を返却。結局、自宅にある子ども向け文学全集を引っ張り出すより、図書館で文庫本を借りて読む方が簡単で、しかも原作の全編が読め、さらに通勤中に読めたので良かった。

大都会チューリヒと田舎のマイエンフェルトの位置づけ（規模と暮らしの極端な差、交通事情、人々の地理的な認識と距離感）や、キリスト教とともにある人々の生活ぶりなどがほのぼのと伝わってきて、今回の旅に〝心〟という空気のようなものを注入してくれたような気がした。物語が何とも言えずやわらかくあたたかで、子どもの頃、学習誌の付録に付いてきた小冊子の外国の物語や、その後に読んだドイツやフランスの児童文学を思い起こさせてもくれ、久しぶりに心に栄養をもらったよう。幅広くいろいろな本を読むことの良さと大切さを改めて感じた。

図書館では他にもハイジ関連本を見つけ、現地を訪ねた著者による写真入りの本などひととおり読むことができた。こうした幾つかの本を通じ、これから旅する遥か遠い地のイメージが豊かに膨らむのを感じた。

この日、自室にてタイムスケジュールづくり。時間を追って今、改めて組んでみると、これがかなり苦しい。詰め込み過ぎで、ハード極まりない。目一杯盛り盛りのプランになっているのだ。欲張り過ぎは今の段階で整理して、無理のない旅程としなければならない――。

前年に青森を旅した時、列車が青森駅に着いたらすぐ突っ走って改札を抜け、酸ヶ湯温泉に向かう路線バスに乗り継ぐ計画が、折からのねぶた祭りの混雑が想定外というか、一応ちゃんと予想はしたものの、想定を超える列車内とホームの混雑ぶりに行く手を阻まれ、改札まで思うように辿り着けず、走りに走ったにもかかわらず、とうとう目の前でバスが出ていったではないか。

それでも、一人旅なら何とかなる。あの時も、一人だったからサッサと諦めて駅ビルのショップでコーヒーを飲みながら次の手を考えるアタマの切り替えができた(せざるを得なかったのだが)。結果、当初全く予定しなかった三内丸山遺跡に遊び、おまけにそこへの道中、バスの車窓からチラ見だけだが青森県立美術館の屋外展示まで見ることができたので、これぞ一人旅の面白さだ、などと一人ほくそ笑んだものだが――。

しかし今回はそうはいかない。何せ若い娘を連れている、重いスーツケースは持っている。

ひょっとしたらもう一方の手で娘のスーツケースまで押しているかもしれないのだ。ホームを走ったりなんてできるわけがない。いや、ホームを走るなどという無作法な行為自体、そもそもあり得ない。今回は、自由な旅の良いところを最大限生かし、ゆったりと気持ちよく、二人で旅を続けることが肝要なのだ。

舞が一眼レフを買うと言っている。舞には以前、コンパクトサイズのデジカメ、次いでレンズ交換式の小ぶりなミラーレス一眼を、欲しいと言うから買ってあげたのだが……。どれほど使いこなしたか知らないが、もう本格的な一眼とは欲張りな、と思いもするが、この軽量で旅行にぴったりなミラーレスを、今回の旅行で僕が使うという手もある、と気づいた。

現地での写真撮影はスマホでなく、カメラ中心で考えるということだ。旅中では、久々にカメラを持つのだ。かつてのように。それもいいかもしれない——。広報を担当した頃、自費でイオスをカメラバッグその他一式とともに買い込んだ。それこそ毎日のように片手にイオスをつかみ、書きかけの原稿を机に残したまま取材に飛び出し、大いに仕事したものだ。バブル真っ最中、話題の素材に事欠かなかった時代のことだ。

そう考える一方で、今回、スマホを新機種に変えようか、などとも考える。僕の場合、写真を軽く一〇〇〇枚以上撮るに決まっているから、今の機種ではすぐにストレージ容量が一杯になってしまうのが目に見えている。この際、格安スマホへの切り替え・機種変更をこそ、ここで再度検討してみるのが良いのではないか。

　というのは、携帯の契約が家族四人全員、僕にぶら下がっていることで大変な料金になっており、六〇歳を契機に切り替えたい、と何となく、だが切実に考えていたからだ。今が本来、やるべき時ではある。それに元々、僕は手持ちのアイフォンの多機能をどうせ使いこなせていないから、格安で充分なはずだ。今こそ変えて、八月までに慣れておくことが得策ではないのか。

　この日の夜、Dさんよりメールで、予約した鉄道パスの準備ができた、と連絡があった。ユーレイルパスと氷河急行指定券だ。よし、すぐ受け取りに行こう。

　ついでに、現地での氷河急行の追加代金支払いに関しアドバイスがあった。現地に確認したところ、当日も支払えるが、乗車時間が早い上、人気車両のこともあり混み合うため、乗車前日までに済ませておいた方が良い、ツェルマット駅で事前に支払ってもらうのが一番スムーズに乗車できる方法かと思う、とのことだ。

　そして六月も最終週の二五日夜、先の行程表に取りあえず全コース、移動時刻の書き入れを完了した。何とか具体的なコーススケジュールにまとまってきた。舞に意見や要望を聞いたら入力し、行程表の改定版を作ろう。週末に打ち合わせしよう、と舞に持ちかけた。

翌二六日。ユーレイルパスを受け取りに行って、何とDさんが六日券（六日＋一日サービス付）でなく五日券（五＋一日サービス付）でパスを用意していたことが判明した。そんなバカな……！　六日券の代金を支払ったはずだが……？　ああ、一つクリアすればまた一つ困難が出来す！　何ということか……。

発注にはやはり細心の注意が必要なのだった。これだけ顔を出して対面で確認しているのに、とか、間違いのないよう行程表にはちゃんとパスを使う日に「鉄道パス〇日目」と記入して紙で渡してるのに……、といったことが、必ずしも先方の理解につながっているとは、したがって正しく手配内容に反映されているとは限らない、ということのようだ。今回の手違いは、早期予約で一日分、追加サービスがある、という点が要注意だったのだ。もとより微妙な点だったから、よくよく双方、確認が要った事項だったと言える。

氷河急行の変更ミスの時は、切符の予約はそのままにしてこちらで行程を変える（戻す）ことによって対処した。降りかかった難題を、むしろ良い方向に変えて解決させることができたわけで、それこそ「そうすべきだよ、キミ」と道を指し示す神仏の計らいとさえ感じたものだった。

だが今回のは本当に彼女の手配ミスで、僕は切符は六＋一日間ある、七日間、鉄道をフルに利用できるという前提でコースを構築していたから、今回はうろたえた――かと思いきや、今回も僕はたちどころに頭を切り替え、この一日減分をポストバス利用に換えることでクリアしようと考えた。

ザルツブルクからハルシュタットのルートに、これを適用するのだ。パスを使って鉄道で入るのでなく、風光明媚な湖水地方の景色をのんびり楽しみながらポストバスで行こう、という考えだ。その方がむしろ、うんと楽しいのではないか。鉄道旅が続く中、気分も大いに変わるに違いない。しかもこのバス路線は「景観ルート」と、例の赤い時刻表に書かれていたのだ。当初からポストバスに一度乗りたい気持ちがあり、乗るならこのルート、と空想していた。だからバスターミナルにも比較的近いホテルにしていたのだ。

実は先週からこの日のタイムスケジュールを組むにあたってÖBB（オーストリア連邦鉄道）の列車時刻表を調べていて、バート・イシュル乗り換えのバスルートの調べも、ついているのだ。そこで、こうしよう。

ザルツブルクを朝早くバスで出発。バート・イシュル駅前で下車し、バート・イシュル駅から一区間だけ現金で鉄道に乗り、ハルシュタット駅で下りたら船で湖を渡り、村に入る。こうすることで、ザルツブルクから鉄道で行かなくとも、この美しい村を正面から見ながら船で訪ねるという、諸々の本で研究した最高の旅路が実現できる。どうせなら、いや、どうしても、船で真正面から入りたいではないか、絶景のハルシュタット。

われながら全ての魅力を盛り込んで素晴らしいコースが組めたと楽しみになる。せっかく経由するバート・イシュルで少し時間を取りたいが、列車への乗り継ぎ時間は二、三分しかなかった。さらに早いバスで行くか、でなければバート・イシュルから乗る列車を遅らせて、この由緒ある温泉保養地を見物していくのも良いな――。

帰りはもう船に乗らなくても、調べてみたらハルシュタットラーンというバス停を近くに発見。ここからバスでバート・イシュルまで戻り、ここで少々町を見てからバスでザルツブルクまで帰るというプランも可能だ。

いや、帰りをバス乗り継ぎで戻るなら、往路もバスで同じルートで入った方が帰りの下見にもなり、いきなり見知らぬ地で夕刻にバスを乗り継いで帰るなどというちょっと無謀な計画より安心というものだ。男一人ならまだしも、娘を連れて、一日観光したあとで疲れてやることではないだろう……。待て。それでは船で真正面から入るという大原則が崩れてしまうではないか――。

何やらあれこれと計画を複雑にしているが、ここはあくまでもポイントはハルシュタットだ。くれぐれもこの村での滞在時間が足りなくなり中途半端な一日にならないようにすることが何よりも肝要だ。さっと村に入って、たっぷり現地を楽しんだら、あとは時間を見てその時最善のルートで帰ってこれば良かろう。これだけ調べておけば安心というものだ。自由な旅なのだから、もっと居たいと思えば居れば良いし、どちらかといえば帰りはサッサと列車で帰路につく方が良さそうだと思う。バスで景観ルートを辿りながらが楽しいのは午前中の早い時間だろう。

行きのバスはザルツブルク始発だから安心だが、帰りは途中のバス停から乗ることになる。途中のバス停から乗ることがどれだけ不安なものか、僕は仕事柄、また旅や生活経験上、バスの良さと限界とをよく知っているだけに、こういう時、帰り道には利用しないに限る。バスなら往路。帰りは鉄道。さもなくば、目的達成に徹するならば往復とも鉄道。このどちらかだ。考えは整理されてきた。

——え？　鉄道？　結局、鉄道に話が戻ってきたのか？　それでは、パスが一日足りないという、もともとの問題解決にならないではないか——。このパスの問題をどう切り抜けるか、もう少し考えねばならないようだ——。

翌二七日。カバンをどれで行くか考えた。

結論は、①スーツケースと、②お気に入りのウエストバッグ。フランス製のしっかりした造作で、厚さを二段階調節でき、ショルダーにもなる。③出張用に重宝しているトラベルバッグ。ショルダーにも手提げにもなり、リュックとしても使えるスリーウェイだ。スーツケースに乗せると都合よく取り付けられる点、都会でも違和感のないシンプルなデザイン、ごく軽く、使わないときはスーツケースに収納できる点も良い。

他に候補として、登山用の大きなザックや、少し前に買ったイタリア製の丈夫でお洒落な革製のリュック、また新規購入も考えたが、やめた。とくに背中専用は危ないし、街での使い勝手も良くない。今回、ハイキングはあるが基本は街から街へ鉄道で移動する旅だ。山行きで全ての荷物を背負って歩くことはない。よし、これで行こう。

スマホ機種変更をさらに考えた。問題意識として、現機種では写真の容量がとても足りない。バッテリー切れも早くなっている。だがアイフォンで機種変更すると料金面での条件が非常に悪い。この際、海外でも強いと言われる某社に乗り換え、機種もアイフォンの最新ではない奴にして、格安ＳＩＭを使い……と、いろいろ考えた。だいたい携帯に金がかかりすぎているのだ。今こそ契約を整理し、家族が全部ぶら下がっている現状にメスを入れる時ではないのか⁈と意気込んでいた。

ところが今日は、わざわざ新しい端末に変えて、現地で落としてくるか、壊して帰ってくるかもしれないぞ、むしろ帰るまで、今ので良いのかもしれないぞ、という別の考えがよぎった。少し慎重な見方に修正したわけだ。今のでさえ、父ちゃんにアイフォンは勿体ない！　と息子らに揶揄されるオヤジが、わざわざ機種変更して、肝心の海外で結局うまく使えない、最悪、落としたとか壊れた、では話にならないではないか。

あるいは、と、さらに別のことも考える。先日、頭をよぎった考えだ。今回は再び若い頃のカメラの君になって、いつもカメラで撮る旅にした方が、ひょっとしたら良いかもしれないぞ——。とにかく使いやすい方が、安心して何でもすぐ撮れる方が良いに決まっている。オッと思った時、瞬時に撮れることが良い写真を撮る鉄則だ。

六月二九日。Dさんより、パスが一日少なかったことについてお詫びの電話があった。相違があったのは申し訳ないが、安い路線を調べるなどしてお手伝いさせていただくので……ということだ。先日はパスを受け取りに行って齟齬が判明したので、その日は受け取らずに帰ってきたのだが、もう取ってしまった券——とくに早割のサービス特典付きパス——だから、旅行会社の方でも何ともならないのだろう。

こうして、当初計画段階で思っていたことが六月に入って修正を迫られる事態が幾つも出てきたわけで、三ヵ月前になり、いざ旅の中身の具体的な決定の段階に入ってくると、予想外のことが判ってきたり、行き違いが露呈してきたりするのだった。

第六章

二つの人生が交差する旅（七月）

七月一日。午後一時から二時間、近くのケーキ屋さんで、ようやく舞と旅行全般にわたる打ち合わせらしい打ち合わせができた。コース内容として考えてきたことを説明し、提案し、相談し、全て了承を得た。よし、これでGO！　だ。

そしてこの時の内容を盛り込み、行程表を再改定。費用概算も加筆・修正した。ここで表に反映させた、前回からのおもな変更点は、以下のとおり。

- 九月四日。先にクールを観光後、サン・モリッツ入り。翌朝は普通列車でクール経由マイエンフェルトへ。
- 九月五日のハードスケジュールを解消し、何とザンクト・ガレン行きを二日目の九月一日朝一番に、チューリヒから一往復にて編入。
- 九月六日にサウンド・オブ・ミュージック・ツアーを予定。インスブルック観光時間がなくなる。
- 九月七日のハルシュタットを、バート・イシュル経由のポストバス利用に。パスが一日足りない分はここでカバーする以外方法がなく、同時に、内容をより豊かにすることができると判断。

•九月八日のウィーン到着日にウィーン・モーツァルト・オーケストラ。

このモーツァルト・オーケストラについては、お目当ての黄金のホール公演を一旦は諦めかけたが、何と到着日の九月八日にこのホールで開催されることを発見したのだ。これはもう、ザルツブルクを早めに切り上げてウィーン入りし、すぐ初日の夜、いきなりウィーンならではの宵を満喫するしかないではないか。

そこでウィーンでの夜の過ごし方は、八日、楽友協会コンサート（要予約）。九日、ホイリゲ。一〇日、カールス教会コンサート（要予約）。一一日ペーター教会コンサート。と、まずは自分流の目一杯の計画で行こう、と考えた。

けれど一日はプラーター（遊園地）へ行って、有名な大観覧車に乗ってウィーンの夜景を眺めるのも良いがなぁ――、いや、待てよ、プラーターの営業時間によってはコンサートと両方、同じ夜に行けるのではないか？――と、さらに欲張りな考えが浮かんだり、逆にオーケストラを二回も聴くのもどうかな、コンサート開催日は教会の堂内をちゃんと見られないかもしれないぞ、などとも考えたので、もう少しウィーンでの過ごし方を詰めていく必要があった。なお、ウィーン少年合唱団の日曜ミサは、残念ながら九月九日にはまだ始まらないようだった。

七月二日。以前、犬山の博物館明治村に勤務した頃、ヨーロッパの保存鉄道を毎年のように訪ね歩いていた鉄道マニアの職員がいたことを電車の中で思い出していた。明治村は、明治期に新橋・横浜間を走った日本最古級のイギリス製ＳＬを今日も走らせているが、彼はその運転士だった。その後、他の鉄道博物館に転職してしまったが、彼の話を聴きながら内外の保存鉄道を調べたあの頃、ヨーロッパ鉄道旅行に保存鉄道を組み合わせたら、さぞ楽しい旅になるだろうと夢想した。

その頃、前後して明治村に欧米から保存鉄道視察団が来たり、ドイツから伝統のポストホルン（郵便ラッパ）を携えてＳＬに乗りに来てくれる保存鉄道スタッフがいたりしたことも、僕の心を刺激した。当時の僕は忙しくて、旅行など夢のまた夢、だったが。

その彼に話はもう聴けないが、鉄道会社に僕は勤務しているのだ。社内には鉄道マニアも多い。自分の周りにだって、ヨーロッパ鉄道旅行の経験者ぐらい、何人もいるはずだ――と考え始めてすぐ思いついたのは、同期入社の二人。同期といっても皆違う関連会社に勤めており、ふだん会う機会もないが、こんなに身近に二人もいるではないか。一度、話を聴いてみる価値はありそうだ。

同じ七月二日。Ｄさんから、ザルツブルク――ハルシュタット間の移動に関してメールが来た。ÖＢＢの予約サイトのリンクを貼ってくれてあり、ここから鉄道区間は予約ができるが、バスは予約できないらしい。バスの場合、運賃は乗車時支払いで一〇ユーロ。親切にも、鉄道・バスの往復の時刻表をＰＤＦで添付してくれてある。

予約サイトを調べてみると、これが鉄道のみのルートも、バス利用+鉄道乗り換えルートも、最適列車・バスが詳細に表示されるようになっていた。発車時刻順に、経路も停車駅も運賃・料金も発着番線も使用車両も全部、分かる仕組みになっているようだ。これは使えそうだ——。

しかしこの時、ハルシュタット行きは終日、現地ツアー参加とする考えを、すでに僕の方では固めつつあった。ネット事前予約のバスツアーだ。これこそパスが一日足りない分を、補ってなお余りあるベストチョイスだと考えた。

ザルツブルク郊外と湖水地方の攻め方についていろいろ考えてきたが、いっそ滞在初日の①サウンド・オブ・ミュージック・ツアーと、二日目の②ポストバス利用ハルシュタット日帰り観光、の二つを合体させ、湖水地方バスツアー参加に換える、というアイデアだ。①の見どころを含む一日ツアーがあるのだ。長い旅なのだから、中ほどで丸一日のツアー参加があるのも良かろう。そろそろ疲れた頃だ。効率良く回れて、ラクができて、気分的にも変化があって楽しめるだろう。旅のアクセントとなるに違いない。そう考えた。

デメリットも考えた。費用もあるが、自分らで往還する楽しみ、自由に見て回れる楽しさは当然ながら失われる。だがこの点は逆にメリットとして前向きにとらえることもできる。つまり自分で回る場合は行ける範囲内でしか行けない。その点、ツアーの面白さは、自分たちだけでは行かなかった、行けなかった、知らなかった、別の魅力を教えてもらえる可能性も高まる、というところにある。いろいろ連れて行ってもらえる楽しみが付加されるのだ。

もう一つ。ツアーの面白みとして、場合によっては他の参加者――それはおそらく日本人以外である場合が多い――と会話など交わしたりする交流の楽しさがきっと加わるだろう。一緒に写真を撮ったりもするかもしれない。それらはきっとまた新鮮な印象を残す楽しい旅の一日になるに違いない。

ツアーのメリットなら①だけでも味わえるはずだが、①と②を二つセットにすることでスケジュールに余裕が出てくるところも良い。サウンド・オブ・ミュージックのツアーが入ることで時間的に窮屈になっていたこの間のスケジュールがフリーとなり、インスブルックとザルツブルクでの観光時間が現状より取れるようになるのは明らかだ。

ただ唯一、挽回不可能なデメリットがある。当初から思い描いていた、船がなくなる。そう、船で優雅に、正面から村に入るというイメージが吹き飛んでしまう、という点だ。ここだけはクリアし難い。この一点だけでも、僕はやはり鉄道+船ルートを取りたい、と、つい先ほどは変えようと勇んで考え始めたはずが、結局、元の考えに戻っていってしまいそうになるのだった。

七月三日。ザンクト・ガレンを二日目の土曜日に無理やりコースに加えていたが、この日の晩になって、何とザンクト・ガレンの修道院図書館が土日休みであることを発見した。ベルンへ向かう前に行き、とんぼ返りでチューリヒへ戻りベルンに向かう、というハードな移動計画だが、図書館は朝八時半からだから不可能ではないと考え、ここへ繰り入れたのだ。しかし、休みではしょうがない。ここは再び元の予定に戻すことを再度、検討しよう。なかなか難しいものだ。

この日、仕事帰りにB旅行社に立ち寄り、ユーレイルパスを受け取った。

七月四日。舞と一日に打ち合わせしたばかりなのに、変更が相次いでいる。といって、変更しているのは当の僕自身なんだが、調べたり考えたりするうちに、自分の中でどんどん考えが進化してしまうのだ。

今朝は、船で優雅に正面からハルシュタットに入るというイメージが、ツアー参加に切り替えることで崩れてしまうことについて通勤電車に揺られながら考えていて、ついに代替案を思いついた。といってもこれは、船の旅が消えてなくなることをカバーする、あくまで〝代替案〟なのだが。トゥーン湖遊覧、という新手を発見したのだ。ハルシュタットのは渡船に過ぎないが、こちらはクルーズだ。しかもスイスで一番魅力的なコース、とガイドブックにある。これぞベターな選択ではないか。

ユーレイルパスは湖船にも有効なのだ。ガイドブックにはスイスの美しい山々や湖岸の街並みを船から眺める優雅なクルーズが幾つも載っていたが、今回の旅では使えないなぁ……と何となく初めから諦めていた。が、二日目のザンクト・ガレンを諦めたらここで少し時間に余裕ができた気がして、ベルンのあとでツェルマットへ向かう途中、トゥーン、シュピーツという湖岸の街をもともと経由するところに目が止まったのだ。俄然、船旅のイメージが膨らんだ。

うーん、これはいいぞ。ウィーン少年合唱団はどうやら諦めねばならない情勢になってきたし、このアイデアこそ舞には言わずにおいて、当日、時間を見てのスペシャルメニューにしたら……と思い立ち、楽しみになった。二日目はチューリヒを出たらベルンに直行し、次に優雅な船旅を加味して、それからツェルマットへ入ろう！

四日から費用をまとめにかかっていて疑問点が出てきた。

ユーレイルパスの二日目を、ツェルマットのゴルナーグラート鉄道で使う予定としている。パスを一日分使うことで、この人気の観光鉄道に半額で乗れるものとして、僕が作成した行程表の備考欄にも五〇％引と書き込み、それをB旅行社にもちゃんと渡して見てもらっているから大丈夫のはずだが、行き違いの前例もある。ガイドブックを見ると、「スイストラベルパスで五〇％割引」と書いてはあってもユーレイルパスで半額とは書いてないのだ（ガイドブックに記載されている運賃には大きな幅があり、この時期の乗車が幾らなのか特定できなかった）。

ユーレイルパスとスイストラベルパスは別物なのだが、同じサービスがあるのだったっけ――？　しかし、手元のチケットにはどうもゴルナーグラート鉄道は有効と書いてない。五〇％引は、本当に確かなのだろうか。Dさんのメールに七五〇〇円と書いてあったのは、僕の思っているように半額で七五〇〇円、ではなく、ユーレイルは使えないですよ、と教えてくれていたのではなかったか。そこを明確に認識しないまま、予算はずっと七五〇〇円で計上してここまで来たが、パスを一日分この日に充てているから、ここはやはりきちんと確認しておかなければならなかった。

翌五日、僕はDさんにメールで、このことについて正しいことを教えてほしいとお願いした。この日にユーレイルパスを使うことがないなら、他の日に有効に使いたいではないか。

そしてこの日、夜、ついにウィーン・モーツァルト・オーケストラのコンサート予約を完了。ネットで直接、公演サイトから席を予約した。現地ツアーをネット予約する方法もあり、料金も同じだったのでその方が簡単かもしれなかったが、ザルツブルクから当日到着することもあり、受付で戸惑う可能性を考えると、バウチャー引き換え場所が特定されている直接予約が間違いないと考えた。

それにツアーは予約を完了していても催行されない場合、いわゆるツアーキャンセルの心配もある。確実に押さえるには主催者からの直接購入が間違いない。しかも彼らの活動三〇周年記念CDが一人一枚ついてくるという特典付きも魅力だった。

席は座席表から自分で選ぶことができ、数日前に見た時より空席が減ってきてはいたが、最前列がまだ空いている。僕はこの際、一番前で見てやろう、そしてこれをまた舞には内緒のサプライズにしておこう、と考えた。こうした自由な座席選択ができるのも直接予約の特権だ。

僕の好きなフォルクローレやアイルランド音楽のコンサートは、ごく小人数グループでの演奏となるが、最前列で聴けばナマの音と動きが伝わってきて迫力が断然違うのと、楽器を少しでもやる者にとって演奏者の指使いやコード進行が手に取るようにわかるのが何といってもありがたいものだった。席の予約を完了させると、予約確認のメールが即日入り、バウチャーとともにCD引換券が送られてきた。よーし、一歩前進だ。


翌六日。Dさんより返信があった。鉄道手配会社に確認を取ってくれたようで、両パスは別物なので特典も異なる、そして、ゴルナーグラート鉄道、それに、他に僕たちが乗ろうとしているケーブルカー、ロープウェイいずれも割引対象外、とあった。

ほら、やはりそうだったじゃないか……。これで確認が取れた。またしても僕の思い違いが一つ露呈したわけだ。僕は、特典のリストに載っていないのは、これが特典（すなわちプラスアルファのサービス）でなく、パスの正規利用日として一日分消化する、正当な利用方法だからだろう――この一日をパス使用日とすれば、スイスの国鉄でないこの鉄道は無料にこそならないが、双方の契約等があって半額にはなるのだ――と勝手に思い込んでいた。いったい、こんな基本的で重要なことを、どこで勘違いしたのだろう。いやいや、待てよ、何か他にもまだ大きな勘違いをしていることはないだろうな……。

気もそぞろで勝手に盛り上がって突っ走ってきたから、肝心なところの押さえができていなかったわけだが、それでも今分かったのは幸いだ。パスが一日分、ここで出てきたぞ。

この日、ザンクト・ガレン往復と、トゥーン湖遊覧の計画をどう織り込むか時刻を調べて検討し、翌七日から八日の週末にルートを確定させ、行程表を全修正した。ここでほぼ完成の域に達した、と確信し、出来上がった行程表に「完成版」と書き込んだ。おもな変更点は次のとおり。

・とうとうザンクト・ガレンを諦めた。五日に振るのも無理と判断。舞にも説明。承諾してくれた。

・九月一日。トゥーンで途中下車。トゥーン——シュピーツ間に船旅を編入し魅力を追加（行程表にはオプションとして記載することにした）。

・九月七日。ハルシュタット観光をユーレイルパス一日利用に戻した。パスが一日少ない六日間となった段階で、この日をポストバス利用に切り替えようとしたり、ツアー参加にしてうまく乗り切ろうと考えたが、ツアー申し込みをして万が一、ツアーキャンセルになった場合、この一日をパスなしで過ごさねばならなくなるところだった。ここで今回、僕の思い違いが判明したことでパスが一日分出てきたため、この日をパス利用日に戻すことで無事、一件落着したというわけだ。

ただし復路は敢えてバート・イシュル駅で下車し、ここからポストバスに乗って六時までにザルツブルクに戻る計画とした。ポストバスの旅ができるのは、このときを措いて他にないのだ。

• 九月八日。サウンド・オブ・ミュージック・ツアーを、ウィーンに入るこの日の午前中に変更。

費用概算の方も全項目に金額を入れ、ついにこの週末で予算表が完成。土産代まで全てを見込み、総額一〇九万と算定した。

この七月八日は日曜日。ワイシャツにアイロンをかけながらひとり思った。今次の旅のタイトルは、『サウンド・オブ・ミュージック』のあの曲の題を入れて「なにかよいこと～スイス・オーストリア　夢の旅」が良いかなぁ——。この幸運、きっと若い頃か子どもの頃、人生のあみだくじの下のほうで、僕もきっと何か良いことをしたからに違いない……。ここのところ、ふとした空白の時間ができると旅のことばかり考えているが、何だか無事これをやり遂げたら、バタッと死ぬんでないか、そんな気分さえ、してきたような……。いえいえ、まだまだ幾つかの外国と、行き残している国内の旅がある。頼むぞ。まだまだ死んでおれんよ。死ぬまで旅、死ぬまでが旅……。そう思い直すのだ。

僕の思い描く旅人生のテーマは、もう何年か前にほぼ定まっていて、何と、それぞれタイトルの付いたシリーズを構成している。ここで若干触れてしまえば、先に述べた「人生節目は一人旅」と、サラリーマンの旅の要諦？　いや、仕事の中での旅の楽しみ方を追求する「出張旅行術」の二つに始まり、「人生いつでも死出の旅」に完結する五つのテーマで構成される（予定）。テーマ（タイトル）だけは五つ、すでに自分の中で一応、決まっているのだ。

間の二つの一つ目が、まさに今の人生行路にあたる六〇代からの旅のかたち。これが果たして「六〇過ぎたら世界旅」なのか「〇〇旅」となるのか（〇〇は、ここでは言えない）、はたまた別のタイトルに変わるのか。現在、実践・調査中もしくは模索中、といったところだ。二つ目は、今はまだ希望的観測段階にあって「死出の旅」に総括される前段階の、ほぼほぼ七〇代にしたいと願う、あるスタイルの旅を語る「人生〇〇〇〇〇旅」。ここでそれ以上は書きたくとも書くまい……。

そして、それらを本に書く——手前勝手に旅を論ずる文章にして残す——という最後の、そう、これこそ究極のライフプロジェクトは、いつ、いや、果たして、成し遂げられるであろうか⁇

だいたい、この本を書いていること自体、シリーズ構成が最初から狂ってしまったのだった。今回の旅で「節目旅」は何だか前提が変わってしまい、覚束ないこととなってしまったが、ここに想いだけでも書き留めておければ、まあ、ヨシとするか——。そもそも、いつまで生きられるか（どこまでテーマを追究できるか）だって分からないのだから。

そう考えると、これはわが人生旅のテーマであるからにして（と突如、広川太一郎のスノークが指を振りかざして語る口ぶりになる）、別段、本にまとめようなどと大それたことを考えなくとも良いのだ。過去に旅をして考えた数多の先達がいて、すでに旅の哲学をさりげなく語り、書き残してくれている。その中の一冊を携えて、また次の旅に出られれば、それで良いではないか。六〇過ぎたのだ。人生、気楽に行こうではないか——。

月初めには毎月、今月やることリストを細かく手帳に挙げているが、今月はいよいよ旅行関係がズラリ並ぶ。細かい準備事項の備忘録が多くなってきた中、ふと、こんなことも書き留めた。

• 行程に関して。時間が余る（待ち時間が長い）のは良い。乗り遅れるわけには、いかないのだ。一人ではないのだ。乗り換えホームが遠かったり、トイレや、飲み物を買いたい時もあろう。乗り間違い防止のためにも、乗り継ぎ時間は余裕を保つべし。ちょっとした時間、その駅でホッとするのもグート（gut＝グッド）よ。

• 土産のメモ作成。誰に、何を。自分の周りで漏れのないように。そこで自分には何を？　と考えてみる。記念になる小物と、現地から出す絵葉書。自分にはこれで良い。これまでいつも旅先で、その地ならではの何か小さなモノを買ってきた（もしくは、拾ってきた)。わが書斎兼寝室の仏間の中にその多くが鎮座しているという、あれだ。あとは貴重なCDを探すのも楽しいか。

僕の好きな七〇年代前後のフォルクローレの、日本では手に入らない貴重な音源がスイスにはきっとあるはずなのだ。何といっても二人の優れたケーナ奏者を生んだ国なのだ。僕の最も敬愛するボリビア人ギタリスト、アルフレド・ドミンゲス（悲しいことにスイスで客死した）を始め、スイスに移り住んだ演奏家も多い。きっとスイスがアンデスの風土とよく似ていて、しかも豊かだからだろう。ヨーロッパ公演で人気を博したグループも多い。これはCDショップと見たら入らねばならんな……（CDより娘のヒンシュクを買うかもしれんな……）と、趣味のことを考え出すと際限がない。CDなど、ネットで調べて買えば良いではないか。

七月九日。Dさんに確認したいことがあったので電話した時だったか、あるいはDさんから慌てて電話がかかってきたような気もするのだが、どうもラゲージサービス、エクスプレスラゲージサービスが六月五日で廃止になったようだ、と衝撃的な知らせが入った。スイス観光局のサイトに、変更になった、と書いてあるから、事情に詳しいF社に直接電話して聞いてほしい、ということだった。そ、そんなバカな……。こっちはこのサービスを頼りに行程を組んでいるというのに……。

焦って、さっそくF社に電話して聞いてみると、やはり廃止は間違いないようだった。六月五日までの予約分は一〇月末までは引き受けるそうだが、利用は必ずしも多くなかったと言う。中規模駅ならコインロッカーがあり、増設してもいるらしいので、配送サービスが廃止されても影響は少ないと見ているようだ。因みにマイエンフェルト駅にコインロッカーはないそうだ。うーむ……。一二日に年休を取って名古屋に行くので、この日にきちんと確認しておこう。

七月一二日。旅費の残額支払いが五〇日前まで（一二三日が期限）ということだったので、この日、支払いを完了した。

心配なラゲージサービス廃止について、スイス観光局にはもっと詳しい情報があるのでは、とサイトを調べていたら、一般の問い合わせに応じてくれる〝スイス・スペシャリスト〟が名古屋市内の旅行社にも二、三人いる、と載っていた。その一つに、過去にネパールに行った時利用した山登り専門のG旅行社があったので、頼りたい一心で電話してみた。すると、何と、ありがたいことに、廃止になったのはエクスプレスラゲージのみで、通常の有人駅のラゲージサービス――七時までに預けると、翌々日の朝九時以降だが、到着駅にて荷物を受領できるサービス――はある、ということが判明した。

ふぅ、助かった……。そうか、F社が話していたのはエクスプレスラゲージのことだったか――。相当慌てて聞いたので、名称をこちらが混同したのかもしれない、と今にして思った。利用が多くなかったから影響も少ない、だなんて、ほんとにそうなの？　と思ったが、当日配送サービスであるエクスプレスラゲージならば、確かにコインロッカーの設置が進めば利用も必要も減っていくには違いない。当日配送というスペシャルサービスは、正確で知られるスイスの鉄道システムにあっても、きっとリスクを伴うサービスなのだろう。

七月一六日、祝日。旅行の下準備ができると思っていたら、昨晩から長女夫婦が二人の孫ともども帰ってきた。それはそれでうれしいが、計算違いの一日となり、思うようにはかどらず。それでもゴソゴソと自室の隅っこを動かして、変圧器の古いのを取り出した。ちゃんとカメラ庫の奥にしまってあった。何と僕の二三歳の旅にお供して地球の反対側まで行ってきた骨董品だ。この日、家電量販店で見たら、今売っているものもそうは違わないようだったので、買うのをやめてきたのだ。だが本当に使えるのか？　そしてこんなにデカくて重いものを本当に持っていくのか？　店では変換プラグなど購入してきた。

孫と長女らと一緒にショッピングモールに出かけた時は、長女らが買い物をしている間、上の孫を引き受け、しっかり遊ばせることもできた。きかんしゃトーマスのプラレールも買ってあげた。夕食は長女お気に入りの和食店に行った。三世代そろって食事できる長い掘り炬燵式の和室は居心地が良く、落ち着いて話もできて最高だ。旅の準備は進まなかったが、こういう日もある。下の娘を海外旅行に連れて行くのだから、小さな子がいて海外など行けない長女のフォローには特段、気を配ってやることが必要だろう。

その長女は来年、自宅を購入することを決めているから、新居に掛ける鳩時計をお土産に買ってきてやりたいと考えている。わが家の起源である第一次ヨーロッパ（新婚旅行）の時、スイスのブリエンツ湖畔のお土産屋さんで二人で選んできた鳩時計は、今もわが家の玄関に掛かっていて、孫の大のお気に入りなのだ。三〇分ごとに鳩が時を告げると同時にオルゴールが鳴り、扉が開いて人形が姿を見せる仕掛けに、孫は毎度クギ付けなのだ（あれは鳩でなくカッコーで、鳩時計ではなくカッコー時計と言うのが正しい。確かにカッコーカッコーと鳴いている）。

夜遅く、パソコンからフィンエアーの座席予約画面を開いてみた。なるほどDさんの言うとおりと確認できた。座席の位置により予約料金が何パターンもある。乗り継ぎ便もまだまだ席が多く空いていた。

七月一九日。B旅行社よりEチケットと保険証券が届く。同日、デビットカードの申し込みを完了。銀行口座から瞬時に引き落とされ、その残高を超えることがないという安心感もあるが、手持ちの現金を減らせられそうな点、また現地のATMでお金を引き出さなくてはならない状況をかわすことができそうな点が良いのではないかと思った。初年度の年会費が要らないようなので、今回試しに使ってみよう。今回加入することで、両替していく現金もスイスフラン一〇万円・ユーロ一〇万円の計画を七万ずつに減額しよう。

七月二〇日。SIMカードは今一つよく分からぬ。現地へ行けば安く購入もできるらしいが、そんな時間が取れるだろうか。できるだけ事前に準備を整えて臨まないと、いくらフリーの個人旅行だといっても、娘一人連れて大きな荷物を持って乗車時刻のほぼほぼ決まった鉄道旅を初めてやろうというのだ。予めやれることは少しでも処理して、現地でモタモタしないで済むようにしておかねばならないだろう。だいたい英語もドイツ語も喋れないくせに、現地でやればいいんだ、着いてから買えば良いんだ、などと考えること自体が甘いのだ。

ちょっと間違えると通信費が途方もなく高くつくようだから、通信料の安い現地の事業者を予めネットで調べておき、現地でそこに受信設定し、電話のみでいく手もある。無料ワイファイも結構あるようだから、移動経路上の無料ワイファイを調べておく手もあろう。

舞が、出発一週間前にサークルで海に行ってもいいか、と聞いてきた。そんなアレもコレも欲張ってどうなのよ、海でケガでもしたらどうするの、と、行かせたくない思いが募る。が、そこは辛抱して、大人だから自分でよく考えて判断しなさい、と言うしかないのだろう。学生最後の夏なのだし、行きたいのも分かる——。

それにしても、舞は呑気に考えてるのだなぁ、と思う。だが、それもそうか。僕は舞を連れていく。娘と一緒に旅をする、二人で。そう考えているのだが、娘の方は、連れていってもらう、あくまで付いていく、と考えている。これは仕方のないことかもしれない。それだけ父ちゃんに頼ってくれているということでもあろう。

二二歳で妻が初めて飛行機に乗って僕と二人海外へ旅立った時は、どんな気持ちだったろう。彼女なら、その一週間前に、海とか、遊びに行ったりとか、果たして考えただろうか？　いやいや、結婚直前の場合と比較してはいけないだろう。でも、それにしてもわが娘は何と簡単に考えているのだろう――。

こちらは、連れていくのだと思っている。この事実を、立場を、結構重くとらえている。娘は逆の立場なのだから、連れていってもらうんだ、付いていくんだと、その分軽く思っているに決まっているではないか。考えてみれば、至極当然のことだ。ひょっとしたら旅行会社が父ちゃんに替わった、ぐらいのイメージにかなり近いのかも……。父親は、添乗員でもあるのだ。そう考えるとますますこちらは責任重大で、娘は旅のパートナー、などと頼りにしていてはいけないことに気づかされたのだ。一方では、準備も整ってきた今、娘にはただ楽しみにして、父ちゃんに付いてきてくれればそれで良い、と思えるようにもなってくるのだった。

七月二一日。ネットでフィンエアーの座席を予約。往復の全四便とも、二人分の座席を確保した。余分な費用と思えなくもないが、モデルケースの旅である今回限りの出費と思い、親子二人旅とあらば致し方なし、と踏み切った。これで安心、万全だ。

次はワイファイルータの調べを進めよう。ＳＩＭを現地で買うとかネットで海外のを購入して行くとか、安く済む方法があるよと、舞は簡単に言うのだが、どうもそうした方法は良くないようだと思うようになる。

舞にカメラを購入。一〇万円を超える額二万円分を本人に負担させた。また卒業祝いの腕時計を今日、購入した。今から要るのだ、旅行もあるし……とせつかれ、卒業祝いの前借りをねだられての出費だ。直接の旅行費用でこそないが、こうした付帯支出が多くなることは当然予想された。が、いきなりこんな多額の出費がかさむとは……。旅行の経済効果の大きさを実感させられもするが、そんな悠長なことはとても言っていられない。そこへ加えて来春の卒業式に着る晴れ着の衣装代八万円を代金先渡しで近々支払わねばならない（父である僕が）、と言う。そんなこんなで、車検代や保険料といった一時払いの予定支出を超える出費が、一度に乗っかってきてしまった。

卒業関連支出はある程度見込んでいたが、来年のことと思っていた。こうも早く、しかも同時に来るとは思っていなかった。そこへさらに上乗せのカメラ代だ。親としては費用を捻出するためにいろいろと遣り繰りも手当ても必要なわけで、厳しく、痛いばかりだ。なお、舞にカメラを買ったことで、彼女の旧カメラを引き取ることにした。僕がこれを持って行くのか……？

七月二三日。ベルンでは市内観光ツアーがある。これを利用するのがベターでは？　と考えた。理由その一、次の行程がある。滞在時間が限定されているため、ベルンでは効率良く見て回る必要があるが、ツアーなら時間が守れて、ポイントを外すことがないだろう。理由その二、ベルン観光の一番のポイントである時計塔の中が見られる。……これは間違いだった。二時三〇分からの時計塔でのツアー現地申し込みに限り、中も見られるのだった。僕たちが行くのは、朝だ。理由その三、コインロッカーに荷物を預ける手間が不要に。……これも間違いだった。コインロッカーに各自、荷物を入れてから歩いて回るツアーだった。

ということで、良いかと思って調べを進めればツアーはムダだった。結局、フリーがベストと相成った。まずはバラ園を目指し、この世界遺産の街のメインストリートを二人で歩き、ゆったり行こう。それでこそ自由なる旅。自由な時間・空間の中に解き放たれるべし。

七月二四日だったか、ふと思った。「人生船出の旅・帰港の旅」という、僕の人生の中での今回の旅の意味を考えていたが、この旅は、舞と僕の人生船出の旅・帰港の旅が重なる旅でもあるのだった。平たく言うと卒業旅行×還暦旅行。それだけのことだが、これは、いよいよ社会に出る門出にあたる娘と、ようやく長い勤めに無事ひと区切りつけてホッとした父の、親子の人生がクロスする瞬間だ。

クロスと言ったが、これはグラフをイメージするなら、僕の人生のグラフ曲線が左から右へ年齢とともに上がっていき、すでにそのピークを越えて下降線に入ったところへ、後追いでスタートした娘の曲線が着実に上がってきて交差するポイントに今回の旅がある、そんな感じか。

この〝人生曲線〟、生命保険会社の営業資料でいうと縦軸は必要なお金、ということになっているかと思うが、ここではそういうことではない。社会的な立場とか責任とか、いやいや、もっと大きな、世の中というステージへの出番といえば良いだろうか、それが交差する時。僕の出番から娘の出番に入れ替わる、その変わり目にある旅。人生の舞台交代、バトンタッチの儀式、ということかもしれない。

何事にも、そして、とくにこれだけお金をかけて実行する大事業とするからには何かしっかりとした意義がなくては……。そうこだわってしまう僕の、今次旅行の大テーマはここにあった、ということか。

七月二六日。知人のHさんから著書が届く。本好きにとって、本が届くというのは感動的にうれしい。

届いたのは、東海地方の鉄道を訪ねて歩くためのガイドブック。著者は鉄道研究家。ライターや講師をして生活しているプロで、僕がカルチャーセンターに勤めた頃、電車好きの子どもを持つ母親向けの鉄道講座をお願いして以来のお付き合いだ。著書を開いてみると、僕に宛てたメッセージも添えられている。僕が明治村に勤務した頃、動態展示を休止していたSL一二号の復活運転が実現し、イギリス総領事らを招いてセレモニーを行ったのだが、このとき僕が同氏を招待したのが縁で新聞記者の某氏と出会い、それがこの本を出すきっかけとなった、そのお礼に、と言う。ありがたいことだ。縁を大切にする人だ。ここで気づく。初めてのヨーロッパ鉄道旅行を前に、よもやその道の専門家からこうして（向こうから）便りがあるとは……。これまた何とも不思議ではないか。しかもその鉄道旅の専門家は、隣町に住んでいるのだ。もう何年も会っていないが、一度、話を聴いてみる価値は間違いなくあるぞ――。

それにしても、見事こんな近くに最良の知人がいたとは。案外気がつかないものだ。同期の友人もいいが、こと今回の旅に関してこの人に勝る人はいない。Hさんにお礼の手紙やメールを出したら、情報だ、アドバイスだは抜きにしても一度会って話したいものだ。旅を契機として旧交が深まる――、こんな佳きことはない。そう思った。

七月二七日。Hさんに電話して礼を述べた。来月、念願のヨーロッパ鉄道旅行をやるんだと言ったら、やはり興味を持たれ、具体的なコースを聞かれた。すると彼も似たルートを鉄道で旅したことがあると分かり、今回も行く◯◯の街ではスリにやられたから気をつけて……、などと教えてくれるのだった。

そして、彼も同年の六〇歳と改めて知り、なおうれしくなった。地元の祭保存会で役もやっていると聞き、さらに親しみが湧く。若い頃、各地に民俗芸能を訪ねて旅した僕と、これまた何だか似ているではないか。共通の知人も分かり、それやこれやで話は盛り上がった。この不思議なる共通項、今にして判明。お近くにこのような知己を持っていたことも不思議だが、旅の前に、そのご縁が再びつながるというこの不思議さ（まさに縁）はどうだろう。

七月二九日、日曜。いよいよスーツケースを買うタイミングが来た。あの生活雑貨専門店の割引セールが始まったのだ。選ぶポイントは軽さ。前に見た五キロなんてとんでもないと、この間に思うようになっている。良いものを選びたいが、高いままでは買わないのだ。そしてついに購入。ドイツ製のしっかりしたもので、容量は八七リットル。渋くてカッコいい黒色も気に入った。支払いは以前、職場の餞別にもらった商品券でほぼ賄えた。良い買い物をした。さらに店内で、「旅の栞」用にぴったりの手持ちサイズのクリアファイルノートを見つけたので舞の分と二つ購入した。

せっかくこのセールを待ちに待って旅の装備を調達しようとやってきたのだったが、ついで買いでイタリア製の革の札入れまで買ってしまった。割引の上、名入れのサービスもやっているというので、還暦の男ならこのぐらい立派な札入れの一つも持たないとな……と、ついつい財布のひもを緩めてしまったのだ。

セールの狙いに、まんまと引っ掛かった形だが、実は種類の多いユーロ札やスイスフラン札を収めるのにこんな札入れも要るだろうと考えていた。だが、人はよくこうした大きな札入れを持っているが、僕に限ってこれまでまともに（長く）使えた試しがないのだった。買ったはいいが、海外で慣れない手つきで札を間違えないようマゴマゴしていて却って目立ち、狙われることになりはしないか、という心配を逆に生むことになった。この高級感と大きさと厚さ、どうも僕には馴染まないというか、扱いづらいんだよなぁー。

第七章

旅をまとめて　心整う（八月）

八月一日。ついに八月ハズ・カム！　旅行開始一ヵ月前の昨日から名鉄特急ミュースカイの座席指定券の予約購入が可能だ。朝一番で、中部国際空港行き特急座席指定券を購入してから出勤した。

八月三一日は自宅を七時過ぎに出て最寄り駅を七時二三分発の普通電車に乗り、途中駅でミュースカイに乗り換えれば中部国際空港駅に八時二五分着だ。フィンエアーの受付カウンターには出発便のちょうど二時間前、八時半に到着できる。全く無理のないスタートだ。前寄り車両の方が到着したとき歩かなくて済むから、席は一号車の、スーツケースを置くスペースにごく近い一一番の並び席を取った。空港に向かって左側の席を確保したのは、空港連絡橋を渡り切るとすぐ、眼下に貸切バスターミナルを望むからだ。バスの仕事をした頃、真新しい空港島にこれらバス施設を、何もないところから苦労して整備した思い入れがあるのだ。

この日、仕事を終えての帰り道。偶然、散歩中の土地の古老、Jさんとすれ違った。百貨店で宝石・貴金属を扱う仕事をしていた人で、僕が結婚した時、指輪を購入したご縁に過ぎないが、たまたまご近所に住んでいることが判り、以来、見かけると必ず親しげに声をかけていただける。齢七八というが実にお元気で気さくなお人柄。老人会の世話役などもやっておられると言う。立ち止まってそんな話を聴くのは今日が初めてだと思う。

すると、こちらは旅の話など一言もしていないのに、ご夫婦で格安でアジアの船旅に行っている、宜しければ次回は是非ご一緒に、と社交辞令だろうがお誘いいただいた。僕も興味があるから、ほんの立ち話のつもりがつい引き込まれる。どうも偶然にしてはここのところ旅に関わりのある話ばかりが自然と周りから舞い込んでくるのが不思議だ。(そういえば、少し前には同期入社の友人から、西安に行かないか、と誘われたこともあった。その時は仕事が立て込んでいたし、こちらの旅行のこともあって失礼してしまったが。)まるで今の僕が旅のオーラを放ってでもいるかのようだ。

八月三日。旅行中の役割分担を決めておこうと考えた。舞にも担当を持ってもらうのだ。舞に委嘱するのは①英会話、通訳。②通信担当。そしてもう一つ。ウィーンのカフェの本を買ってきた時から決まっている③カフェ担当。企画に参加してもらう部分だ。父親の僕はというと、①総合プロデュース・行程管理。②会計(両替含む)。③荷物係。――といったところか。基本的役割分担はこれで行こう! と、これだけのことだが、何だか肩の荷が軽くなってサッパリしたような気がしてくるから不思議だ。

通信といえば、その手段だが、ワイファイルータのレンタルになりそう。と、通信担当を舞に委嘱することを決めた途端、気が楽になったか、レンタルで行こうという気になった。現金なもんだ。レンタルはネット予約がおトクなようだ。比較・調査して予約しよう。盛んに宣伝している某事業者のチラシを旅行会社がくれたが、チラシの値引きより、専用サイトから申し込んだ方が割引幅が大きいようだ。要検討――って、これ、舞の担当でなかったか？

あとは服装、荷物・装備と両替と。ウィーンでコンサートを聴くからにはそれらしい上着も要るだろう、と早くから気になっていたジャケットは、お盆頃から見ることにしよう。秋物を買いたいのだ。これら含めて、舞と詳細な打ち合わせを、そろそろもう一度、やっておかねば。

八月四、五日の週末は暑い上、仕事が入っていたし、町内の行事に動員もかかっていて準備は進まなかった。それでも合間に旅行用品を幾つか購入したり、外出中の市場調査は怠らない。

週明けの六日。九月五日の行程で、ザルガンスからレイルジェットで国境越えしてインスブルックに入る計画があるが、国際特急は要予約とあるので、現地で予約するより日本でできるものならぜひ予め購入しておきたいと考え、調べた。が、事前のネット予約は、どうやら運賃と座席指定がセットになっていて、ユーレイルパスを持っている僕は座席の予約だけして行きたいのに、できないようなのだ。

ガイドブックを見ると、やはり座席予約のみで事前に予約はできない（現地カウンターで予約する）、とあった。何とかできないものかと思い、これも聞いてやれ、困ったときのエージェントだ、とばかりDさんに相談した。こんなに旅行会社を使い倒す客がいるのかどうか知らないが——実際にはこのためか逆に行き違いも時に発生するわけだが——、とにかく確認しておけば安心できて、やはり頼りになるのだ。

すると、すぐ翌日返信があり、やはり公式ページからは座席指定のみはできないが、ここから座席指定券のみの購入が可能ですよ、と、あるサイトへのリンクが貼ってあった。手順まで事細かに教えてくれた。ありがたい。

同じ七日。帰りの電車で、スマホでケースベルトを調べていたら、コレだ！　というものを発見。裏側など写真で徹底的にチェックして、これは大丈夫、と確信したので発注した。翌日発送、との返信メールも来て、九日、早々に到着。

ところが現物を見て驚く。写真で確かめたものとバックル部分の形状が異なるではないか。この構造では安全性が担保されない。即日、返品リクエストをし、返送した。やはり現物を店で見て確かめて買うのに越したことはないようだ。

ワイファイルータ。比較した二社とも同額と判る。が、K社の方は、L社の現地ツアー予約サイトからツアーを予約すると一〇％引になるらしい。しかもこちらは予備バッテリー付きだ。今度、L社のサイトでサウンド・オブ・ミュージック・ツアーを予約する時まで、取りあえず保留しよう。

ウィーン滞在中の移動と観光については、旅行者向けのカード利用を考えていた。ガイドブックを見ると、何だかややこしいことが書いてある。①ヴィエナシティカードと、②ヴィエナパス、の二種類があるのだが、①ヴィエナシティカードにはさらに赤と白の二種類があるのだ。ごく簡単にいうと①の赤は市内の公共交通機関を自由に使って回れる、①の白と②は乗り降り自由の観光バスに乗れる。①は赤・白とも主な観光施設・美術館の割引が受けられるが、②は各施設一回無料で入れる（だからパスという）。

僕たちは三日間をどう過ごすか。どこをどう見て回るかによっておのずと必要かつ便利なカードが決まると考え、行きたいところをピックアップして、①を利用した時の割引料金を拾ってみた。この三日間のいずれかが休館日に当たる施設もあるので、両矢印を何本も横に引っぱった図表のようなものになってきたが、すぐ分かってきたのは、そうたくさんは行けない、ということだった。

取りあえず思ったのは、一人なら公共交通機関利用だが、二人だからパス利用が便利（駅から施設までの徒歩移動の往復がない）かな、ということだった。観光バスに乗れるので、ウィーンの街を高い視点から眺めながら行けるのも、日本語のオーディオガイド付きなのも、観光気分に浸れて良いのでは、とも思った。逆にデメリットはといえば、バスの来る時間に合わせて行動しなければならないということか。観光バスに乗れるといっても、そうそういつでも来るわけではないだろう。これまで観光地などでの経験から言って、行きはともかく、帰りに待たされて、おまけに乗り切れなくて次のバスを待つ、なんてことになったら最悪だ。

リストアップし始めたのは良いが、すぐそうしたことを考え出して、これは二人での移動でも地下鉄や路面電車を自由に使って乗り降りしながらいろんなところを見て歩くのに越したことはなさそうだ、という考えになってきた。だいたい基本は街歩きなんだから、中心市街地を見て回るのにいちいち観光バスを待たなくても、トラムに乗ったり、歩いて回ればその方が楽しいんじゃないか。中心市街地を離れるのは、シェーンブルン宮殿、ベルヴェデーレ宮殿と、ハイリゲンシュタットぐらいで、これらは絶対行くが、いずれも公共交通機関で訪ねて行き、ゆっくり見て、自由に帰るのがフリーの旅のいいところなんだからな——、と思うようになった。

いずれにしてもウィーンでの三日間は、舞の希望もあることだろうから、全部決めて行くのではなく、飛行機の中や旅中で、折々に相談する時間もあるだろうし、着くまでに決めれば良いことだ。このくらい調べておけば、あとは行った時の判断に任せるのがベターだと。前に考えた教会コンサートも、初日の夜に楽友協会で堪能するのだから、あとはとくに予定しなくとも、まあペーター教会くらいなら良いが、カールス教会のオーケストラまではよしておこうと考えるようになった。

旅の最終到着地で三日間、せっかく終日フリーの時間を過ごせるのだ。カフェでお茶したり、お土産を選ぶ時間も要るだろう。そう思うと、到着日にいきなりコンサートを入れたのは（そうせざるを得なかったのだが）最高に良いスケジュールだったのだな、と思えるのだった。

そろそろ両替もしなくてはならない。全一五万円でどうかと考えている。五＋五では少なく、一〇＋一〇では多い感。いま為替レートはスイスフラン一一二円、ユーロ一二八円、手数料あり。キャッシュはやはり、ある程度必要だ。とくに娘と一緒では何かと予備費が（しかも二倍）要ると考える必要がある。

八日。L社の旅行サイトからサウンド・オブ・ミュージック・ツアーを予約。リクエスト済み返事待ち。翌九日確定。

ザルツブルクからのサウンド・オブ・ミュージック・ツアーは六月頃からネットでちょくちょく調べていた。五つ六つのツアーがあるのだが、初めはザルツブルク到着日の午後出発半日ツアーを想定した。途中で湖水地方の一日ツアーに統合する計画に変更しかけたが、結局、単独のツアー申し込みに落ち着いた。

この時、インスブルックとザルツブルクでの観光時間などを考えればウィーンに入る九月八日に繰り入れるのが最適と一旦は予定したが、同じ日の夜は楽友協会でのコンサートだ。鉄道での移動を挟んでダブルのスケジュールでは慌ただし過ぎて疲れるだろうし、予定どおり進まない場合に困ると気づき、当初予定した六日の午後に戻ってきた。

午後出発の設定があるのはM社とN社の二コースで、その内容は、表記のしかたこそ違うが同じ場所（映画のシーンを憶えている人には分かる）も多いようだ。いずれも湖水地方まで足を延ばすコースで、料金設定も微妙な差だが、高い方は学割があり、二人だと金額的にはわずか一ユーロの差。

比較して、これはM社だと判断が付いた。ポイントはまず集合場所だ。僕たちは駅から歩いて行くので、川の向こうの旧市街まで行かねばならないN社より、川の手前の新市街、観光拠点のミラベル広場前集合のM社が良いに決まっている。内容もM社の方が良さそうだ。とりわけ、あの「もうすぐ一七歳」のガラスのパビリオンを見にヘルブルン宮殿の公園まで行く、とあるのが何ともうれしいではないか。キャンセル料が予約確定日から一〇〇％のN社に対し、M社は一日前一〇〇％とあるのもダメ押しの決定打となった。内容を精査しているうちに深夜になったが、リクエスト予約を完了した。ああ、これは楽しみだ！

一一日、土曜。熱田神宮に旅の安全を祈願。舞にお守りを受ける。帰りにカメラ店でケースベルト購入。ついでに旅行用品を買い込む。ふだんなら行かないような店を回っての買い物も楽しい。

一二日。レイルジェットの座席指定券を予約しておかないといけないと思い、Dさんの教えてくれた海外鉄道予約サイトを夜、開いてみた。購入段階まで行ったところ、支払い金額に不明な点があり、作業をストップ。また、予約できる座席番号が表示されるのだが、これが車両のどのあたりか判らない。車両の座席表で位置を確認できないものだろうか。しかも、表示される座席番号が飛び飛びだ。これは離れた席かと思いきや、別の海外鉄道予約サイトに載っていた参考図によれば、どうやら隣同士のようではある。全部の座席番号が分かれば位置を確認しながら席を決められるのだが……。後ろ向きか、進行方向を向いているのか、判らないものだろうか──。

夜も遅くなったので途中で止め、以上の疑問を問い合わせフォームから投げておいた。

一三日。ワイファイレンタルの申し込み完了。L社で現地ツアーを予約したことで有利になるK社にした。出発当日、空港での受け取り証とQRコードがメールで届いた。

ところで昨日、庭の梅が病気で枯れた。還暦を記念して梅の木を一本買ってきて庭に植えてあった。それが枯れたのだ。縁起でもない。実は、梅の病気が流行っていることは知っていた。気をつけましょう、と書かれたチラシが少し前に郵便受けに入っていたのだ。気には、なっていた。だのに僕は旅行やら何やら他ごとに慌ただしいのにかこつけて放置していたのだ。

最近、どうもおかしい。おかしいことが続いている。
①昨日、家の中で、額を強打した。
②その同じ日、梅が枯れた。
他にもある。
③長年使っていたわが家の掃除機のホースが切れた。頑丈で、吸い込みが至って強力なドイツの人気メーカー製で、とても気に入っていたのだが、僕の扱い方が荒っぽ過ぎたかもしれなかった。もう全く使えない。
④電子レンジが壊れた。これは使えなくては何ともならぬから、即日、新品を購入したから、まあ解決したが。
⑤二階寝室のエアコンが壊れた。自宅を購入以来、長い間使ってきた。これもすぐ更新した（明日が取り付け工事）。
⑥一階のエアコンも調子が悪く、修理を依頼した。二〇日に来てくれる。
⑦そして今日、夏場に草が伸び放題になっている庭を旅行前に手入れしておこうと張り切っていたら、もらい物の古い芝刈り機の取っ手部分がバリッと折れて、使用不能に。いつもは手で取っているのだが、この日は伸びきった雑草をひととおり除去したあと、さらに芝刈り機をかけて（もともとは芝生を張ってあったのだ）キレイにしておこうとしての失敗だ。まだまだ芝刈り機では手に負えない状態なのを、僕が無茶したわけだ。

結婚から三〇年。ここへ来て全ての家電製品類がいわゆる寿命、と考えると、とっくに更新時期は過ぎているのだから、むしろよく持ったといえる。いやいや、結婚以来のものは少ないはずだ。だが何やら連鎖的に、あれもこれも壊れてきて、壊れたというより、本当に寿命が尽きたか……？　という感がある。

ひょっとして僕も、ここへ来て寿命が来たか？　と、最近ときどき浮かぶイメージが再び頭をよぎる。しかも今、ちょうどお盆だぞ――。お迎えが来たから、家の旧いモノはきちんと更新して、家族を安心させてから往きなさいよ、と言われているような……。どうも旅行の準備をしていても、人生完結編のような、最後の盛り上がりのような気が、しないでもないのだ（そういえば遍路旅を今回の旅とダブらせてもいたが、あれこそ死装束ではないか……）。

それにしても出発直前に、こうもカネのかかることが連発するとは……全くトホホ、だが、この時は出費のことを思う心境にはならなかった。

いやいや、僕は――敬虔な仏教徒？　ではないが、子どもの頃から仏教に親しむ家庭に育ち、大人になってからは自分で本も読んで理解したつもりになっている者として――この現象を、むしろ煩悩の消滅と受け止めよう。六〇歳還暦を迎え、煩悩の消滅期が来た。いろんなことに囚われて、あれやこれやと思い悩む時は過ぎ、今、さっぱりと人生をとらえられる段階に来た、と。あらゆるものごとは過ぎ去るのだ。全ての移ろいをあるがまま受け入れよう。

今回の旅に対して、何かと試行錯誤して戸惑っているように映るかもしれないが、その実、本人は大いに楽しんできた。そしてここまで来て、もう大方は整った。何も心配することなく（これを、思い残すことなく、と言ってしまうとよろしくない。あれこれ煩悩することなく、ということだ）、己のみを頼りとして、ただ粛々と前進せよ、と仏が言ってくれているのだ、これは。

さてさて、今次の旅、どんなことになるのだろうか。このお盆、亡き父母に、よく聞いてみることだ——などと悟った気になっていたら、さらに⑧が発生した。

⑧今日、久しぶりに風呂掃除をしたら、掃除用のモップをバリッと壊してしまった。やっぱり壊した。これ、実は毎度の——とまではいかないが過去に何度かやっている——ことで、要は強く力を入れてゴシゴシと僕はやり過ぎるのだ。何ごとも徹底的にやろうとするから、たまにやると、いつもこうして失敗する。また妻に叱られる——。ん？ これはもしかして、旅行準備もほどほどにしておけよ、というお達しか？

あれもこれも更新時期なのだ、と思えばそれまでだが、それにしてもちょっと多過ぎやしないか？ 旅の前にこんなことが続けば、縁起が悪い、と誰しも考える——。

一四日。国際特急の座席指定券を購入した。一昨日、予約しようとしたが、ちゃんと希望の席が押さえられるか分からない上、料金が結構高く、手数料までかかる？ ようでは大いなるムダと考え、一旦はやめたのだが、現地で万が一取れなかったら困るので。

すでに昨日、予約サイトから返信が来ていた。問い合わせにきちんと回答が書かれている。座席の件については、レイルジェットは座席図が公表されていないので確約はできないがアレンジする、と言ってくれている。ただ進行方向を向いた席かどうかの情報はなく、対応できかねる、とのことだ。なかなか丁寧に答えてくれており、鉄道屋らしい几帳面な回答方だ。まずは信用できそうと思えたので、この日、以下の列車・座席を予約購入した。

九月五日、ザルガンス一五：三七発、インスブルック中央一八：一一着。レイルジェット一六九。二等二一号車、〇三五（窓側）・〇三七（通路側）。

予約確定にて受付完了のメールを受信。着金確認後、一週間以内に送付されるとのことだ。これで国境超えも安心だ。

この日はお盆で、亡き父母に挨拶。準備の方は、ようやくひととおり整ってきた感じだ。ここまで来たら、もうカネの計算は意味がない（あるとすれば、あとは両替金額の確定だけ）。むしろ内容の深化と〝見える化〟だ。早く栞を作って情報を整理し、これを舞と共有しておかないと、この準備が二倍の効果を出せないだろう（逆に一人で添乗員役を務めて苦労することにもなりかねない）。

心の囚われを捨て、自由で、良い旅をしよう。せっかく娘と二人で、外国に行けるのだ。行きたかった国へ、娘を連れて列車で旅ができるのだ。装備と服装をちゃんとして、心しておれば大丈夫。残る買い物、着るものをちゃんと用意したら、あとは♪「自信を持って」臨もうではないか。煩悩は消滅したのだ。

一五日。サングラスを選ぶ。良いものが、逆に安く買えた。

一六日。国際特急座席指定券が届く。

一七日。出発二週間前。この週末には両替しておかないといけないだろう。少しでも有利なタイミングをつかもうと時折りスマホでレートをチェックしてきたが、もう細かいことは言っていられない。二週間前は図書館で本を借りるなら最後だし(いつ借りても良いが、出発前日までに返しに行かなければならない)、床屋も行っておかねばならないだろう。週末は名古屋へ出よう。

夜、いくら両替すればよいか、そして札をどう組み合わせて持って行くか考えた。ネットでレートを調べ、現地で現金をどのくらい使う可能性があるか行程表を見ながら考えて、小額紙幣を多くし、こんな組み合わせで行こう、と以下のとおり決めた。

できるだけクレジットカードを使うつもりなので、必要最小限、だが不安のない額をやはり持って行こうと考えた。当初は父親の僕が多めに持つものと当然のように思っていたが、途中ではぐれたり、どちらかが失くしたりするリスクを考慮して、出発時は二人で半分ずつ持つことにしようと考え直した。

•スイスフラン（一CHF＝一一一円　日本円→外貨交換レートは約一一六円）

一〇CHF札。僕九枚、舞九枚、計一八枚。二・一万円相当。

二〇CHF札。僕四枚、舞四枚、計　八枚。一・九万円相当。

五〇CHF札・一〇〇CHF札、なし。

計三四〇スイスフラン、約四万円を二人で二万円ずつ分けて持つ。

•ユーロ（一EUR＝一二六円　日本円→外貨交換レートは約一三〇円）

五EUR札。僕一〇枚、舞一〇枚、計二〇枚。一・三万円相当。

一〇EUR札。僕八枚、舞八枚、計一六枚。二・一万円相当。

二〇EUR札。僕五枚、舞五枚、計一〇枚。二・六万円相当。

五〇EUR札・一〇〇EUR札、なし。

計四六〇ユーロ、約六万円を二人で三万円ずつ分けて持つ。

以上により、合計約一〇万円を二人で五万円ずつ持つこととした。つい上旬までは一四、五万と考えていたのだが、緻密な計算で一〇万に落ち着いた。

それでも一人で一三枚のスイスフラン札と二三枚のユーロ札、計五種三六枚もの紙幣を持って行くことになる。これは大変だ。舞はとうに持っていると思うが、僕はちゃんとした札入れを持っていなかったから、先月末スーツケースを買った時、立派な財布をついで買いしたのだ。札を小分けして入れられるが、とてもこんなに多くの種類は分けられない。

そしてこの日、この間の変更を反映させ、行程表を改訂した。家にも置いていくものとなるので、詳しくスケジュールを入力すると二枚になった。作るとすぐまた赤ペンで書き込んでしまう僕だが、もはやそれらも変更事項ではなく覚え・参考メモ程度となった。前回で完成版と思ったが、今度こそ事実上の完成版だ。

七月八日版からの変更点としては、すでに触れたことのほか、時間がキチキチに組んであるのをチェックし全体スケジュールを見直した。マイエンフェルトを少し早めに切り上げ、ザルガンス駅での乗り換え時間に余裕を持たせて、駅でのんびり待つ、ぐらいの構えでないと……と、先月頃から考えていたことを、ここのスケジュールに反映させた。他にハルシュタットへの出発予定時刻を早め、少しでも現地滞在時間を長く見た、など最終調整にとどまった。

一八日、土曜。

大型ホームセンターでワイヤーロック、洗濯ロープ、トラベルフックなど細かいものを購入。ワイヤーロックは鉄道での移動中、荷物を棚に固定するなど、荷物から目を離さざるを得ない状況で使う。でないと落ち着いて食堂車になど行ってられない。あと南京錠かU字ナンバーロックは近くのホームセンターで見てみよう。これらは旅行用品店では高いか、ないかだ。面倒でも荷物のファスナーに取り付けて万全を期すのだ。

この夜、やっとオリジナル「旅の栞」を作成できた。といっても、スーツケースを買った時に見つけたクリアポケット式のファイルに、行程表以外はほとんどネットから出力した資料や本のカラーコピーを寄せ集めて入れただけだから、今後も随時、追加も差し替えもできる。このファイル、A五サイズだがA四が見開きで入る上、ペンなどの小物まで一つにまとめて持ち運べ、旅行に最適なグッズだ。

ここに、①行程表、②ホテル予約の詳細と地図、客室のアメニティリスト、③予定ハイキングコースの全マップとルート案内詳細（目印・区間所要時間など）、④出国・帰国時の手続き・留意事項、⑤現地での留意事項（自動券売機の使い方など交通機関の利用方法・現地ATMの利用方法・チップやトイレなど）、⑥緊急連絡先リスト（旅行社の現地支店・保険会社を含む）等々を収めた（僕のと舞のとでは少し内容を変えた）。早く作って舞に渡してやらないと……と気になっていた。彼女も自分でガイドブックなど見てはいるようだが、こちらからはコース以外にちゃんとした情報を何も流していないのだった。やれやれ、これでようやくひと安心。

ところでこの日、高齢者向け健康サプリメントの無料サンプルが届き、飲み始めた。これまで気にならなかったのだが、最近、どうしたわけか広告が度々目に留まり、今回の旅を少しでも元気に乗り切るのに役立つ可能性があるのであれば何でもやってやろう、との思いで申し込んでおいたのだ。この日は孫の家族が来ており、庭にプールを出して遊ばせたり、特製カレーを作ったりと、あれやこれや張り切ってこなしたが、妙に活動的だったのは、もしやサプリのせいだったか⁇　サンプルは一ヵ月分あり、旅行期間をきっちりカバーする。

一九日、日曜。名古屋へ出た。本を図書館に返却かたがた、予定どおり両替に行く。

•スイスフラン。細かく計算していたのに、名古屋駅前の銀行に併設された外貨両替ショップに行ってみると、何と二〇CHF札しかなかった。予定した三四〇スイスフランを二〇スイスフラン紙幣で一七枚、受領した。約四万円。

•ユーロ。予定どおり、計四六〇ユーロを約六万円で手にした。

以上、計一〇万円分を僕の持ち分と舞に分ける。

二〇CHF札。僕一〇枚、舞七枚、計一七枚。

五EUR札。僕一〇枚、舞一〇枚、計二〇枚。

一〇EUR札。僕九枚、舞七枚、計一六枚。

二〇EUR札。僕六枚、舞四枚、計一〇枚。

これにより、僕二〇〇スイスフラン、二六〇ユーロ。舞一四〇スイスフラン、二〇〇ユーロを、それぞれが持って行く。結局、僕がほぼ支払うことになるのだから(まあ、そうか……)ということで、僕がより多く持つことになった。

新札ばかりでとてもきれいなお札。スイスフラン札が普通の横長でなく縦型なのがユニークだ(が、サイズも独特で、通常の札入れには馴染まないだろうなぁ——)。なかなか迫力がある。舞も妻も、おもちゃみたい、と喜んだ。

それにしても、こんなにたくさん、札入れに入るわけがない。僕は札入れなど使うのはサッサとやめ、使用済み封筒に金種ごとに札を入れ、ひと目で幾らの札か判るように紙ラベルを（インデックスシートを挟んで書類を分類整理するように）位置をずらしながら貼り、これをまとめて札入れ状の簡素なミニポーチに入れ、ウエストバッグに入れて使うことにした。

このやり方は前にどこか海外に行った時に考案した簡易システムだが、今回の旅ではもう少し大人らしいお金の持ち方をしたいと考えていた。が、迫ってくると結局、実用的で、とにかく簡便なこの方式にあっさりと落ち着いた。封筒は無論、長い辺から即座に取り出せるよう一部をカットしてある。これなら全部バッチリ入り、出し入れも簡単だ。

さらに、この日の夜、自分のスマホが写真データで一杯になっていたのをパソコンに移行し、さらにバックアップも終えた。こういうのが案外、時間がかかるのだ。この週末で、装備に関する準備は進んだ。

二〇日、月曜。出発する週の前週が明けた。手帳の各日の欄に、一一日前、一〇日前、九日前……とカウントダウンを記入。

二一日。一〇日前。何と、熱が出る。情けない。微熱だがハナは出るし調子悪い。仕事を昼で中止し、帰る。

二二日。九日前。予定としては出勤前に名古屋駅前の本社に立ち寄り、しばらく空けるので……と、事前に必要書類のやり取りを済ませ、ついでに家計口座への資金補充などを考えていたのだが、熱が下がらずダウン。急遽、年休とする。この日、粗大ゴミ回収に、壊れたレンジなどを出す予定だったがとても行けず、お盆から里帰りしている上の娘が代わってくれた。全く助かった。

思うに、家にあるものがいろいろ壊れたのは僕の故障の予告・前触れであったか。だが、出発間際になって、あるいは出発してから熱を出すよりどれほど良かったか。

翌二三日には回復し、前日予定したことを無事処理して仕事に復帰した。これでお清めができた感。気分も（なぜか）さっぱりしたというものだ。

一階のエアコンも、診てもらったら故障ではなかった。助かった。何か、復活してきた感が……。旅の準備をひととおり終え、旅立ちの前にリセットできたのだと考えた。

二四日。七日前。一週間後は出発だ。仕事の方もいろいろ片づけておかねばならない事項がはっきりしてきた。家の方も、幾つかの引き落としのある口座に資金補充も必要かもしれない。不在中もスムーズに事が運ぶよう、予め手配しておかねばならないこともある。

二五日。六日前。最後の土日。幾つも店を回って洋服をひと揃い購入。ジャケット二、ズボン二、シャツ一。僕にしては上等な、至って品の良いものを選んだ。何といってもウィーンを歩き、ウィーンフィルの本拠地でコンサートを聴くんだもの。それと携帯用ダウンジャケット、これは重宝しそうだ。

二六日。五日前。洗濯したり布団を干したり、自分の部屋をきれいに片づけ、部屋に大机を出して、いわゆる旅行の支度。いよいよ最終段階という感じで、盛り上がってきた。揃えてみるといろいろ細かい足りないものが気になってきて、ホームセンターへ買いに出る。日焼け止めなど、要るか要らないか分からないものを、ギリギリになるとつい買い込む。

夕方になってB旅行社へ出向く。帰着までの行程をDさんに最終確認してもらう——って、これツアーじゃなくて個人旅行なので本来は先方に行程の詳細までは関係ないのだが——。いろいろ手配してもらったのをいいことに、こまごまと最後まで相談に乗ってもらった。結構、遅い時間までDさんを付き合わせてしまい申し訳なく感じたが、いろいろ自分のスケジュールを話したり意見を聞いたりするうちに随分気が楽になり、心から安心できた。本当にありがとう。お世話になりました。ついでに幾つか買い物をして帰る。

この日、メールを開くと、ホテルの宿泊予約サイトから各ホテルの予約確認メールが来ていた。一週間前というので各ホテルに事前連絡を試みる。確かに、こちらから連絡のないまま当日になり、われわれの到着があまりに遅くて勝手にキャンセルされてしまってはたまらない。僕の不得手な英語で良いのか正しいのか知らないが、ここはやむを得ぬ。適当な英文で、とにかく各ホテルにわれわれの到着スケジュールを伝え、予約のキープを依頼して、宿泊の意思を伝えた。思えば予約したのは三月。先方も安心できなかったろう。

さらにフィンエアーからも確認メールが来て、スペシャルオファーはないか、と食事などの注文(有料)を聞いてきた。まさか食事は別料金ではないとは思うが、念のため、機内で提供される食事は何回? と、これも頼みの綱のDさんに、最後の質問を投げかけた。深夜のメールとなった。

二七日。四日前。Dさんより、朝すぐに返信があり、機内食は日本発着便は往復ともに二回ずつ。ヨーロッパ線(ヘルシンキ—チューリヒ、ウィーン—ヘルシンキ)はどちらも二時間半ほどの短距離フライトとなるため飲み物の提供のみとなる、と教えてくれた。フィンエアーから確認メールが来たのは、短距離線で食事が必要な人向けのオプションサービスの案内ではないか、ということだ。これだけのことでも、確かめられて安心できた。機内で舞にも教えてあげられるというものだ。Dさん、本当にありがとう!

二八日。三日前。日本円を引き出しておく。万が一を考え、多めに持っていく。家にも予備金を置いていく。口座残高の最終確認もＯＫ。そして実は、今年生まれたばかりの可愛い孫（長女の娘）に病気が見つかっていたので、今日、大きな病院で診てもらった。僕も病院に立ち会い、長女に幾らか手渡した。

この日、すでに出来上がっていた行程表に、便名、座席、飛行時間、列車番号・指定座席番号、それに服装に注意の要る場所の標高などなど、基本的な（その場で参照・再確認したくなる）数値情報を、行程とは色を変えて加筆入力し、最終行程表とした。備考欄にはこれまで途中経過段階でメモ的に未処理事項・要検討案件を書き添えてきたが、これらを整理し、現地での手配事項と、変更可能なスケジュールといった補足事項だけを残した。これを二人、持っていくし、一部は控えとして、海外旅行保険証の控えとともに自宅に置いていく。ツアー会社が作るのよりは詳しいが、Ａ四で二枚のままだ。

これで旅の計画が全て、ついに出来上がった。おお、ついに完成だ、という感慨が起きる。第二部の各日冒頭には、この完成版の行程表を一日ずつ掲載した。

二九日。二日前。職場に近い古社に、道中の安全を祈願して帰宅。昨夜遅くＤさんに、最後の質問への回答にお礼のメールを送っておいたら、今朝、返信が入っていた。「ご出発が明後日に迫って参りましたね。直前に出て参りましたご不明点等ございましたら、明日は私が不在にしておりますので、本日中にいただけますと幸いです」とのことだ。もう、先の質問で完結しましたよ。本当にお世話になりました――。

そして三〇日。前日。支度のため、年休としてある。借りていた本五冊を返却かたがた、熱田神宮に安全祈願。冷蔵庫にある自分用の食べ物を片づける。僕の常食とする食材が、冷蔵庫の定位置を占めるほか、専用の小型冷蔵庫にビール等とともに常備してある。小さい方は僕の他は誰も開けることはないだろうから、きれいに片づけておかないと。今週は補充していないので、食べきるのも簡単だ。

あとは現地の天候をチェック。スマホの天気情報に滞在地各所を追加する。おもな街はすでに登録してあったので、服の準備にも活用した。一時間ごとの天気も一週間の天候も気温も降水確率も全部、国内と同様に見られるのが心強い。あと、まだいろんなことをしたと思うが、最も旅行準備らしい荷造りについて、触れておこう。

持ち物リストに沿って、部屋一杯に荷物を広げ、そしてスーツケースと、トラベルバッグ、ウエストバッグの三つに収めた。初めはどうなることかと思ったが、スーツケース片面（半分）できちんと収まった。帰りに重宝するだろう梱包用の（いわゆる）ぷちぷちとか大小の空き袋を幾つも入れた。持ち物リストは初めは順不同に何から何まで書き出したが、順を入れ替え、大まかに分類整理した。一三〇ちょっとある。こんなにあると、どこに収めたか分からなくなる可能性は高いのでマーカーで色分けした（このメモを現地で参照する）。

舞の持ち物リストは妻が監修しておりバッチリだ。どちらかが持って行けば良いものも、リストには残してある。代表的なものは変圧器。わが南米の旅に同行した、この生き残りの戦友のことは前に触れたが、こんな古くて重いもの、使えるのかどうかも確かめていないし、置いていく。代わりに、舞がフランスに語学研修に行った時に買ってあった新しい変圧器があったので（こいつも重いが——）、これを僕が持っていくことにした。多分、要らないと思うが。

僕の持っていくもので特徴的なのは、支払いと行程管理に係る一切の書類（予約確認書、チケット、バウチャー類）があるのは勿論だが、結局、旧いスマホで行くことにしたため充電用の電気機器が煩わしいほど多くなったこと、そして何といってもガイドブック類と参考資料のボリュームが多くなったことだ。

参考資料に関してはスライドバー式のクリアファイルが非常に好都合で、いろいろな本から、使えそうな（使いたい）情報を手持ちのプリンタでカラーコピーしたものを集約したり、例の「ヨーロッパ鉄道時刻表」の必要ページをコピーし、Dさんが送ってくれた時刻表やネットから出力した時刻表などとともに行程順に揃えて一冊作るなど、いとも簡単に、随意に特製ガイドブックや時刻表ができてしまった。現地では、使わなくなったページから外していったり後ろへ送ったりすれば良いのだから至って便利だ。予定変更を考えたり、予定外の事態になった場合に速やかに対処できるはずだし、鉄道で移動中やホテルなどで、これから行く場所の情報を調べたり確認したり、舞に解説してやるのにも何かと役に立つだろうと思い、荷物が重くなるというのに、必要以上に(?)僕は楽しみながら冊子を何冊も作って喜んだ。

持ち物リストの中で唯一、僕の南米に随行し、今回再び僕にお供して行くものがある。貴重品隠しだ。カメラ庫の底に残っているのを変圧器とともに発見したので洗濯しておいた。腹に巻いていく奴だ。隠すのだから、昔の下着のような、目立たぬ肌色をしている。今の時代にこれを使う人がいるのかどうか知らないが、危ないところへ行く人にはやはり必需品ではなかろうか。ただ、少なくとも今のものは、もっとセンスの良いものになっているに違いない。だが僕は、これに日本円を隠して、行く。

——ということで、最後に二つの旅をもう一度重ね、ダブらせて、第一部を終わりたい。

インスブルックの街を行く
（オーストリア）

第二部 旅の報告
娘と旅した二週間

本稿をまとめるに当たり、改めて今回の旅を考えてみて、この旅は一つの音楽であったと思われた。

格好つけて言えば、それは日々、時々刻々と様々な展開があり、実に多彩な要素が織り成す一つの交響曲のようだった。きちんと書かれた楽譜に沿って演奏され、いろいろな楽器の音色が響き合い、ときどきいずれかの奏者がソロを演じたり、ダイナミックな合奏もあれば、どこかで聴いた懐かしい旋律が巧みに（？）取り込まれてゆるやかに流れる部分もある、そんな一つの交響曲。基調として繰り返し聴かれるのは列車がレールの上を走る鉄道旅のモチーフだ。僕はクラシックは聴いてもその構成に関しては何の知識もないから、交響曲たるものがどんな形式や進行を取るものだか知らない。だから勝手に、そう思い描いたに過ぎないが。

そして僕の手になるこの交響曲は、一応、半年以上かけて作曲したから一見精緻に構成されているように見えて、その実、アドリブに期待して自由な表現を認めている。と言えば良いが、要は随所に適当なところがあった。いや、そう思ってみると、ツアー会社のコーススケジュールだって、案外そういうものかもしれない。そもそも旅行というもの、大なり小なりアドリブを利かせるところがあって、むしろそこが大事で、かつ面白いのだ。

ということで、今回の初演（しかないが）に当たっては、途中で誰かが意気揚々と突っ走ったは良いが間違えたり、譜面の一ページを飛ばしても何ごともなかったかのように演奏していたり、といったミスだかハプニングだかもあったかもしれない。ひょっとしたらピンチに遭遇したかもしれない。何が起きたかはあとのページに譲るとして、もとよりぶっつけ本番なんだから、何かが起きて当たり前。それでも、演奏が途中で止まるようなアクシデントとかトラブルとか言われるレベルの出来事までは幸いにもなく、どうにかこうにか無事に終演まで漕ぎ着けた。やれやれ、だ。

そこで旅の実行編である以下各章の構成を、ちょっと気取って旅のシンフォニー仕立てとしてやろうと考えた。普通なら本編となるだろう実行編は、本稿にあってはあくまで第一部の続きであり、言わば検証編のような位置づけとなるから、計画段階で作り上げた楽譜を、実行段階では演奏していった、その演奏がどうだったかを追っていく、というスタイルとなる。スタイルとか構成とか言ってるが、要は各章のタイトルをそんなふうに付けてみたに過ぎない。

というわけで第二部は、いわゆる旅行記とはちょっと違う。一つの音楽を文字で描き出すことは僕には到底できないし、楽譜はすでに一応あるのだから、僕の作曲した曲を僕が指揮し、僕の編成した素人楽団が演奏した唯一の演奏会、その演奏ぶりに自ら解説を加えていく、という内容となるだろう。

いや待て。交響曲というより、舞をソリストとする協奏曲、コンチェルトという方が……、いやいや、それを言うならむしろ僕と娘が合奏する協奏曲か？——とか、そんなこと考え出すと始まらなくなる。ここはやはりダイナミックに交響曲、そう、ちょっと古風に、交響楽、としよう。楽しさが、楽しみが、響き合う旅。まさにぴったりではないか。

すでに第一部でしつこく行程づくりの（作曲の）過程を語ってきたから、以下の各章では行動を淡々と？　記述するにとどめたい。第二部のポイントは、旅を実行中の日々の、計画との相違なのだ。

ついでに本文の合間合間、計画遂行に当たり当初イメージと異なる現実なり結果なりを目の当たりにした時に浮かんだ心境を川柳のような短文にしたので添えてみた。現地で遭遇したエピソードごとに、そのインパクトを一七文字で表現したものだ。

それでは、齢六〇のサラリーマン、旅途氏の指揮になる、自作の交響曲の初演にしてただ一度きりの演奏会が、今、幕を開ける——。

第八章

旅の交響楽　第一楽章
憧れのマッターホルン目指して

【旅の計画】　8月31日㈮

<table>
<tr><th colspan="4">行動計画</th></tr>
<tr><td colspan="4">さあ出発　日本からスイス；チューリヒへ
扶桑7：23→（赤池行き普通）→7：28江南乗り換え7：32→（中部国際空港行き特急ミュースカイ）→8：25中部国際空港着。
8：30セントレア　フィンランド航空受付カウンター(搭乗手続)、WiFi受け取り※。
セントレア10：30発⇒（フィンエアーAY80/45A・45C；10h10m）⇒14：40ヘルシンキ空港乗り換え16：30⇒（フィンエアーAY1513/25A・25B ）⇒18：15チューリヒ空港着※。
到着後、空港駅→中央駅へ。夕食後、ホテルへ。</td></tr>
<tr><th colspan="3">食事（朝・昼・夕）</th><th>宿泊</th></tr>
<tr><td>自宅または車内（またはセントレア）</td><td>機内（2回）</td><td>チューリヒ</td><td>ホテルO</td></tr>
<tr><th colspan="4">備　考</th></tr>
<tr><td colspan="4">※WiFi電源入はチューリヒ着後（ヘルシンキで入れないこと)。</td></tr>
</table>

（移動手段：⇒航空機、→鉄道、…登山鉄道・索道等、―徒歩、～船、＝バス）

第一日　八月三一日㈮

朝七時過ぎ。妻の送りで自宅から名鉄電車の駅に向かう。舞と僕、二人の荷物を駅まで運んだら妻は一旦家に帰り、車を置いたら今度は一人歩いて駅へ出て、後の電車でセントレアまで見送りに来てくれる。天気良し。

毎朝、名鉄名古屋駅のホームで、ちょうど乗り継ぎの待ち時間に見ている中部国際空港行き特急ミュースカイ。いつもは見送る、まさにその列車に、今朝は客として、自宅から最寄りの特急停車駅で二人、乗り換える。

幸い、事故や遅延に巻き込まれることもなく、予定どおり終点の中部国際空港駅に到着。まずはほっとするとともに、取りあえず無事出発できそうだ、旅をいよいよスタートするんだという安心感と期待感が胸に湧いてきた。受付カウンターで席取りに手間をかける必要もなく、至極スムーズに手続きも済み、予約してきたワイファイルータも予定どおり受け取り、スーツケースも預けた。幸先の良い旅立ちだ。国際線出発口で妻の見送りを受け、保安検査場へ。いよいよ出発だ。

機内の楽しみは、ビールやワインをゆったり味わいながら今地球のどこを飛んでいるか、空の上を行く自分を感じることだ（と僕は思っている。機内食は無論）。今は目の前の座席背もたれにモニターが付いているので、誰もがイヤホンを付けてすぐに映画なんぞを見始めるが、僕は、今、自分が世界のどこを通過しているかをモニターで確認しながら空の旅を楽しむのが好きだ（などと言いながら、ムーミン大好きの僕は、日本で見られるものとは異なるムーミンのビデオを向こうの席の人が見ていることに気づくと、急いでモニターのメニュー場面から探し出し、思う存分楽しむのだった。たっぷり時間はあるのだ）。

海外旅行では当然いろんな飛行ルートを辿って目的地に向かうから、ジャングルを蛇行して悠々と流れる河や、大海にぽっかり浮かぶ南の島を眼下に眺めながら行く旅も素晴らしいが、今回はシベリア経由でツンドラの針葉樹林帯を越えて北欧に向かうようだ。

シベリアを流れるこの大きな流れはオビ川、エニセイ川、レナ川だったな、東からこの順番で良かったかな？　いや、逆だったかな――。当時は世界最大だったクラスノヤルスクの水力発電所はこの辺りかな――とか、クズネック炭田ってどこなんだろう――とか。高校時分に習った世界地誌の知識が次々と頭によみがえる。

星の王子さまと後に出会う少年は地理と歴史と算数と文法を勉強するよう教えられたが、これはもっともなことだ。彼はパイロットになったからとりわけ地理は役に立ったに違いないが、僕ごとき一般人でも、おお、今その上空を通過してるのか！　とか、ノボシビルスクって通らないのかな――とか、大空の上から次々と興味が広がっていくのは楽しい。

今回は窓側の席を舞に譲っているから、眼下に広がる景色を眺めつつ行く、かつ飲む、というわけにはいかないが、果てしなく雲海が続く中、はるか上空を――銀色の小さな点のような飛行機の中の、さらにちっぽけな自分を想像しながら――行くのだ。どうせこの時間、下界を見下ろしたところで何も見えやしないだろうが、モニターに映し出される地図や地名を見ては浮かぶそうした記憶と感慨は、酒好きの地理好きにはなかなか乙なものだ。――といって、単に酔っ払って気持ちよくなっているだけかな？

現地時間午後二時四〇分、定刻どおり一〇時間一〇分のフライトでヘルシンキのヴァンター空港に到着。ヨーロッパ各国便がずらりと並び壮観かと思いきや、どちらを見ても白い機体のフィンエアー機だ。出発案内を見ると、おびただしい数の便が五分ヘッドでヨーロッパ各都市と結んでいる。同時刻に五便ある時間も目立ち、ヨーロッパ域内交通の盛んさに驚かされた。

空港ビルは至ってシンプルな分かりやすい造りで、予め図を見てだいたい把握していたつもりだったが、すぐに行こうと思っていたムーミンショップに辿り着くまで意外と時間がかかってしまい、たっぷりあると思っていた二時間のトランジットはあっという間に過ぎてしまった。ここでユーロ圏に入るため、早くも入国手続きがある。

フィンランドに来た記念にと、北欧らしさを感じさせるシンプルで品の良いショットグラスなど二、三、買おうと思ったが、帰りにしようと思い直した。

ここで木の板でできたムーミンの絵葉書を購入。この絵葉書に今回の旅立ちに込めた父の想いと決意をしたため、舞に宛ててここで投函して行こうと、フィンランドの切手をキオスクで急ぎ買い込んだ。ぜひフィンランドから旅の便り第一号を記念に出していきたいと思ったのだが、ショップは見たいし、舞がこれを見るのは帰国してからだと思うと、それなりに文面を考えて書きたくもなってきて、結局、ここで書き上げることはできないまま、あたふたと出発した。

乗り換え機は、これが中型機（だと思う）。何だか小さい。地上からタラップを上がって乗り込んだ。座席予約する際、座席配列から機材の種別もそれと知れたはずだが、これほど小ぶりな飛行機に乗り換えるとは正直、思わなかった。ヨーロッパの域内交通はこんなコミューター感覚なのかと知った。さればこそ各方面、各都市、各空港へ分かれて行くはずだ、とハブ空港の役割、位置づけを実感。これは確かにヨーロッパはユーロ圏として括った方が経済効率が良いはずだ。こんなにヨーロッパって小さいんだ。今回は北欧経由なので乗り継ぎも空路になったが、ヨーロッパ中央部に入ればそこから鉄道旅も大ありなんだな——。なるほどそうした旅の本が幾つも出ているわけだ。

六時一五分。スイス、チューリヒ空港着。荷物も無事、到着した。ここで夕食をとることも計画段階で考えたことはあったが、荷物もあることだし、まだそんなに遅いわけでもない。まずは中央駅まで出ようと、空港ビル地下二階に下りて自動券売機で切符を購入し小銭を作る。路線図付き時刻表も入手。さらにエスカレータを下り、空港駅地下ホームから列車に乗り込みチューリヒ中央駅へ向かう。

中央駅へ着くと、おお、ここが終点ではないはずなのに、いきなり幾つもの長い列車が並んでいるではないか。行き止まり式のホームになっているのだ。あちらにはドイツ鉄道がいるし、こっちのホームにはフランスのTGVも入線したぞ。写真を撮ろうと良いアングルを狙っていると、音もなく、すーっと出て行ってしまう。中央駅はもっと賑やかで、夜など物騒なところかと身構えていたのだが、大きな空間の広がる立派な駅構内は静かで落ち着いた雰囲気で、風格さえ漂わせていた。さすがはヨーロッパだ。

夜のチューリヒは雨。部屋に荷物を置いたら夜の旧市街に繰り出して夕食を、という気持ちも当初はあったはずだが、雨のそぼ降る夜の街。それに長旅の疲れもさすがにある。駅地下の通りを歩いてみると店がたくさんあり、テイクアウトメニューも品揃えが良く、なかなか楽しい。これはすぐチェックインして旅装を解いたら部屋で寛いで食べることにしようと二人で決め、スーパーマーケットのミグロスでトマトやハムを挟んだでっかいパンなどを買い込み、飲みものは世界各国のドリンクを並べた店で僕はレーベンブロイ、舞はアイスティーを選んだ。

駅からすぐ近くのホテルにして良かった。傘を差し、スーツケースを転がしながら二人、暗い中、駅裏ムードの通りをホテルに向かうと、すぐにそれはあった。ごくごく、こじんまりとしたホテルで、フロントで名を告げると、簡単なやり取りですぐにキーを渡され、スムーズにチェックイン。マウンテンバイクの旅のグループが到着して狭いロビーを占領し、フロントとやり取りしている。僕らは映画で見たようなクラシカルな、それでいてシースルーの木製エレベータに乗り込む。

エレベータはホテルの中心部を貫通しており、周りを客室が取り巻いている。中央駅と同様の、シックな雰囲気がなかなか良いではないか。舞もエレベータでまず喜び、着いた客室もとても気に入ってくれたようだ。夜も遅いが表通りで人の話し声がするのが聞こえる。これは予約サイトの口コミにあったとおりで笑えたが、車の音や騒音ではなく人の話し声。大都会チューリヒの駅から三分の立地で、これはむしろ、辺りの静けさを感じさせてくれるものだった。旅の第一夜は、静かに更けていった。

【旅の計画】 9月1日㈯

行動計画			
チューリヒからツェルマットへ鉄道の旅 チューリヒ中央駅※→ベルン。市内観光。 ベルン→（OP：途中下車にてトゥーン〜シュピーツ〜時間を見てさらに東へ。）→ツェルマット。着後、ホテルへ。			
食事（朝・昼・夕）			宿泊
ホテル	ベルン	ツェルマット	アパートP
備　考			
ユーレイルパス1日目。 ※チューリヒ駅にてユーレイルパスのヴァリデーション手続き。			

（移動手段：⇒航空機、→鉄道、…登山鉄道・索道等、―徒歩、〜船、＝バス）

第二日　九月一日（土）

朝食前、小雨降るチューリヒの街を二人でちょっとお散歩。

古城そのもののスイス国立博物館の前を通って中央駅の駅舎の脇からリマト川にかかる橋を渡ろうと通りに出ると、目の前を早速、小ぶりのトラムがごーっと行き交う。路面が光ってチューリヒの街は小雨が良く似合う。人は結構歩いているが、スイス一の都会にしては車の騒音も気にならず、何と静かで趣き深い街なのだろうとうれしくなる。本当にスイス最大の都市だったたっけ？　金融センターといった忙し気なイメージがあるのだが……と疑念が湧くほどのこの落ち着いた佇まい、それに美しさはどうだろう。そうか、今日は土曜日なんだ、と気づき、またうれしくなった。小雨降る休日の朝。きっとこの街が一番きれいに見える時だ。

　　ついに来た　爽やか欧州　雨の朝

白鳥の寛ぐリマト川に架かる、恋人たちの南京錠がたくさんかかった小さな橋を渡って駅前通りに出る。レダラッハの大きなチョコレートショップを見つけて舞が一瞬喜ぶも、まだまだ営業時間前だ。ショーウィンドウに額をくっつけるようにして中を覗いている。これからどこかの街できっと買えるよ……。それにしても、一辺が三〇センチ近くもあろうか、随分とでっかい正方形の板チョコが平積みされ、それが各種ズラリと並ぶ様は、日本人の、いや、少なくとも僕のチョコレート店の概念を超えるもので何だか面白い。

中央駅は正面から見ると本当に立派だ。ガイドブックには何か解説が書いてあったと思ったが、正面にあるスイス鉄道の父エッシャーの像だけ見て再び駅舎内に入った。朝のチューリヒの爽やかな空気に触れられただけでも、気分は上々だった。ホテルへ戻り、朝食としよう。

今日からユーレイルパスを使う。中央駅でヴァリデーションという使用開始手続きを済ませ、一〇時〇二分のブリーク行きIC（インターシティ）に乗り込む。

ICは途中、ノンストップで、長いトンネルを一気に走り抜け、一〇時五八分、首都ベルンに到着。駅舎はこれも巨大だが、チューリヒ中央駅とは対照的に、驚くほどモダンだ。まずは予め場所を調べてきたコインロッカー目指して進む。スイスの主要駅はスイス鉄道SBBの公式サイトに構内案内図があったのでカラー出力し、持参してきた。が、いざ現地ではいちいち出して見ておれず、いや、出して見なくても、だいたいの記憶と現場の案内サインを頼って行けば大丈夫だ。

あった。クレジットカードが使える最新型だ。モニター画面付きだ。ん？　ネット情報では確かコイン式の単純なものだった。なので昨夜、小銭も作って用意していた。コイン投入口もあるので使えることは使えるようだ。コイン式であれば使用方法も、またわれわれのスーツケースが収まるサイズがそれぞれ大と中であることも、しっかり事前調査済みだ。ところが目の前にはＸＬサイズのさらにでっかいロッカーがあり、二つとも優に納まる。ありがたい。

だがこの閉め方がわからない。このタイプは最近日本にもある奴だな、とも思ったが、ドイツ語の説明が読めないので気軽に先にコインを入れるのも躊躇された。やはり観光客だろうか、女性が一人、われわれと同じように、使い方が分からなくて困っていたので、われわれがドジなのでは必ずしもなかったと思う。滞在時間はわずかだというのに、予想外にこんなところで時間を食ってしまうとは困りものだ。幸い、他の利用者の様子を見て舞が閉め方を解明。何とか収めると、ようやく晴れ晴れとした気分になった。さあ、これで身軽に、気楽に街歩きを楽しめるぞ。

閉まらない！　コインロッカー　出足止め

街に出ると、ここもいきなりスマートなトラムと、そして駅前の大通りを行く長大な連接トロリーバスに目を奪われる。目にも鮮やかな真っ赤な塗装の車両が次々と古い街並みに吸い込まれていく様が、どういうわけか街によく馴染んで見える。街並みの美しさを損なうどころか、却って良いアクセントになっているようで、旅の気分を盛り上げてくれる。

舞が書店に飛び込む。日本のマンガの棚がズラリ並び、さらにその前に何一〇種類かが平積みになっているのに驚かされる。舞はドイツ語版『ONE PIECE（ワン・ピース）』をお土産にするんだと言って早速一冊買い込んだ。

通りには観光客が行き交い、途中の大通りではマーケットも開かれていて、随分賑やかだ。これってガイドブックに名物とか書いてあったぞ、と立ち寄りたくなるが、今日のスケジュールは夜までにツェルマットに着けばよいとはいうものの、途中下車してスイスの湖を船で行くというプラスアルファをおまけに付けようと考えているため、あまりゆっくりもしていられないのだ。時間があれば帰り道に見れば良かろう、と、あとの予定が混んでいると、フリーな旅とはいえ結構気持ちが囚われてしまう。

取りあえず通りを突っ切ってアーレ川を越え、街の全景がことのほか美しく見えるというバラ公園まで行って戻ってこよう。まずは、これだけは見なくては、という有名な時計塔の下に、正時に、いや一一時五六分までに到着していなければならない。まずはまっしぐらだ。

その時計塔の仕掛けは、その前で今か今かと待ち構える大勢の人々の期待をよそに――と思ったのだが――、何ともシンプルなものだった。日本の様々に工夫を凝らした派手な仕掛け付きのカリヨン時計を見慣れたわれわれには、これぞ本物だというのに、まことに小さな動きで、よく分からないうちに終了したのだった。

ゆるやかな坂を少し下っていくと、右側に舞がガイドブックでチェックしていたというチョコレート店。場所が分かったので帰りにここで生チョコを幾つか買い込んでいこう。そして、そのすぐ向こうのアインシュタインハウスに入る。左利きの神様の一人アインシュタイン博士には敬意とともに、勝手に親しみを感じている左利きの僕がここを素通りすることはあり得ない。

街の住人というおじさん二人と、舞は少しお話ししながら楽しく坂を下る。アーレ川の橋に出た。橋から眺めるベルンの家並みは見事で、中世の姿そのままのようだ。伝統的な家屋が密集してこの世界遺産の街を構成している様が手に取るように見え、しばらくの間、見入ってしまった。対岸はクマ公園で、目的地のバラ公園は左手の長い坂を上り切ったところにある。舞は、こんな坂をまだ行くの？　と、目の前にまっすぐ続く長い坂を見て元気が尽きたようだ。が、ここを行かねば本で見た景色は見られない。あと少し。

そして上り切って到着したバラ園からの眺めは、僕の思っていた風景とは違っていた。が、そこにあるレストランでイチゴたっぷりのケーキ（これがでっかい）と僕はコーヒー、舞はジュースをオーダーし、テラス席でひと休みしながら街の全景を眺めたのは、実に良い時間だった。

思ったより時間が経ってしまい、帰路は急ぎ足となったが、ちゃんとチョコレートは買い込み、予定した時間までに中央駅に戻ることができた。コインロッカーがすぐに開けられないかもしれない、と用心して少し早めに着くようにしたのも良かった。コインロッカーは、レシートに付いているQRコードを読ませることですぐに開いた。

別に列車の一本も遅らせたって良さそうなものだが、そう、船に乗らないならのんびり行けば良いわれわれの旅だが、船に乗るなら二時三四分に是が非でも乗らなくてはならないのだ。トゥーン湖の遊覧船は、この時間にベルンを出ないと三時間後の便しか乗れない、つまり今日は、いや、今回の旅でクルーズ旅を諦めることになるのだ。

こんなにきっちりと詰まったスケジュールだというのに、さらに僕は、予定の便にちゃんと乗れたら、船旅をさらに向こうのインターラーケン西まで続け、しばらく歩き、ケーブルカーで山の上（ハーダー）まで行って、アイガーを望むという展望台へ行き、ケーブルカーで下りたら、インターラーケン東駅から再び列車の人となってツェルマットへ行くことも、時間的には可能と予め調べ上げており、実は両案考えていた。一人ならこのハードなコースを実行していたと思うが、この時もしも実行していたら、ベルンですでに音を上げていた娘が付いてこれなかったに違いない。

ということでベルン滞在は三時間半ほどで切り上げ、次の行程へ歩を進めた。

二時三四分発のインターラーケン行きＩＣに乗り込むと、トゥーンはすぐ次の駅。二〇分後に到着した。

トゥーン湖の遊覧船は駅前の乗り場を三時四〇分発だ。乗り場で一応、ユーレイルパスで（無料で）乗船できることを確認し、出発時刻までトゥーンの街を少し歩いてみることにした。こうした時間がフリーな旅の楽しいところだ。そしてここがまた美しい湖畔の街で、多くの人が行き交い、自転車が表通りをスマートに走り抜けるシーンも似合って活気が感じられるのだが、そのくせ、どこかのんびりしたムードも漂うのが不思議で、気に入ってしまった。観光客がいないからなのだろうか。こちらも何だか寛いだ気分になり、解放感に満たされるのだ。

船旅は、初めのうちは気分爽快、船室からデッキに出ては、おお、お城（シャダウ城という優雅な建物）が間近に見える、遠くに街が見える、アルプスの山が見える、と、波を切って走る船上で風に吹かれながらうきうきと楽しめるが、そのうち飽きてきてしまった。

途中立ち寄る、ヨットハーバーのある船着き場で降りる人、乗り込んでくる人もある。船はこれら対岸のヒュニバッハ、オーバーホーフェン、グンテンと三つのリゾート風の町だか村だかに立ち寄ったあと、海のように広がる湖面を一気に横断してシュピーツに四時二八分到着。気がつくと船内でビールを飲みながら盛り上がっていたグループの姿も見えず、途中で降りてしまったようだ。

小一時間の船旅は、こうして着いてみるとちょうど良い乗船時間であり旅行時間だった。もしもインターラーケンまで行っていたら、ツェルマットに着く頃はもう真っ暗で、げんなりしていたことだろう。ほどほどという以上に、十二分に満喫したのだった。

一時間　湖上優雅に　これ限度？

シュピーツの船着き場に着くと、船はこんなに乗せていたのかと思えるほど大勢の客を下ろすと、ほどなくインターラーケンに向かって出ていった。インターラーケンがちょっと気になっていたのは、僕の欲張りとともに、そこまで行くと新婚旅行のコースだったブリエンツ湖とつながるからでもあった。

シュピーツの船着き場にはやはりヨットハーバーがあり、よほど温暖な気候に恵まれた町なのか、色とりどりの花で一杯。スイスというのに南国風リゾートの香り漂う長閑さが気に入ってしまった。そこで写真など撮っていると、向こうのバス停からバスが出ていくのが見えた。や、しまった。あれは船の到着に合わせたシュピーツ駅への連絡バスに違いない、と瞬時に思ったが、もう歩いて上るしかない。まあ、天気も良いのだ、のんびり行こう。

途中、別荘風の屋敷や、いい感じのリゾートホテルを左右に見ながら、たった二人、誰もいない静かな道をひたすらまっすぐ、スーツケースを押して上ること約二〇分。こんなところで歩く旅を舞は思ってもいなかったと思う（僕の旅には必ずある）が、そうした途中の家々の様子が二人を飽きさせることも、疲れさせることもなく、楽しい時間にしてくれた。

荷物押し　ひたすら上る　リゾート地

そうして上り切ったところに現れたシュピーツの駅は、丘の上にそびえるように長大で、その真正面に立って振り返ると、今来た湖と町が一望に見渡せ、これは壮観だ。湖畔の古城や教会、周辺にはブドウ畑、さらに湖の向こう側まで町や山々のパノラマが広がり、それはそれは美しい。これぞ僕の思い描くスイスの景色そのものだ。

ここからツェルマットへ行く列車まではまだ三〇分ばかり待たなければならないはずだが、駅の出発表示を見ると、間もなくブリーク行きが来る。ブリークといえばツェルマットへの乗り換え駅フィスプの、一つ向こうの駅だ。これに乗れば行けそうだ、と早合点。いや待てよ、と、ここで学習した知識が頭に浮かぶ。

確かこの路線は、少し前まで山越えのルートだったのを、長大なトンネルを掘ってフィスプまで直行するバイパスを通るようになったと本で読んだ。そうか、調べた時刻表になかった列車ということは旧ルート経由に違いない。こんなのに乗った日には、いつ着くかわからんぞ——。開通前の古いガイドブックと新しいガイドブックの両方を見ていた僕は、沿線の紹介文が全く違っていて面白く読んだ記憶がある。スイスではこういうことがまま、あるようだから気をつけようと思っていた。

予定どおり五時三六分発のICに乗り込み、フィスプ着六時〇三分。ここでマッターホルンゴッタルド鉄道（MGB）に乗り換えのため、ホームに来ては去る様々な列車を見送りながらしばらく待ち、六時四一分発のローカル列車でいよいよ——ツェルマットに向かう。

列車は途中、夕暮れの村々を通過したり、渓流沿いを走ってゆくが、巨岩が渓流のすぐ脇まで迫っていたり、三〇年ほど前にあったという大きな山崩れの跡が延々と車窓に続く様は圧巻だ。本で仕入れた知識を得意げに舞に解説しながら飽くことなく車窓を見つめていると、いつの間にか彼女は寝ているのだった。

七時五一分。約一時間の旅で念願のツェルマット駅ホームに到着。夜八時だというのに辺りはまだ明るい。明るいが、夕暮れ前といった風情漂う。駅前へ出ると、周囲の山を覆う雲が建物の少し上ぐらいまで下りてきていて、幻想的というか、黄昏の街の雰囲気を盛り上げている。だが寒さは感じない。目の前には、これまで長年多くの印刷物や画像で見てきた駅前の風景が今現実のものとなって三六〇度広がっている。来た。ついに来た。

アパートは駅前の目抜き通りを、左右の店舗のショーウィンドウを見ながら歩き出すとすぐ右手にあった。建物の脇へ廻ると、どうやらここが入り口だ。おお、われわれの名を書いた紙がドアに貼ってあるではないか。一三三号室。三階、とある。狭い階段をスーツケースを抱えて上がってゆくと、やはりわれわれの部屋は、一室しかない最上階の四階だった。シャレー風に造られた建物の、三角に尖がった部分だ。やったー!

部屋は二つあり、奥が寝室、手前がリビング兼ミニキッチン。ズラリ、きれいな調理器具・食器類、調味料まで揃っている。バス・トイレもホテルのようできれいだ。期待以上の客室に二人うれしさが高まるが、何といっても喜んだのはバルコニーだ。

窓を開けて外に出ると素敵なテーブル・椅子があって、通りに張り出したバルコニーの手すり周りがきれいな花で目一杯、飾られている。今歩いてきた下の賑やかな通りのずっと先まで見通せる。その向こうは雲のたなびく山々だ。なんてきれいな街、なんて美しい夕景だろう。もうたちまち、二人して感激してしまった。こんな景色、こんな部屋、もしも一人で来ていたら、何と勿体ない！　と感じたのではなかろうか。感動というものは、共有することで倍加、いや何倍にもなるものなのだろう。

随分遅くなったが夕食に出よう。何となくガイドブックで目を付けていたスイス料理のお店をまずはお目当てにして通りを歩き出す。駅前でもたくさん見たが、この街名物の電気自動車がゆっくりと二人を追い抜いてゆく。街はまだたくさん人が歩いていて、レストランは開いているようだし、その店も午前〇時までやっていると本に書いてあったから慌てずとも大丈夫だろう。

その店は駅を越えて辺りが暗くなったところにあった。通り沿いと思っていたのが予想と違ったので、一瞬入るのがためらわれたが、思い切ってドアを開けると、これが小さいがロッジ風のウッディな店内で、全く以って僕好みの雰囲気だ。先客もたくさんいる。やれやれ、これでようやく落ち着いて一服できるぞ――。

二人でまずは到着を祝って白ワインで乾杯し、チーズフォンデュをナチュラルとトマトの二種類オーダーした。他にも何か注文したいと思ったが、夜も遅いし、二人だけだが量は多いらしいし、パンが付いているんだから取りあえずそれだけにしたら、ゆっくり食べているうちにそれでお腹一杯になってしまった。

僕はワインをお替りしながら、とろりとしたチーズフォンデュをたっぷりと具材に絡ませ、本場の料理を堪能したが、舞にはお酒の味が少々きつかったようで、かと言って他のメニューも小食の舞には食べられないらしく、もう充分だと言う。憧れのツェルマット到着第一夜は、こうして心地よい酔いに浸りながら幸せな気分とともに更けていった。

【旅の計画】　9月2日㈰

行動計画			
ツェルマット滞在：マッターホルン・ハイキングⅠ 駅…（ケーブルカー）…スネガ展望台（2300m）…（ロープウェイ）…ロートホルン展望台（3103m，※）…（ロープウェイ）…スネガ展望台―（ハイキング）―ツェルマット。 午後、フリー。			
食事（朝・昼・夕）			宿泊
ツェルマット	ツェルマット	ツェルマット	アパートP
備　考			
※防寒具必携。			

（移動手段：⇒航空機、→鉄道、…登山鉄道・索道等、―徒歩、～船、＝バス）

第三日　九月二日（日）

歓迎の朝。

さあ、いよいよ今日から活動開始だ。七時起床。と舞と決めたが早く目が覚めた。まだ暗いが枕もとに置いたスマホの充電は完了しているようだ。舞を起こさないよう静かにベッドから起き上がり、そのすぐ脇をすり抜けて隣の部屋へ。キッチン脇の窓のカーテンを開けて驚愕！　な、何と目の前に真っ白に、いや白銀に――とここは表現すべきか！――雪を頂いて輝くマッターホルンの峰がドーンと、しかし静寂の中にひとり、孤高の姿でそびえ立っているではないか。

目の前に、とは言い過ぎだろうか――。まだ暗い、夜明け前の家々の屋根の向こう。山の稜線が視界を横切ってシルエットとなって連なり、その上にぽっかりと、ひょこんと……いやいや、そのような軽い表現では伝えきれない堂々とした重厚さでもって、マッターホルンが頭だけ出して、朝日に照らされ、輝いているのだ。しかも大きい。こんなに近いのか。

マッターホルンの麓の街とは当然知っているが、写真で見るツェルマットからのマッターホルンはこんなにデカくはなかったと思うが……。峰のまさに先端部分が、稜線の上に頭を出して、しかもそこだけが朝日を浴びて輝いているのだ。まるで、ついに君を訪ねて遠く日本からはるばるここまでやって来たわれわれを、あたかも歓迎して挨拶してくれているようではないか。周囲には雲がたなびき、何とも神々しいまでの美しさだ。僕は一瞬の感動に興奮を抑え切れぬまま、すぐ舞を起こしに行った。

スネガへ――旅の目的の日――。

昨日、駅から歩いた時、目にとまった焼き菓子のお店でパンを買って朝食とし、スネガ展望台へ向かうケーブルカーの駅をまずは目指す。マッターフィスパ川が大きく回り込んで、その上流方向の中央にマッターホルンが見える橋のところまで来ると、その美観を前に誰しも立ち止まらずにはいられないだろう。記念写真を撮って後ろを振り返ると、ゴルナーグラート鉄道の赤い列車が高架軌道の上をその起点駅にちょうど帰ってきた。その下をくぐると、ケーブルカーの駅はすぐそこだ。

九時前。チケット売り場で山の上の天気を聞くと、スネガまでは行けるがそこから先、ロートホルン展望台までのロープウェイは今、止まっていると言う。ロートホルンの標高三〇〇〇メートルまで一気に上がる計画だったが、山上は強風のようだ。止むなくスネガまでのチケットを買い、地下ケーブルカーの乗り場へ向かう。駅も通路もスマートな印象で、トンネルからモグラのように頭を突き出して現れた車両も、前面を曲面ガラスで覆った未来的なスタイルだ。

スネガ展望台に着く。ここから上は小さなロープウェイになるので山の風に強く影響を受けるのだろう。だがスネガの天気は最高で、駅を出るとすぐマッターホルンの全景が目に飛び込んできて、思わず歓声を上げる。青空の下、裾野までダイナミックに広がる壮大なパノラマだ。展望台のデッキの先端に立って、今実現している幸福を味わいながら娘と二人、記念写真を撮り合う。隣で撮っていた観光客にお願いして舞とのツーショットも、このベストポイントで撮ることができた。

先ほどまで止まっていた、ここから上へ行くロープウェイが動いている。もう一つ上のブラウヘルトまでは行けるようになったのだ。すぐに乗り込む。いつ止まるかわからない。止まったらアウトだ。

乗り込んでしばらくすると辺りは森林限界を超え、ブラウヘルトに到着すると、周りの景色はすっかり高山の風景に変わっている。マッターホルンは一段とワイドに展開するが、ここからの眺めはグンと男性的というか野性的というか、雲海の上にそびえる孤高の峰は先ほど見たのとは異なり厳しく険しい山の姿だ。周りもごつごつした岩場ばかりで、相当高いところまで来たことが実感される。それなのに向こうの道を行くハイカーの姿が見え、マウンテンバイクで行く人もあるのに驚く。

僕らはスネガへ戻り、いよいよここからハイキング……の予定だが、下りて来てみると、さっきとは打って変わって辺りが真っ白に曇っているではないか。人の姿もグンと減っている。雲がここまで下りてきており、寒い。この中を歩き出せばきっと先が全然見えなくなって立ち往生するだろう。いや、雲がさらに下りていって、途中、霧に巻かれて戻ることもできなくなるかもしれない。

だが今日はその日なのだ。しばらく様子を見よう。霧が晴れるのを待って出発だ——。こんなにも変わりやすい山の天気だ。しばらく経てば霧も晴れ、再びさっきのような晴天が戻るかもしれないではないか。

ところが、ところが……。その時、舞が山を下りると言い出した。私は二時間も歩けない……。え?! と自分の耳を疑う僕。えっ?? …………

ここへ来て　諦めるのか　山の道

頭と気持ちを何とか切り替え、下山。朝、ケーブルカーの駅へ行く途中に通りがかったベーカリーショップに正午前には入っていた。ここでコーヒーを飲んで一服ついでに、昼食とすることにした。僕はビールのつまみのような、サラミソーセージが一本入ったドイツ風のパンを頼んだら、これが硬くてなかなか食べられない。舞はキッシュをおいしそうに食べている。

ここで今日の予定変更の打ち合わせだ。午後は、本来であれば明日予定していたゴルナーグラートへ行くことにした。

ゴルナーグラートこそ名高い展望台のある景勝地で、ブラウヘルトより高い標高三〇〇〇メートル級。しかもそこでのハイキングも考えていたというのに、今日のこの天候の中を行くのだ。僕はスネガからのハイキングだけはどうしてもしたかったので、それを明日の一日に賭け、延期することを決めたのだ。

とはいえ、舞はそもそも二時間歩くということ自体、拒絶した。今日の午後のゴルナーグラートなら、より短い一時間コースもある。ゴルナーグラート鉄道の駅はすぐそこだから、これから出発して、午後からでも容易に山を歩いて下ることができるはずだ。

昼を回った。ゴルナーグラート鉄道の切符を買い込み、駅のキオスクで僕は水（いつものエビアン。ボトルが日本で販売されているのと違って赤いキャップの飲み口が付いており、フタを落とす心配がないのが大変良い）、舞はアイスティーとお菓子を買って乗り込む。

ゴルナーグラート鉄道は、出発前に見たどの本にもその魅力と楽しみ方がいろいろと書かれていたが、この時の僕はちょっと気持ちが微妙だったせいか、普通以上に盛り上がることができなかった。

終点のゴルナーグラート駅に着くと、いつも写真で見てきた天文台付きのホテルのずっと向こうに雄大なマッターホルンがそびえ立ち、その左右にはアルプスの山々が延々と連なって壮大なパノラマが展開している。だがしかし、その絶景は真っ白な雲に遮られ、マッターホルンもそのピークを時折りちらと見せることはあるがほぼほぼ隠しているのだった。

今朝、スネガとブラウヘルトで青空に向かってそそり立つ完全な姿を堪能した後だから、この壮大なるも点睛を欠く姿を優雅な気持ちでゆったりと見ていられたが、もしもあの感動がなかったなら、こんなに余裕の気分では見られなかっただろう。

ホテルのテラスレストランに一旦は腰を下ろす。ここで何かオーダーしてちょっと寛ぐかな、とも思ったが、もう午後一時だ。歩くなら早めに出発した方が良い。線路を渡ってさらに一段高いところにある展望台に上がり、左を見れば、巨大な氷河が向こうの山の間を蛇行しつつ下りてきて目の前に迫り、そこで大きくうねってダイナミックに流れてゆく様が目に飛び込む。今上ってきた右の方に目をやると、赤い列車が遥か下方から雪交じりの荒れた大地の間を這い上がってくるのが見える。

そうしてちょうど駅に入ってきた列車に僕らは乗り込むことにした。一つ下のローテンボーデン駅まで行って、逆さマッターホルンが映るというので有名な湖、リッフェルゼーに行くことにしたのだ。ゴルナーグラートから歩き出しても良かったが、三〇〇〇メートルを超える高山から湖まで一キロの下り坂は、下りてゆく人々の様子を上りの車窓から見た時、本の写真で見た優雅なハイキングコースとは趣を異にして、岩山と急な坂道を乗り越えてゆくルートのようだった。ついさっき、二時間も歩けない、と言ったわが娘をとても付き合わせることはできないと思った。

三日間のツェルマット滞在中に幾つかの展望台を押さえ、ハイキングコースを二つは歩くぞ、と意気込んで（勇んで）来た僕の計画は、ここへきて随分しぼんでしまったようだった。あれだけ調べて来たというのに、下りる時に購入する切符の行き先をうっかり間違え、もう一つ下のリッフェルベルク駅まで買ってしまったことに、意識こそしなかったが僕のその時のわずかな心の動揺が表れたような気がする。

それでもこうして現地に立ち、目の前の状況に合わせてすぐに目一杯、行動している。来る前に、かなり欲張りな想定プランを作り込んできたからこそ、有事（？）の今でもこうして自在に行程を組み替え、無駄なく行動できているわけで、このことが心にゆとりを与えてくれ、安堵感とともに充足感を感じてもいるのだった。ただ、こたえたのは舞のあの一言で、これだけは想定外だった。

ゴルナーグラートを下りようとする時はちょっとぼんやりしていたかもしれないが、それでもすぐ次のローテンボーデン駅に着いた瞬間、ここだ、ここで下りるんだった、と気づいて急いで列車を下りたから良かった。ここから五分も歩くと、そのリッフェルゼーだ。

頂上の展望台から見た時は、雲の合間はきれいな青空だったのだが、ここへ来てみると空はいよいよ曇り空。マッターホルンの雄姿は湖面に映りこそすれ、その大部分は白い雲に覆われてしまっており、時折り見せてくれるその尖がったピークも黒っぽく映って、何だか寂し気に見える。

舞と二人、湖面とマッターホルンが少しでも良く見えるアングルを探して岩場から岩場へと移り、それぞれここと決めた場所に身体をもたせ掛けながら、今が一番の瞬間か？　いや、今かも……と何度も何度もカメラの、僕はスマホのシャッターを切る。舞はさっき買ってきたお菓子を頬張りながら、この時間をたっぷり楽しんでいる様子なのが何よりだった。

リッフェルゼーはすぐそこにあるのだが、湖畔にたたずむ人たちの姿は思いのほか小さい。そうか、そんなにあの湖は遠いんだ。森林限界を超えた山の上、木の一本もない風景の中では、ぽっかりと水たまりのような湖と、大きな岩山、そして正面に三角にそびえる峰と、湖の脇に続いていく細い小道だけの実にシンプルな景観構成が、現実の距離感を狂わせてしまうかと思われた。

ほとりまで下りて行ってみれば良いものを、あるいはその向こうに歩いてゆくさらに小さな人影を追って山の小道を下ってゆけば良いものを、僕らはこの曇り空の下、歩く気など、もうどこかへ飛んで行ってしまった。これだけ見られたんだから、もうこれで充分ではないか――。山を下りたら、ゆっくり街を見物しよう……。リッフェルベルク駅までハイキングコースを歩いて下る計画はあっさりとやめ、ローテンボーデン駅まで戻ると、再び山を下る列車に乗り込んだ。

途中、線路伝いを羊の群れがわれわれの列車を追ってくるようにぞろぞろと行進してくる場面に遭遇した。それが妙にずんぐりとした、ぬいぐるみのように丸っこい羊なのだ。しかも、もこもことした毛は白いのに、顔と手足は真っ黒だ。乗客は皆、窓から乗り出すようにしてはしゃいだ。

ツェルマットに着くと、一旦、宿に戻って洗濯を済ませてから、表通りへ出てお土産探しと街の見物に出かけた。とうとう雨が降ってきた。そのせいだろう、僕らと同じように、山に行けない大勢の観光客で通りは結構な人出だ。雨の街は背後の山々を白一色に隠してしまうが、通りをぱかぱかと音を響かせて行く馬車も不思議ときれいに見えて、街にはしっとりとした趣きが漂う。

通りを奥の方まで見物しながら歩き、川の方へも回って、教会や墓地や、古い木造家屋と穀物倉庫が路地に面して密集する地区などを見て回った。土産物屋も幾つも覗いたが、今日はツェルマットの記念になるものを少し買った程度。今は買う人も少なくなったが、僕は土産物屋の軒先できれいな絵葉書を探すのが好きで、旅先で書いては家族と自分に出すことにしている。

ヘルシンキで買った北欧らしい木の板の葉書は、ここへ来るまでの列車の中でもとうとう書き終えられずに来てしまったが、昨夜何とか書き終えた。宿のリビング兼キッチンは明るくて、ちょうど良いテーブル・椅子もあるのだ。こんな雨の日は宿へ帰って一杯飲みながら、二人で今日買ったマッターホルンのきれいな絵葉書をしたためるのにちょうど良い夜になりそうだ。

晩は何を食べようか。舞はふだんからとても小食なのに対し、僕ときたらガリガリに痩せているのに大食いで何でも食べたがる貪欲さだ。特に旅行中とあらば、その土地の名物はできるだけ食べてみたい口だ。しかし今日は雨。キッチン付きの宿に泊まるのも今だけだし、今夜は夕食をテイクアウトして部屋でゆっくり食べよう、ということになった。

　駅前のショッピングビルの奥にある大きなスーパーマーケットCOOP（生協というわけではないらしい）でビールや飲みもの、チーズ類、それに舞の大好物の瓶詰ピクルスやフランボワーズなどなどを楽しく買い込み、近くのピザレストランへ行ってピザを二枚オーダーし、持ち帰った。（因みにこのフランボワーズ、大きなパックに大量に入っており、これを舞は滞在中、冷蔵庫から取り出しては朝に晩においしそうに食べていた。娘の主食はどうやらこの種のフルーツらしい。）

【旅の計画】　9月3日(月)

行動計画			
ツェルマット滞在：マッターホルン・ハイキングⅡ 駅…（ゴルナーグラート鉄道）…ゴルナーグラート展望台（3089m,※１）…（ゴルナーグラート鉄道）…ローテンボーデン駅―（ハイキング）―リッフェルベルク駅…（ゴルナーグラート鉄道）…ツェルマット。（※2） 午後、フリー。			
食事（朝・昼・夕）			宿泊
ツェルマット	ツェルマット	ツェルマット	アパートP
備　考			
※1 防寒具必携。 ※2 19時までに駅にスーツケースを預け、5日夕刻にザルガンス駅での受け取り手配。同時に、氷河急行の1等パスと2等パスの差額精算（@11,000前後）。以後、5日夕刻までスーツケースなしでの移動。			

（移動手段：⇒航空機、→鉄道、…登山鉄道・索道等、―徒歩、～船、＝バス）

第四日　九月三日（月）

七時起床。外は、雨は降っていないようだが、残念ながら昨日の昼間よりもなお雲の多い、完全な曇り空だ。これはいよいよ諦めねばならないかもしれないな……。よほど天気が良くなければ、二時間も歩いてはくれないだろうから……。

朝食は、昨晩のピザが予想外に大きく、とても二人では食べ切れなかったのでその残りと、買っておいたヨーグルトなどで済ませ、九時に宿を出て、今日も再チャレンジしてみようよと舞を説得？　いや頼み込み？　まずは再びスネガ行き地下ケーブルカー乗り場へ。

正面の大看板の中に設置されたモニター画面に映し出される山の上は、真っ白な霧に包まれているようで、状況は厳しい。舞が窓口に英語で聞きに行ってくれる。今しばらくは上がれないが、午後には晴れてくるかもしれない、という返事だったと言うので、一縷の望みを胸に、乗り場前のベンチに腰を下ろして今日一日の行動を相談。

とはいえ、どの展望台に行ったって、似たような状況だろう。これはいよいよ断念することになるのかもしれないな……と苦渋の思いにかられながら、もう今日の午後に賭けるしかないのだ、今の時間も勿体ないぞ、と駅前通りに取って返し、土産物屋を覗いて歩くことにする。

ツェルマットのきれいな青空の中心にマッターホルンが堂々と――、まさに絵になっている絵葉書や、やはりマッターホルンの雄姿が描かれたお土産を選んでしまう。天気の悪い日に来てしまったかわいそうな観光客ほど、これらを思わず手に取るだろう。

上の娘のために買って帰ろうと考えている鳩時計を昨日探したが、思うようなものは見つけられないでいた。同じ店をまた覗いてはみるが、やはり買う気にはなれず店を出た。時計の木箱の下にぶら下がった鉄の錘《おもり》が二つのものは多くあるが、オルゴールも錘で鳴らす、錘の三つ下がった昔ながらの機械式が欲しいのだ。

そうこうしているうちに、雲の合間に青空が出てきていることに気づく。すると舞が「これから（ハイキングに）行けば……」と言った。え⁈　いいの？　ほんとに⁇　大丈夫⁇……………。

再び地下ケーブルカー乗り場。山上も晴れてきたようで、取りあえず上には上がれそうだ。

一一時一九分、スネガ・エクスプレスの片道チケットを購入。三度目に立つスネガ展望台は、雲こそ多いが昨日の二度目よりうんと好天で、寒くない。これなら行けるぞ……。

そして一一時五〇分、ハイキング出発！

細い道がうねうねとあっちにもこっちにも延びている。誰も歩いていない。分岐には道案内の標識が立っていて、やたらとたくさんの行き先が一つの標識にびっしりと書かれ、それぞれの方向が示されてある。その中のフィンデルンという文字だけはすぐ目にとまる。もう、ひたすらそこを目指して歩みを進めよう。距離が長いルートはダメだ。昨日、歩いていく人が見えた方向は、おそらく本に載っていた湖（ライゼー）の方向に間違いないが、かなりの大回りになる。この際、ここはショートカットだ。

まもなく視界が大きく開け、アルプスの谷をひたすら下っていく小道が先々まで見えるところに出た。天気は良好。空は青空だが雲が多く、そのせいか暑くも寒くもない。絶好のハイキング日和ではないか。そして谷の向こうには雲のかかる雄大なマッターホルン。まさに子どもの頃から憧れた景色が、今、目の前に広がっている。われわれ二人の前にもあとにも、誰一人いない。のんびりと、そして楽々と坂道を下ってゆく。楽々、そう、気分は楽しくたのしく。

周りに誰もいないと道を間違えそうで心もとないが、分岐ごとの標識を確かめながら行くのはなかなか楽しい。ガイドブックのコースマップをカラーコピーして持参して来たというのに、現場ではこれを出して見ることもせず、ただただ自由に、気楽な気分で歩いた。高校の頃、清里の高原でやったオリエンテーリングを思い出す。野外レクが盛んだった時代。コンパスを購入し、名古屋近郊で練習もして行った。以後、山へ行く時はあのコンパスを持って出たものだ。歩いていると、いろんなことが楽しく頭に浮かんでくる。

目指すフィンデルン村はほどなく見えてきた。谷の中にぽつぽつと見える家々の様子が、昔の写真やパンフレットで見てきたのと同じだからすぐ分かる。僕が子どもの頃見ていた写真の村は、もうかれこれ五〇年（！）も昔の姿だから、さすがに木造の家や小屋は建て替わっているのではないかと思うが、それでも記憶の中の風景と変わらない景色がここに広がっている。感無量、というべきか。

変わらない景色、というには言ったが、確か僕の記憶では昔の写真は穀物庫だか家屋だかの屋根は素朴な板葺きに大きな石を並べて押さえとしていたと思う。が、今見るのは薄く平たい石？　を瓦のように敷き詰めた石葺き屋根のようだ。これって、もしかして天然スレート？

午後一時。フィンデルン村の中心部にロッジ風のとても雰囲気の良いレストランがあった。おお、ちょうど良い——。ここでひと休みしていこう。マッターホルンを望むベストポイントに、かなりのスペースのウッドデッキを設置しテラス席を設けたこの店では、ランチタイムを迎えてすでに何組もの人たちがゆったりと寛いでビールなど飲みながら食事している。何とも長閑で幸せな時間が流れているではないか。

この村を、この道を、ただ歩いて通り過ぎるだけではあまりに勿体ないと感じていた僕たち（だけではないに違いない！）にとって、この店は本当にありがたい時間と場所を提供してくれた。良くぞこの最高の場所にこんな空間を作ってくれた、と感謝の気持ちに浸りながら、僕らは二人並んで山を眺められる居心地の良さそうな席に腰を下ろすと、まずはコーヒーを頼んだ。

前書きにある、この場面。店の前のデッキチェアには、この店に入る直前に身体を沈めたのだった。帰りの飛行機の中でしたためた一文は、早くも思い違いをしているようだ……（それでも、空の上でそう思って書いたのは事実なので、そのまま載せた）。だが、その時こそ、とうとう、本当に、ここへ来たぞと全身で感動を味わった瞬間だったことは間違いない。

ついに来た　マッターホルンを　寝て見上げ

山頂にかかる大きな雲が逸れるのを期待しながら山を望みつつ二人して歩いてきた。ピークだけが垣間見える瞬間もあった。ここで一服しながら、雲が離れるのをしばらく待ってみることにしよう、と店に入ったのだ。

幸せなコーヒータイムが過ぎると、ここで昼食とするのがベストだと気づいた。山を愛でながら、あの雲が晴れる時を待って、もっとこの時間をここで味わいたいではないか。

改めてメニューを見せてもらい、舞はパニーニ、僕はスパゲッティをオーダーした。スパゲッティ・セルヴィーノというそのメニュー名は、きっと料理内容や材料を指すのではなく、目の前のこの山のイタリア名、モンテ・チェルヴィーノ（鹿角山、と訳せば良いか）から、このお店が付けたのだろうか。ミートソースに刻んだサラミやチーズなどをトッピングしたスパゲッティに僕は充分満足した。そうそう、僕は言うまでもなく食事の前に生ビールをオーダーし、心ゆくまでこの時間を、楽しんだ。

ピークにかかる雲が逸れ、その急峻な頂きを現したのは、山を眺めながら食事をするという贅沢な時間を二人で共有し、これを堪能した、ちょうどその頃だった。午後二時。見せてくれた……。

空は今日、青空だった。だがその山には、大きな真っ白な雲がずっとかかっていた。昨日、そのピークをすでに見ていたからまだ安心して歩いて来られたけれど、その雲が今、とうとう、少し脇へと逸れてくれたのだ――。雲は二〇分ほどかけてゆっくりと峰の背後に回り、そして再び雲がかかった二時半過ぎ、この時間を十二分に味わい尽くして僕らは店を出た。

再び歩き出した時は、気持ちも軽く、足許も軽やかに、左に深い谷を見下ろしながらどんどん細い山道を下って行くことができた。大きな雲はまた逸れたり少しかかったりを繰り返し、峰は見え隠れしている。

やがて針葉樹林が見え出し、その中に入り込むと、マッターホルンを樹々の間に望みながら歩く道が続く。下の深い谷に、滝が流れ落ちていくのが見えた。近づくと、すぐ脇に橋がある。そうだ、これも子どもの頃から写真で見ていた景色だ。ゴルナーグラート鉄道の赤い列車が橋を渡る、すぐその手前を、細く長ーいフィンデルバッハの滝が谷底へ向かって吸い込まれていく、あの場面だ。

上から見下ろすと、滝は上の方が何段かになっていた。その時マッターホルンにかかる雲が再び逸れて、ちょうど山頂を仰ぐことができた。下の方から踏切警報が聞こえ、ほどなく列車が来るのが見えた。橋の方へ向かって上って行った。

木々の間をジグザグに歩いて急斜面を下ると、線路の踏切に出た。また警報が鳴りだした。来るぞ。来た。今度は下り方向だ。さっきの滝のところでほんの少しの間、斜面に腰を下ろして待っていれば良かったかな……。橋を渡るところが上から見られたはずだ、どんどん歩いて来てしまったが。それでもちょうど列車の来るのに出会えたのはうれしい。

列車の歯車と噛み合うアプト式のラックレールは、新婚旅行のスイスで初めて見て、その後は取材で大井川鐵道を訪ねた時に見たことがあったが、今回の旅でもすでに何度か見ていた。が、列車を見送った後、再びしーんとなった中を、踏切を渡りながら、単線のレール二本と、そのちょうど中間に二本セットで敷設されたラックレールとがゆるやかな曲線を描いて林間の奥へと吸い込まれてゆくように続いているのを見ると、ある種のロマンを感じた。

ラックレールは近くで見ると結構ゴツい。凸凹の突起が随分大きく、二本セットのレールの凸凹が互い違いになっていた。

普通の人は二本のレールに両輪を乗せ、スピードを上げて人生を走っていくけれど、何だか僕の人生はアプト式のようにもう一組、レールがあって、ゆっくりと、しかし確実に状況と噛み合いながら懸命に前進していくのかな……。けどそれはスイスの山のように険しく急な勾配を登ったり下ったりできて、周りの美しい山や谷や滝と挨拶しながら行く味わい深い旅なんだ（しかもそのためのレールは内側に隠れているから、走っている時は外からは見えないが、結構しっかりしてるんだぞ）――。世の中には新幹線のようにスマートに、何でもサッとこなしてゆく人生もあるけれど……。レールがほんの一瞬、いろんなことを思わせてくれる。

ほどなく家々のある地区に入ってくる。ヴィンケルマッテン地区だ。こんなところに住みたいものだと心から思わせるような、花で一杯の、まことに美しい庭のあるウッディな住宅が続く。それぞれのお宅で工夫をされているようで、右に左に次々と現れる素敵なガーデニングが、山を下ってきたハイカーの目を楽しませ、心和ませてくれる。ああ、ここにあるのは何と豊かな暮らしだろう。そして春夏秋冬、日々マッターホルンが庭の借景だなんて、何という贅沢、何という幸せだろう。

しばらく行くと、大きな家を建築中の現場にさしかかった。ごつごつした巨大な岩盤の上に巧みに足場を組み、水平になるよう工夫して基礎を築いている。こんな巨石のくぼみにコンクリートを流し込んで固めれば、それは頑丈な基礎ができるだろう。コンクリート基礎の上はレンガ積み、上階は木造だ。奥のほうで大工が一人、コツコツと作業中。何だか日本の今の効率的な家の建て方とは随分と違うようだ。僕が興味津々、ゆっくり家々を見ていくので、舞はどんどん先に行ってしまうが、突き当りや分岐に来ると「どっち？」と僕を待っているのだった。

公園のある所に出ると、日本では見かけないような、曲線で構成されたカラフルな塗装の遊具で子どもたちが遊んでおり、親たちが周りで見守っている。その背景、ずっと向こうに、再びゴルナーグラート鉄道の赤い列車が非常に高いところを――先程のあの橋の上を――スピードを落としてゆっくりと渡っていくのが見えた。

あんなに高い橋、深い谷だったのか――。上から見た時はこれほどとは思わなかった。橋のすぐ向こう側は滝。まさにその水しぶきもかからぬかと遠目には見ゆるほど近くに架かる橋の上、今まさに列車が過ぎ行かんとす。遠望すると、こんなに落差も水量もある大きな滝だったんだと改めて分かり、今さらながら驚く。

そこからツェルマットの街へ戻ってくるまで、さして時間はかからなかった。マッターフィスパ川の橋に出たのが四時三〇分。スネガを発ってから、二時間どころか、四時間半を超える時間が経っていた。ここまで到着すると、もう何だか町の様子や、お店のテラスで人々が談笑したりする光景に懐かしさを覚えるのだった。

そこは日本人観光客が必ず立ち寄るというので有名な橋だったが、日本人は誰もいない。そういえば、山道を歩いている間も、麓に下りてきてからも、日本人には一人として出会わなかった。麓に近くなるほど、また途中のお店にも人はいたが、全て外国の人たちだった。何だか今過ぎてきた時間が、現実を離れた、不思議な空間を通り抜けてきた時間だったような気がしてくるのだった。

このハイキングの午後を、結局、舞も大いに楽しんでくれたようで、「こんなんなら全然平気。

楽しかったー」と総括。それぞれに美しいことこの上ない幾つもの風景を組み合わせて次々と二人に見せてくれ、全く飽きさせることのないコースだった。僕にとっては念願の道。結果的に最良の天候となった中で、全行程を楽しみながら二人で完歩でき、まことに他に代えがたい、素晴らしい一日となった。

通りの様子を眺めながら、土産物屋にも立ち寄ったりしながら部屋に戻り、明日から一泊二日分の着替えと必要なものを残して、スーツケースに荷物を収める。スイス鉄道の駅から駅への荷物配送システム（ラゲージサービス）を利用すべく、スーツケース二個をこれからMGBのツェルマット駅へ預けに行くのだ。夜七時までに駅に預けないと、翌々日、ザルガンス駅で予定どおり受け取ることができない。

七時一五分前、スーツケースをMGBの駅に持ち込み、引換券を預かって無事、預けることができた。ここツェルマットでは宿を拠点にして荷物を気にせず済んだが、明日から移動ばかりの二日間。しかも途中下車してまたまたハイキングの予定だ。重くて大きな荷物を持って運ぶことも、いちいち預けることもなく身軽に旅を続けられるのは身体も心もラクで自由で、大いに楽しみになってきた。

駅では荷物を預けると同時に、別のカウンターで明日の朝乗車する氷河急行を二等から一等にする差額の精算も済ませた。差額は二人で二四CHF（約二八〇〇円）。日本で聞いてきた額が、差額にしてはなんて高いんだと思っていただけに、それよりうんと安かったのでほっとした。

さて、あとは食事をして、まだ開いているお店でお土産を買ったら部屋へ戻ろう。妻への土産は、ごくごくささやかな希望を舞が聞いており、ここツェルマットですでに品定めしてある。駅からの戻り道、スイスショップと看板のあるお店で、また滞在中何度もお世話になった駅前のCOOPで、定番チョコレートの「トブレローネ」をはじめいろいろなスイス土産をひとまとめに買い込み、夕食はすぐそこにあるマックで、と相成った。

通りのマクドナルドは柱設置型の券売機が何台かあって、これがとにかく大きくて明るい。全面がカラーコルトンなのだ。そして全面がタッチパネルになる。写真を見ながら順にオーダーして行き、確認画面を経て精算まで完了する。なので若干時間がかかるせいか、どの券売機の前も若い先客がいるので僕らにはお手本になって都合が良い。

日本でも僕はめったに食べないマック。何だか別の物が食べたい気もしたが、まあこれからいろんなものが食べられるだろうし、今晩のところはこの経験も面白いかな、マックでいいと娘が言ってくれるのならフトコロも助かることだし……と店に入るまでは思ったが、まさかマックがこんなに高いとは思わなかった。僕は大きなバーガーのセットとナゲットをオーダーしたのだが、小食の舞と二人で食べて何千円としたのだ。モノは日本のとそうは違わないように思えるが……。だが念願のハイキングを無事果たすことができた今、娘が喜んでくれれば何も言うことはない。ツェルマット最後の夜は、こんな感じで何だかスイスっぽくなく過ぎていくのだった。

旅の交響楽　第二楽章
ハイジを訪ねて～スイス周遊の旅

【旅の計画】　9月4日㈫

行動計画			
ツェルマットからサン・モリッツへ：氷河急行の旅 ツェルマット7：52→（氷河急行Train900/Class1, Coach12（1等12号車）, Seat31・32）→13：26クール。市内観光。 クール15：58→17：58サン・モリッツ。 着後、ホテルへ。			
食事（朝・昼・夕）			宿泊
ツェルマット	列車内	サン・モリッツ	ホテルQ
備　考			
ユーレイルパス2日目。			

（移動手段：⇒航空機、→鉄道、…登山鉄道・索道等、—徒歩、～船、＝バス）

第五日　九月四日（火）

さあ今日はツェルマットを出発。氷河急行の旅だ。六時起床。七時にこの三日間お世話になった宿をあとにする。

出発の朝は何と、雲一つない青空。街にはまだ陽が差していないが、その向こうに陽の光を全身に浴びて鮮やかに白く輝く巨大なマッターホルンが。夜明け前といった風情の街並みの間から真っ白な顔をにょきっと出して、まさに白い巨人が街を見下ろしているかのようだ。澄み渡った青空と純白のコントラストが旅立つ二人の心に沁みる。舞は初日にその姿に感激した橋のたもとに行ってくる、写真が撮りたい、と言って駆けて行った。

七時五二分発、氷河急行の赤い車両は駅のホームに停車しており、まだドアは閉まったままだ。別の一編成も隣のホームに停車中だ。舞が戻るまで、僕はホームの先まで行ったり来たり、この念願の列車と駅を見ながら待つ。車両は六両編成で、電気機関車を先頭に、一等二等がそれぞれ二両ずつ、真ん中は厨房車のようだ。指定された車両は一二号車とあったが、予想外の小編成の上、ホームに人の姿がないのが何だか盛り上がらない。

今朝の朝食は駅で焼き立てを売っているプレッツェルと決めていた。舞はプレッツェルが大好物のはずだったがその店のクロワッサンを、僕はバタープレッツェルを買い込む。どちらもすごく大きく、実に旨そうだ。出発してから席で食べようと、いよいよ列車に乗り込む。だが周りはまだ人がいない。

動き出した。が、やっぱりおかしい。僕らの席は五両目、一等一二号車の二人掛け席だが、周りに誰もいない。そもそも一二号車というのにこの短い編成はどうだ。結局、誰一人乗ってこなかった。つまりガラガラ、なのだ。良く言えば、この一両を独り占め、いや、二人占め、ということだ。これはいったいどうしたことだろう。(一二号車とは一等の二号車の意では、と気づいたのはしばらく後のことだった。)

あんなに席が取れるかどうか心配した世界の観光列車、氷河急行。グレッシャー・エクスプレス。ここが娘との貴重な二人旅の重要ポイントと位置づけ、相当の覚悟で確保した一等二人掛け席。東行きは比較的空いていると聞いてはいたが、それにしても全く誰もいないとは……。

九月に入ったからだろうか。いや、もしかしたら、途中の駅から大勢乗ってくるのかもしれない——。そういえば、途中で連結するとか列車編成が変わるとか本に書いてあったな——。いわゆる〝キツネにつままれた〟ような気持ちで、拍子抜けした気分が半分、晴れ渡る空の下、豪華な展望列車を独占してわれわれ二人、のんびりと寛いで行けるというゆったり気分が半分で、長い列車の旅がとにかくここに始まった。うーん、分からないものだ、来てみないことには。旅というものは——。

グレッシャー　まさかガラガラ　拍子抜け

移りゆく車窓の風景の解説はガイドブックにお任せするとして、僕らの今日一日はクールまで五時間半の鉄道旅（MGB、レーティッシュ鉄道の二つの鉄道会社路線の通し運行）、クールに着いたら二時間の市内散策。再び車中の人となり、レーティッシュ鉄道線でさらに二時間と、計七時間半の、移動に次ぐ移動の一日だ。鉄道旅を満喫する日、と書きたいがとにかく長い。

僕は鉄道マニアではないが鉄道旅は好きで、これまでも意図的に旅の要素に織り込んできたけれど今回の旅は長かった。だからなおのこと、クールでの解放された二時間は本当に楽しかった。

移動中、舞がツェルマットのアパートのルームキーを持って来てしまったことに気づいた。キーは二本あり、僕の分は返してきたが、出がけに舞が一日、部屋に戻ったのだったか、とにかくキーが一本、ポケットに入っていたのだ。

舞が電話連絡すると、送り返してくれれば良い、と言ってくれたということだ。こういう非常時対応の必要な時こそ、英語が話せる、分かることが重要になるわけで、これもちょっとした旅のハプニングの一つとなったが、車中で適当な便箋を取り出して、宿のオーナーに宛てて英語でお詫びと、改めてお礼の文面を考えるのも、長い列車旅の途中の時間の使い方としてはなかなか味わいのあるものと感じた。勿論これを書くのは舞の仕事だったが。

クールに着いたら駅の売店で切手を買って、投函して行こう。絵葉書は初めから出すつもりだったから葉書用の切手は何枚も買っておいたが、まさか封書用が必要になるとは思わなかった。どうせクールでも絵葉書は買うだろうから、切手もそこで買えるだろう。

団体ツアーでは、そうしたちょっとした個人的な買い物や用事は思うようにできないという制約が案外引っ掛かることがあるが、われわれの旅は時間的なスケジュールを結構キチキチに詰めてあるとはいえ基本的には自由なのだ。クールでは二時間しかないが、いざとなれば予定変更もある程度は対応可能なよう調べて来た。僕は作って来た駅の構内案内図集がここで役立つと思いつき、カラーコピーを綴じたファイルを取り出し、クール駅ですぐ行動できるよう、キオスクやコインロッカー、トイレの場所、そしてポストの場所を調べるのだった。

旅の途中でミスの二つや三つは必ずあると思っていたから、その一つがこの程度で済めばあと一つ二つクリアすれば良いわけで、ちょっと助かったかな……と思ったり、あの素敵な宿に手紙を書くことで却ってつながりが残る気がして、ちょっとうれしい気分になったりした。

ルームキー　返し忘れて　縁つなぐ

列車は途中、有名なフルカ峠の下のトンネルをくぐり抜け、アンデルマットに到着。スイス鉄道旅のガイドブックに、中世以来の交通の要衝と紹介されていた村だ。時刻表では一〇時四六分着とあるが、少し早着。ここで一〇時五四分まで停車するようだ。

僕はここぞとばかり列車を降り、駅のキオスクでアンデルマットの写真の絵葉書を選び、ついでに駅舎の外に出て記念（というより、ここへ来たぞ、という証拠）写真を撮り、さらにホームから列車内の舞を撮ってから席へ戻った。が、まだ発車時刻まで若干あったので舞もホームに降り、自撮りしたり僕を撮ってくれたりして、ほんのちょっぴりだがスリルも味わって戻ってきた。

こんな山中で万が一にも一人、乗り遅れでもしたら大変なことになるが、サービスクルーも降りてホーム先で機関士か整備士と思しきクルーとのんびり話しているし、乗客はごくわずかで、こちらが降りていることも分かっているから大丈夫だ。先ほどの僕みたいに、客に駅の外まで行かれてしまうとさすがに気づいてもらえず置いて行かれるだろう。

この駅も一四三六メートルの高地にあるが、ここから一気に高度を上げるので、機関車を増結してパワーアップするのかと思い、ホームの先に立っていた紳士のクルーに聞くと、「機関車はディゼンティスでチェンジする」と言う。ディゼンティスはこの先の峠を越えた向こうの駅だ。ということは、いま牽引している機関車の方が登山用ということだ。そう言われてみれば確かにこのMGBこそツェルマットへ行く山岳鉄道なのだった。

僕は旅行企画の早い段階で本を調べ過ぎたせいか、あるいは読んでも頭に入っていなかったのかもしれないが、いざ計画が完成して出発した瞬間、これで安心、という安堵感でアタマがサッパリした——リセットされた——感が実はあった。これだけ調べて作り込んであれば大丈夫、あとはアドリブを利かせて動こう、そうできるはずだし、それでこそ自由な旅だ、という気持ちが強くなっていたのだ。

それはそれで良いが、どうやら早くから仕込んだはずの膨大な知識・観光情報までどこかへ飛んでいってしまったようで、現地で見聞きして、ハッとそれらの知識・情報を思い出すということが度々あった。これは年齢のせい？　にして良いものだろうか（これは受験勉強で憶えたことを入試が終わった途端に忘れるみたいなことかも。いや、入試が始まった瞬間に忘れたということで、話にならぬではないか）——。

この念願の氷河急行では、席にイヤホンが配られていたのだが、音楽用として楽しむだけでも使ってみればよいものを、何と、この鉄道旅の日本語ガイドが聴けるということを知りながら失念し放置したまま、（大きな車窓を向いては）ここはどこだ、あれは何だ、（正面の舞の顔を見ては）あれは楽しかったな、クールではどう歩こう……などなど、暖かな日差しを受けた列車の中で娘と二人、ただただお喋りしながら、ゆったりと、そして長々と列車の旅を続けたのだった。

アンデルマットを出ると列車はぐるりと回り込みながら高度を上げ、ほどなく今出てきたばかりのこの村の全景が一望のもとに広がった。アンデルマットが四方をアルプスの山々に囲まれた十字路にあることがひと目で分かる大パノラマだ。

車内では、きちんとしたコース料理のセットがされ、昼食の時間になった。僕はビール、舞はブドウのジュースをオーダーし、パンとサラダを食べ始める頃、列車は大きな湖のほとり、長い雪崩覆いの中をぐるりと回り込みながらぐんぐんと高度を上げ、最高所オーバーアルプパス峠（二〇三三メートル）を越える。

僕はアンデルマット駅で買い込んだ絵葉書に、停車中から旅の記録をリアルタイムで書き始めていた。列車が動き出すと字がぶれて書きづらくなっていたが、この峠を越すあたりでふいに三七年前、ペルーのラ・ラヤ駅を一人、鉄道で通ったことをリアルに思い出し、そのことを絵葉書にしたためた。

ラ・ラヤ駅はクスコとプーノを結ぶ鉄道の最高地点にある駅（標高四三一九メートル）。列車はそこでしばらく停車したが、それまで良い天気だったのにこの峠越えでは冷たい雨が霧のように降り注ぎ、とうとう雷雨になったのだった。パハ・ブラーバという高地に生える草だけが一面に広がるコヤオ高原の風景は、先ほどまで何とも詩情溢れる美しい光景の連続だったのが、一転して寒々とした雨の風景に変わり、濡れた車窓の向こうの方では茶色のポンチョ姿の父と子が無数のアルパカの群れを追っていた――。

　それでも高地の風景はスイスもアンデスもそっくりだった。ただその印象は――、スイスの、明るさと、何か豊かさや幸せを感じさせる光景と、そくそくと身に染みるような、寒さとか貧しさとか、何か荒涼としたものを感じさせるアンデス高地の光景と。見る者の心に迫るものは正反対かもしれない。それはあたかもそれぞれの民の音楽のよう。ヨーデルの長閑さと、アンデス音楽の中でもとくに高地のフォルクローレの、朴訥だがどこか哀愁を帯びた響き。いずれも牧畜と農耕を営む人々の生活の中の音楽だというのに、この違いは何だろう。

　列車は峠を越えるとゆっくりと長い下り坂を行く。まさに絵に描いたようなスイスの風景が次々と通り過ぎてゆく。カランダというスイスのビールを飲みながら、僕は昔の旅と今の旅とをかわるがわる見ているのだった。

　楽しみにしていた昼食メニューは、ブイヨンスープ、マッシュルームと細切り豚肉のクリーム煮・温野菜添え、そして同じ皿に大粒の小麦と細かく刻んだキューブ野菜を混ぜたものが付いていた。あとはパンとサラダと、チョコレートのケーキ。僕はこれがかなり高くついた食事なので、舞はこれが氷河急行の車内で提供される特別なシチュエーションの料理なので、二人して写真を撮りまくった。

　列車はディゼンティスに到着。僕はホームに降りて、ＭＧＢの赤い機関車が切り離され、シーメンス社製の別の電気機関車がやってきて連結される様子を見物した。また氷河急行名物の傾いたワイングラスは無事車内で手に入れることができた。

午後一時二六分、列車は予定どおりクールに到着。思ったより大きくて立派な駅だ。ホームから上がった橋上部分にバスターミナルがあるので乗り換え至便だろう。荷物をコインロッカーに入れ、予定どおり切手と、ついでに絵葉書を駅のキオスクで購入し、ルームキーを入れた封書を駅前のポストに投函したら、さあ自由時間だ。何だか温暖なところへ来た感じで、解放感に浸る。

駅のすぐ前にレーティッシュ鉄道のローカル支線の始発駅があり、線路の道床を突き固めるマルタイ（マルチプル・タイタンパー）と思しき独特の形状をした作業車両や、長い客車など、黄色や赤色の車両がゆっくりと行き交う。線路の向こうは賑やかそうな街、その向こうは山並みだ。山の見える町はなぜか心安らぐ。

まずは駅前通りから旧市街へと、大聖堂を目指して歩く。もう、少し歩いただけで二人ともこの町が気に入ってしまった。何といえば良いのだろうか、時計塔のある教会と緑豊かな街並み、その向こうのアルプスの山々がどこから見ても絵になる上に、起伏に富んだ町には幾つもの小道と、石段もあって、美しいだけではない、何か町に落ち着きとか安らぎとかいうものが感じられるのだ。

路地を抜けようとすると、屋根付きの小さな橋廊——路地を横切って二階と二階を結ぶ、ごく短い空中回廊、二階だけの渡り廊下——があって、その下をくぐって行くのも楽しい。旧市街の端まで行くと、小さな川に花で飾られた橋が架かり、橋の上から旧市街を振り返ればまた、アルプスを背景に絵のように美しく穏やかなスイスの風景が目に飛び込んでくる。

僕らは旧市街をぐるりと回り、オーベルガッセ（オーバー通り）まで戻ると、賑わっているオープンカフェに腰を落ち着けた。舞はキウイスムージー、僕は例によって生ビールでまずは乾杯。古都をひととおり散策した後、昼下がりの古都の路上でゴクリと味わうご当地ビールは本当においしかった。

旅半ば　くつろぎの午後　古都の路《みち》

クール駅三時五八分発、レーティッシュ鉄道アルブラ線直通のローカル列車でサン・モリッツを目指す。いよいよここからが有名なランドヴァッサー橋を渡る景勝ルートだ。

景勝ルートとは例の赤本「ヨーロッパ鉄道時刻表」の中に掲載、つまりそこで指定されている路線で、ツェルマット——クール間の氷河急行ルートは山岳の、クール——サン・モリッツ間は山岳と峡谷の、それぞれ景勝ルートに選ばれている。

後者はとくに同誌編集スタッフおすすめルートのマークが付いていた。前者はこうして実際に乗ってみると、ちょうど真ん中あたりで峠越えの一大ポイントがあって素晴らしいが、その前後の大半は少々変化に乏しい川沿いを延々と走るわけで、鉄道ファンなら乗っているだけで至上の幸福感に包まれると思うが——いや、山岳景勝ルートだから山好きの人こそ楽しめるのかもしれないが——、普通の観光客はそのうち飽きてきてしまうのではないか。その点、これから入っていくアルブラ線はどの本を読んでも、一言でいえば橋あり断崖絶壁ありループあり急勾配ありの、変化に富んだ魅力あるルートと紹介されていた。

ただしこの路線、サン・モリッツから先——氷河急行の起終点のこの駅から南へ向かうイタリア方面は、クールから分岐を経た先にあるトゥージスからサン・モリッツまでのアルブラ線とは区別され、ベルニナ線という——がまた氷河やら三六〇度の大旋回ループやらで大変有名なので（何と、両路線合わせて鉄道の世界遺産だ）、そこまでは行かないのがちょっと引っ掛かりもする。が、ともかくこの区間に乗った、最大の有名ポイントを通り、それをこの目で見た、氷河急行全線を踏破し、世界遺産の鉄道に乗った、という経験と実績は確かなものとして残るからそれで僕は充分だ。

ところが僕たちは、クールの街を満喫したあとで、もうこのあとは今日の宿泊地サン・モリッツを目指すのみ、という気分が強くなっていた。というのは、明日の朝、再びこのルートを逆方向に戻る、つまり、同じところを二度、われわれは通るのだ。今日はすでに夕刻ということもある。今日のところは下見のつもりでポイントはチェックしつつも寛いで車窓の旅を楽しもうじゃないか。一応、写真も押さえておこう、そして明朝、再び乗り込むときはカメラを手離さず名所をバッチリとらえれば良いのだ……と。

そうこうしているうちに、その橋が近づいてきたようだ。えっ？　これか？　と思うとよく似た別の石橋。すぐ向こうに少し見えている奴かな——。だが橋全体はなかなか見えてこない。おっ、と思った瞬間、一気に視界が開け、われわれの乗っている列車が空中に乗り出したかのような感覚になると、かのランドヴァッサー橋を渡り始めていた。

写真で見る橋と違って橋脚の間、間にそれぞれ大きな旗が架かっている。中央から右に橋を、左端に笑顔の舞を入れて写真を撮ろうとスマホを構えていた僕は、列車が小さなトンネルに吸い込まれていくまで身を乗り出してシャッターを切り続けた。

明日の下見のはずが、いざとなると思わずのめり込んでしまった。が、考えてみれば明日も今日と同じように空いた車内で二人窓側に座って思うままに写真を撮っていられる保証は何もないのだった。しっかり見ておかねばならない、見ておかねばならなかった。だが今日は、長い鉄道旅に疲れたのか、舞はほどなく座席のテーブルに顔を埋めて寝てしまうのだった。

列車はフィリズールという駅に停車したが、そこは支線への乗り換え駅で、向かいのホームに軽便鉄道らしい小ぶりの機関車と客車が停まっていた。こういう奴に乗りたいんだがなあ、と思う。そういえば今回はSLの旅も初めは考えていたのに、いつの間にかスルーしてしまったのだった。

駅前には、いわゆる「顔出し」看板があり、SLが描かれてあるので、きっとSLの走る保存鉄道なのだろう。外国にも顔出しがあるんだと分かったが、ここのは子ども用で、ちゃんと顔の部分が子どもの顔のサイズになっていた。日本の顔出しは総じて穴がでかすぎる、と思えた。きっと日本ではいろんな心配をして大きめにパネルに穴を開けるのだろう。

このあと列車は有名な三連続ループを通過して行くのだが、このアルブラ線の一大名所もわれわれは特別はしゃいで臨むことなく通り過ぎてしまった。一気に高度を稼ぐためのループ線は、マニアならずとも男は結構興奮すると思うのだが、女の子は概して興味が湧かないらしい。まもなく列車は長いトンネルに入る。

そして五時五八分、終点サン・モリッツに到着。駅はサン・モリッツ湖のほとりにあり、外に出てみると、夕刻のリゾート地は空が一杯の広々とした空間の中にある感じで、何かすがすがしい空気に包まれていた。

長い長いチューブの中を上がっていくような印象のエスカレータを上り切ると、一段上の大通りに出た。これまでの町にはなかった端正で都会的な街並みだ。今日の宿を目指して通りを歩き出すと、右側も左側もビルの一階は高級ブランドショップ。ひと気の少ない静かなメインストリートをさらに上っていくと広場に出た。

さらに坂道を行くと、ものの数分で今日のホテルに着いた。四階建ての、いかにもヨーロッパのホテルを思わせるロマンチックな外観だ。パソコンとにらめっこしながらどの宿も厳選した（つもりの）父親としては、ほっとするとともに、ちょっとうれしくなった。

フロントもその隣のバーもエレベータも階段も、客室に行くまでの全てが外観の印象どおりの可憐さで、二人で感激。階段の手すりは優美な曲線を用いたアールヌーボー調。エレベータは部屋に入るのと同じように木のドアを開けて乗るのにはびっくり。チューリヒのホテルと言い、ここと言い、エレベータの伝統を感じさせてくれると同時に、エレベータって乗り物なんだ、ということに気づかせてくれて面白く感じた。

箱を吊り上げたり下げたりするのがエレベータ、レールの上に乗せて動かすのが軌道・鉄道（そのうちケーブルでつないで引っ張るのがケーブルカー）、空中にロープを渡して運ぶのがロープウェイなどの索道なのだった。

客室はサン・モリッツ湖に面しており、窓べりの丸テーブルと椅子の置いてあるスペースが外に張り出した造りになっている。ホテルは坂道を上がった高台にあるので部屋の窓からの眺めは抜群だ。

目の前に光るサン・モリッツ湖。出窓から顔を出してぐるりと首を回せば湖と街と周囲に広がる自然を一望のもとに見渡すことができる。すぐ下には宮殿のような造りの、格式のありそうなホテルも見える。湖の向こうはアルプスの山々。これまで見てきたアルプスと比べ、少しなだらかな山並みが何だか優しく映り、これら景色の全てがほっとした気持ちにさせてくれた。

旅の第一の目的地だったツェルマットの日々を終えて今、到着したサン・モリッツ。あちらはヴァリス山群というがこちらはエンガディンの山々というらしい。スイスの東の端までやってきた。優しい自然に囲まれて、何だかすがすがしく、解放された気分を味わった。

夕食はミートフォンデュかラクレットが食べたい、と舞。フロントの女性にどこで食べられるか聞くと、ラクレットはちょっと遠いレストランを教えてくれたが、先ほど前を通ってきたお店でミートフォンデュが食べられると言う。このホテルのレストランもスイス料理店で、雰囲気も良いし、きっとこの地方の料理を食べさせてくれるのだろうと僕は少し気になったが、フォンデュの店にしよう、と出発した。

ミートフォンデュは大変おいしかった。牛肉の塊を長いフォークに刺して専用の鍋のオイルに浸し、揚げながら食べるのだが、いろんな種類のソースや薬味が添えられていて見栄えも味も良く、ボリュームも充分あった。舞も大満足していた。

サン・モリッツは明朝すぐに出発してしまうので、どこを観光するというわけでもなくここを去ることになるのがちょっぴり惜しいのだが、ほんの短時間の滞在というのに、すっかり気分転換になったような、随分すっきりしたような気がするのはどうしたわけだろう。

ひと休み　山ふところに　包まれて

【旅の計画】 9月5日(水)

行動計画			
サン・モリッツからマイエンフェルトへ：ハイジを訪ねる旅～スイスからオーストリアへ～ サン・モリッツ9：02（1番線）→（IR1128）→11：03クール乗り換え11：31（4番線）→11：42マイエンフェルト―（ハイキング）―マイエンフェルト14：42（2番線）→（S12）→14：50ザルガンス※15：37（4番線）→（レイルジェット169RJ/Class2，Coach21，Seat35・37）→18：11インスブルック。 着後、ホテルへ。			
食事（朝・昼・夕）			宿泊
ホテル	マイエンフェルト	インスブルック	ホテルR
備考			
ユーレイルパス3日目。 ※スーツケース受け取り。			

（移動手段：⇒航空機、→鉄道、…登山鉄道・索道等、―徒歩、～船、＝バス）

第六日　九月五日（水）

昨日は〝移動の一日〟で、移動が観光を兼ねる（氷河急行そのものが観光だから）一日だったが、今日も昨日に勝るとも劣らぬ移動日で、ついに〝国境越えの日〟となる。そしてその途中で三時間、観光とハイキングのため途中下車するという〝周遊の一日〟でもある。全行程の中でも最もスケジュールづくりに工夫を要した一日が始まった。

早朝六時起床。七時出発を目途に朝食。早起きしたのはせっかくのこの町を少しでも観光したいとの思惑だったが外はあいにくの曇り空。いや、曇りというより暖かい早朝のせいだろう、朝靄が町を、湖を覆っているのだ。湖を覆い尽くし、向こう岸の緑がまさに東山魁夷の絵のように霞んで見えるのが何とも幻想的で美しくはあるがこれでは何ともならない。

昨日、着いたときは雲の多い空ではあったが、雪を被ったアルプスの山々が遠くまで連なる様がきれいに見渡せたし、夕陽が山に差して朱に染まる美しい光景も見られたのだったが、今朝は打って変わって山が全く見えない。サン・モリッツは天気が良い、とガイドブックに書いてあったはずだが……と思ったが、そうか、このあと晴れて暖かくなるのだな！　だが僕らはもう、この町を去らねばならない――。

早朝の通りを駅まで歩いて戻る。無人の街並みが白く霞み、静寂が覆うと、都会的な美しさが映える。昨日上がってきた長いエスカレータを僕ら二人だけで下ると、湖に突き出す展望デッキに出た。しばし湖畔の澄んだ空気に触れ、爽やかな気分で駅に向かって歩き出す。

ごく短時間の滞在だった割に、サン・モリッツに来た、いた、という実感はなぜか強く残った。冬季オリンピックが開かれた国際的な町、有名なリゾートなのだが、何だか安らぎを感じさせる、不思議な魅力のある町だった。

駅に着くと、予定の時刻より早い普通列車がホームにいた。どうせ晴れるまでいられないのだ、少しでも早く次の行程に移る方が良い。今日はキチキチのスケジュールなんだから。僕らは八時四七分発のランドクアルト行きに乗り込んだ。

列車はがら空きで、しばらく行くと空も晴れてきた。僕は昨日の名所を今度はばっちり押さえようと、スマホを握りしめ気合いを入れる。が、まずは来るべきアルブラトンネルが、なかなか来ない。こんなに時間がかかったかな？　と思ってみても、まだ来ない。やがて長いトンネルに入った。長い。……長すぎる。そして、待てど暮らせど、あの名所は一つも現れて来ない。何かおかしい、何か違うぞ……と、僕が乗り間違えたことに気づくまで、少し時間がかかった。そう、僕らは別の方向に……向かっていたのだ。

えっ？　まさか！　違うところを　走ってる！

サン・モリッツに来たら、クールへ戻るんだからそのルートは昨日と同じに決まっている、ランドクアルトはクールのすぐ向こうだから、ランドクアルト行きに乗れば行ける、そう思い込んでいた。ところが、違っていたのだ。僕らはツェルネッツ、クロスターズを経由してランドクアルトに至る、スイスの東の端に近いエリアを行く別ルートに入り込んでしまっていたのだ。

やってしまった。ついに。

列車の座席のテーブルに、レーティッシュ鉄道の路線地図が昨日の車両にも、今日のにも、ちゃんと描かれている。昨日、来る途中の乗り換え駅や名所と自分の走っている位置をこれで確認しようとしていれば、サン・モリッツから戻るルートが他にもあることぐらいすぐ認識しただろう。

いや、そもそも家で何度も見てきたスイスの鉄道路線図だ。ダボスはここか、とか見ていたのだ。だがそれらは単なるローカル支線と思い、まさか直通列車がわざわざ迂回して、クールを経ずしてランドクアルトに行くことがありうるとは——したがって三連続ループもランドヴァッサー橋も経由することなく今日の最終行程上にちゃんと乗っかってくるとは——、まさか考えてもみなかった。

分かった時は慌てふためいたが、これはもう、どうしようもない。全然違うところへ行ってしまうのではない。まだ幸いなことに、最後は同じルートに合流する、着くことは着くのだ。まあ、フリーな鉄道旅。こんなこともあるだろう、と——来る前から、あり得るかも、覚悟すべしと思っていたことが、本当にここで起こったのだ——諦めて、舞と笑った。昨日、橋をしっかり見、ちゃんとカメラに収めておいて本当に良かった。

気がつくと空は晴れ渡り、車窓に広がる景色は絵に描いたようなスイスの農村風景だ。何とものどかで美しい。僕はがらがらに空いた車両で通路を挟んだ四人掛け席に移り、席を独占して、全く予定外に乗ることになったこのローカル線の旅を終点まで楽しむことを決め込んだ。

ランドクアルトに一〇時三〇分着。同駅を一〇時四九分発のドイツはハンブルク行きICE（クールから来た。高速列車なので、途中、マイエンフェルトは通過）に乗り換えて一区間、一〇時五七分ザルガンス着。一一時三六分、同駅発のクール行きに乗って二駅戻り、一一時四三分、マイエンフェルト到着。何と当初予定より一分だけ延着という、いきなり変化球でスタートした今日の日となった。

実際、気づいたときはいったい何時に着けるだろうとハラハラしたが、結果として昨日と同じルートを二度通ることなく、思わぬ別ルートの鉄道旅を追加して楽しむことになったし、あとでスーツケースを受け取ってオーストリアへ向かう指定列車に乗り込む手筈のザルガンス駅に先に行き、コインロッカーに昨夜一泊分の荷物を預けることもできて、軽装でハイキングに出発することができたのだ。この長大な結節点の駅を予め下見しておくことができた点も安心材料となったわけで、ハラハラドキドキのスリルを味わったが、結果オーライの傑作（?）ハプニングとなったのだった。

この間、新幹線タイプのドイツ鉄道の優等車両にも乗れたし、新型のカラフルな各駅停車にも乗った。ホームではさらにいろいろな列車が往き来するのを目にすることもできて、マニアならずともなかなか楽しい時間だった。

ハプニング　一度はあると　思ってた

さてさて。マイエンフェルトだ。ハイジのふるさと。最高の天気になった。小さな駅を降りて歩き出したのは僕ら二人だけ。駅も無人なら周りにも誰もいない。ハイジヴェーグ（ハイジの道）とある駅前の案内看板と標識を見て進もうと思うが、看板を見るとかなり広域なうえに、やたらとハイジと名の付いた観光ポイントが多くて分かりづらく、どっちへ行ったら良いのかすぐにはコースが見通せない。ガイドブックで見た地図から想像したイメージとはかけ離れた駅前付近の佇まいで、要は、何もない、のだ。これはコインロッカーや荷物預かりなどあるはずもなかった。

標識を頼りに、通り沿いの家や店を眺めながらのんびり歩き出すが、ここで過ごせる時間は三時間。思ったより距離がありそうなので、そうものんびりしてはいられないと思う。このあと座席指定のレイルジェットに乗らねばならないという制約もある。まあ、山の上まで行かなければ一時間半から二時間、とガイドブックにあったから、ちょうど良い感じだろう——。それにしてもこの、誰もいないという意外さ。道に迷うとか、間違えるとか、思ったより時間がかかる可能性を、この時は全然考えなかった。つい先ほどは乗る路線を間違えたばかりだというのに——。

歩き出してほどなく、案内所の建物があった。ここで『ハイジ』の分厚いドイツ語本を見つけ、舞が欲しいと言ったが、荷物になるので帰りにしようと決め、いよいよハイキングコースへ入って行く。案内所にはパンフレットもあったが、ガイドブックで研究済みの意識が強い僕は、どうせ駅前看板と同じだろう、ここでまたコースを確認している時間はない、と思い、もらうとすぐに、中も見ないまま出発した。

初めのうちは街なかを行くが、途中から曲がりくねる坂道を自動車に気をつけながら上っていく。まもなく市街地を抜け、ぐっとハイジの世界の雰囲気漂う、いわゆるメルヘンチックな街並みに出会う。そしてここから先は視界いっぱいにのどかな田園風景の広がる中を行く。

それは本当にスイスの田舎を歩く気分満点で、爽やかな秋晴れの下、ブドウの実る畑と牧草地と森の緑とアルプスの青い山々とを眺めながら、片側には木々と民家のある小道がずっと先まで続く中を行く時間。山の形はツェルマットともサン・モリッツとも違ってなだらかなようでちょっとギザギザとした山も。まこと牧歌的な風景の中、その風景画の中の小さな人物になり切ったようなひと時。幸せな時間をたっぷりと味わうことができた。

駅を出てから一時間ちょっと歩いたろうか、ぽつぽつと観光客らしき人々とすれ違うようになると間もなく、ハイジドルフ（ハイジの村）に着いた。ここでようやく多くの観光客の姿を目にすることができた。アルプスを背景にヤギがのんびり日向ぼっこをしている風光明媚な丘の上。思ったより広い敷地に幾つかの建物がある。有料施設は三館あり、共通チケットを買って、アルプの山小屋、ハイジの家、そしてチケットを売っている売店の二階にあるヨハンナ・シュピリの資料館を見る。

舞はビデオで何度も見ていたお気に入りのアニメだけに、しばしハイジの世界に浸ることができたようでうれしそうだ。僕はかのアニメの時代より少々？　古い旧ムーミン世代だが、この機会に原作はきっちり読んで来た。けれどもその舞台に来て、この風光があの作品を生んだのだなあといった感慨にふけることも忘れたまま、アルム（アルプ）の暮らしとハイジの世界を再現した観光施設としてこの真新しい村を楽しんだ。

売店で例によって絵葉書を買い込み、ここから出すとハイジの絵の消印が押されるというポストと記念スタンプとテーブルが用意されてあったので、二人でここへ来たよという証拠の自筆だけ簡単にしたため、あとは記念スタンプを押してわが家に出すことにした。舞は姉にも書いた。僕は氷河急行の車内で書いたもの、サン・モリッツのホテルで書いたものも、ここでやっと投函できた。スイスで書いたのだ、スイスから出せるのも、もう今日しかない、今しかないと思われた。

僕としては行った街ごとに絵葉書を買い求め、レストランやホテルで書いて、その街から都度出すつもりだったのだが、なかなかそうはいかないのだった。鉄道旅行なんだから駅前からいつでも出せると踏んでいたのが甘かった。だいたい、ホテルのフロントに預ければ良かったし、クールでルームキーを送った時は絵葉書の一枚も出せたろうに……。舞はあの時、出していたのだったかな?

そこから一〇分ほど歩くと、今度はハイジホフという観光施設が向こうの方に見えた。ホテル・レストラン・売店らしい。観光バスや車で来る人たちは、ここの駐車場に停めてハイジの村に行くのだろう。

僕らは、ハイジホフに上がっていく分岐点に、ちょっと不気味で笑えるハイジのキャラクターたちの像を見つけると、ここで記念写真を撮り、ハイジホフを省略して先を急ぐことにした。時刻はもう、ほぼほぼ二時。帰りに本を買って、マイエンフェルトの駅に二時四二分までには着いていないとオーストリアへ向かう特急に乗り継げなくなってしまうのだ――。

われわれはしかし、まだ「ハイジの泉」を見ていない。三〇年前、新婚旅行で妻と見た。ただ広い牧草地の片隅に、ぽつんとあるだけのものだった。他は何もない。だが舞はぜひ見たい、と言った。今朝、駅で最初に見た看板の地図をスマホに撮ってあるので確かめると、まだまだかなりの距離がある——どころか、これまでの道のりとほぼ同じくらい、いやそれ以上にあるではないか。本当に行けるのだろうか……。

僕らは地図に示されたルートでなく、現地の案内表示に従って「ハイジの泉」を目指すことにした。

それから誰一人いない森の中を二人、二〇分ほど歩き続けた。気持ちが急いている上、辺りの景色が変わらず何もない中、いつ着くのだろう、ちゃんと道は、標識は合っているのだろうかという不安さで、ものすごく長い時間だったような気がする。

歩いても　歩いても森。　泉どこ？

ようやく広い舗装道路に出ると、その向こうの公園にそれはあった。これだ、これだ。ついにここまで来た。今回の旅唯一の、前回の旅との接点に。ついにつながった。でも……。

こんな場所だったっけ？　こんな公園の中にあるんだったっけ⁉　三〇年前来た時は、牛がたくさんいる牧草地だったはずだが……と、遠い昔の記憶の中のシーンを追って不思議な思いに駆られる。が、感慨に浸っている場合ではない。二時一一分（スマホに記録された時間）。うら若い妻がこの泉で撮ったのと同じポーズをその娘が取って——すなわちハイジの背中に乗っかって——ハイジとのツーショットを何枚も撮り、われわれ二人の記念写真も撮り終えると、これで目的達成、と満足した気分を残し、慌ただしく泉をあとにした。

帰りは現地の案内図に従えば再び森の中の小道を駅方向に向かって歩くことになる。が、舞は、ちょうど公園を経由している目の前の舗装道路を戻った方が早いのではないかと言う。図では距離的にそう変わらないと思われたがどちらを行っても二キロはある。時間はもうあと三〇分を切っている。山を遠景にした広大なブドウ畑の中の一本道、片道一車線の道路を僕らはひた走る羽目になった。

カーブを向こうから来た自動車の運転手は、まさかこの自動車道を人が前方から駆けてくるとは思わないに違いない。歩道のある道路ではなかった。二〇分くらいは走り続けただろう。再び駅前通りへ出るまで、ほぼ下り坂だったのが幸いした。列車に乗り込まねばならない二時四二分の数分前には、僕らはマイエンフェルト駅のホームに立っていた。舞は膝に手をつき息を切らしている。やれやれ……、どうにかこうにか間に合ったぞ……。

ここで何とか今日のスケジュールに戻れたわけだ。おっと、ハイキングに出発した時立ち寄った案内所は帰りもちゃんと訪ね、舞にお望みのハイジ原作本を買ってあげることも忘れなかった。これが古い挿絵入りの立派な本で、日本円にして二五〇〇円以上するものだった。ドイツ語の本を読むことはできないが、これはという本は買うことにしている僕には、娘が本を欲しいと言ってくれること自体がうれしいことなので全く勿体ないとは思わなかった。

ハイジ道　走りに走った　山遥か

二時五〇分、ザルガンス駅に戻る。予約したレイルジェットに乗るまで四〇分以上ある。……そうだった。あんなに走らなくとも、次の列車でも一応、間に合うことは間に合うのだった。実際、当初の計画ではザルガンスでの乗り継ぎ時間はわずか一七分しか取っていなかった。だが、預けたスーツケースを受け取り、そして乗り遅れるわけにはいかない座席予約の国際特急で国境を越えるというのに、あまりにギリギリでは何かあった場合に対処できないと考え直し、予定より三〇分早く着くスケジュールに最終段階で変更していたのだった。

ここでコインロッカーに預けた荷物を取り出したら、予め調べておいた駅前のショッピングセンターでお土産を選ぶも良し、三時三七分発のレイルジェットに乗る前に大荷物のスーツケースを受け取ろう、という算段だった。

ところが――、早めに荷物預かりのカウンターに受け取りに行くと、何やら係のおじさんが調べ始めた。少しの間待っていると、まだ着いてない、とその人が言うではないか。え?……今日の朝九時以降ならザルガンス駅で受け取れるはずで、手持ちのラゲージサービスのチケットにもそう書いてある……。朝の九時だよ。そんな、まさか……と思ったが、これは確かに起こっている事件なのだ。

荷物来ず　国境越えの　足止まる

僕は列車までの時間がないと思うと瞬時に焦りが出て、さすがに腹が立ってきた。ドイツ語や英語でクレームを言う語学力はないが、何と言ったか憶えはないが文句を言った。今日われわれはこの後の列車でスイスを出てオーストリアのインスブルックに行くのだ、指定もこのとおり受けてある。荷物がなくては困るのだ。それともインスブルックのホテルに届けてくれるのか？（ラゲージサービスがスイス国内だけの配送サービスとは僕も知っている。）必死になれば何でも喋れるようで、意味は解ってくれたようだが向こうもどうしようもないらしい。それでも荷物が今どこにあるか調べてはくれており、ここに向かっていると言うのだが……。

この間、トイレに行っていた舞は戻ってすぐに状況がつかめないようだったが、僕がぷんぷん怒っているのに、そう困ったそぶりを見せずにいる。おそらく内心はかなり心配しているのだろうが、それこそどうしたらよいか、分からないだろう。

係のおじさんは、僕が日本から持参してきたレイルジェットの座席指定チケットを受け取ると、席番は変わるが二時間後の列車に書き換えてくれ、駅構内での待ち時間、喫茶や売店に利用できる幾らかのクーポン券も二人分、出してくれた。

今日は朝からハプニング続きの一日だが、それでも何とかかんとかここまでは予定した時間に来た。それはそれでマコト不思議なことではあるが、やっとここまで来て――ザルガンスは各方面を結ぶ結節点となる駅で、多数の列車が行き交う長大な駅だが、それ以上の知識はない――、これから二時間もここで過ごすことはとても考えられない。全く想定外の展開となった。インスブルックに着いた頃は真っ暗で、食事の場所にも困るのではないか――、そんな危惧もよぎってくる。

いや、待て。食事といえば、このレイルジェットの食堂車で軽食をとる考えもあったではないか――。そうか、これはそうせよ、まさにそのチャンスを与えようぞ、という神様の思し召しかも……と、いつもの運命論的楽観論が頭をもたげてきた。そう気がつくと、駅のすぐ前にあるショッピングセンターに幾つか食事やお茶のできる店があることを調べてきたことも思い出した。だいたい、お昼を何も食べていないのだった。そうか、これは慌てなくても何とかなりそうかな――。

この短い間にいろいろな思いが頭を巡ったが、腹立たしい思いもまだ消え去ってはいないので、舞にはまだこの先のプランを示せていない。取りあえず、もらったクーポンで何を買おうか構内の売店を物色しようとしていた時だったか、さっきのおじさんが慌てて走ってきた。僕らを探していたようだ。

何と、スーツケースが今、届いた、と言うのだ。えっ⁈と、もう一度驚くことになった。ちょうど予定したレイルジェットが着く三時三七分ではないか。何ということか。ちょうど僕らのスーツケースが今、台車に載せられ、そこまで運ばれてきたところだ。ホームには列車がすでに到着している。待たせておく、とおじさんが言ったと思うのだが、舞が同時通訳してくれたのだったかもしれない。いや、ドイツ語なら僕がそう聴いたのかもしれない。とにかく急いで二つのスーツケースを受け取ると、そのままホームへ向かう地下道のスロープを僕らはスーツケースを転がしながら走った。何と走ってばかりいる一日なのか——。

荷物来た！　スイスさらばの　余裕無く

レイルジェット一六九号、二等二一号車。荷物置きスペースの隣に座席を確保して来たので安心だ。これから二時間半、国境を越える鉄道旅時間に入った。

何だかんだ言っても、このピンチも無事、かろうじて切り抜けた。ギリギリのところで、予定どおりの列車に乗り込むことができたのだ。度重なるハプニングとピンチにどうなることかと気を揉んだが、何とかなってきているではないか。これはきっと旅立ちに際し無事を祈ってきた神仏と亡き父母のご加護に違いない——。だが、それにしてもこの、すれすれのところを行く切り抜け方の、何とすごいことか……。

同じ日に　よもや三たびの　ハプニング

列車はザルガンスを発って一五分ほどでスイスとオーストリアの国境を越えた。車窓には相変わらず美しい景色が流れては去り、次第に僕が昔から憧れてきたオーストリアらしいどことなく優しい風景に変わってきたような気がするのだったが、何が違うのかと問われれば分からない。そして今日一日のハードな旅にさすが二人ともくたびれ果てたのか、せっかくの食堂車に行くこともせず、インスブルック目指して鉄道の旅をただただ続けるのだった。

六時一一分、レイルジェットはチロルの州都インスブルックに着いた。高校受験の頃、大学ノートの表紙写真でいつも見ていた、アルプスの山々を背景に市電の走る美しい街だ。

外はまだ明るく、駅は巨大で、五、六階分もあろうかと思われる高い天井の駅舎内はとても明るく開放的な印象だ。何かがスイスの駅と大きく異なっているような気がするが、これも何が違うのか分からない。観光立国スイスは全てがスイスというテーマパークであるかのごとく物語の世界のような美しさがどこを見てもばっちり決まっていて素晴らしいが、ここは何か、より普通の外国の都市に来たような感じがある。

これはいったい何だろう。移りゆく車窓の風景も変わらない美しさだったが、何か感じたのもこれと同じかもしれない。ディズニーランドは本当に楽しいが、そこを出て街へ戻ると何かほっとするのと同じような感覚、と言えば良いだろうか。やはりスイスはスイスという名の一大テーマパークだったのだな……。舞はどうだか知らないが、僕はスイスを離れるとともに何だかゆったりとした、少し穏やかな心持ちになったような気がしたのだ。まだまだ旅は続くけれども、旅初めに身構えていた緊張感のようなものが後半に入って少し和らいだのかもしれなかった。

駅でいつものように絵葉書を買ってから通りへ出て、ホテルのある旧市街までスーツケースを引きながら、意匠を凝らした建築やお店を右に左に見物しながら歩く。来たかったインスブルックの街は、昔見た写真の頃から半世紀近く経っているはずだのに、思っていたとおりの趣きが今も確かに感じられ、僕は心からの満足と幸せを感じながら歩いた。

七時前にホテルに着いた。ホテルの前は旧市街のメインストリート。道幅の広いこの通りはいわゆる歩行者天国で、中央部分にはレストランが幾つもパラソルを広げて営業中だ。高い塔もそびえる雰囲気満点の街並みが周りを取り囲み、そのすぐ背後に山々が迫る。夕暮れ時とはいえまだまだ明るい中、仕事帰りなのか、通りも店も大勢の人で賑わっていて楽しげなムードが漂う。

今日のホテルは昨日までと打って変わってグッと現代的。クラシカルでどちらかというと面妖？ と言えなくもない表通り側の凝った外観に似合わず、入り口のアーケードをくぐった途端、超モダンに変身した。部屋もシンプルで機能的にデザインされたハイセンスな空間で、舞ともども、いたく気に入ってしまった。今から気分を変えて後半戦（すなわち対オーストリア）に入った感を強くしたのだった。

早速、街に繰り出して散歩かたがた食事場所を探す。旧市街は道が曲がりくねっていたり、とても細い道があったりして、ちょっとした探検気分にさせてくれながらも夜の街らしい活気と雑駁さも感じさせ、これはこれまでの街にはなかった感じかもしれないぞ、と思わせた。スイスの街はそれほどまでに清潔さが徹底されていたのかもしれない、と初めて気づいたのだが、それはこの街がそうではないと言っているのでは決してない。この街のゆるやかな雰囲気は何といえば良いのか、着いた時から感じている、スイスとはまた違った居心地の良さなのだ。

通りの両側に並ぶ建物の道路側一階部分は、きっと雪の多い冬に備えているのだろう石造りのアーケードになっていて、その中が、通ってみないと分からない、シンプルなのに、ちょっと大げさに言えば教会の中の回廊を行くような雰囲気だったりする。

辺りが暗くなった八時過ぎ。散策を終えると僕らは旧市街の端にあるイン川沿いに建つ中世の城館風のレストランに入った。テーブルセットも店内もとても素敵な設えで、店の前に設けられた席は賑わっているが店内の一階はノーゲストだ。二階まであるらしいので上階も気になったが、一階席へ案内されてしまった。この店で僕らは有名なオーストリア料理ウィーナーシュニッツェルやフリッターテンズッペ（スープ）などを大変おいしくいただいた。僕は相変わらず大好きなビールだが、ドイツ風黒ビールのシュバルツビア。舞はやはりジュースをお供に。

九時半頃に店を出て、再び夜の街をふらつく。明日の朝はもうこの素敵な街とさよならしなくてはならないのだ。インスブルックといえば黄金の小屋根が有名だが、その前を今夜は何度も行き来した。暗くなると、ライトアップされた金ぴかの屋根と装飾された出窓がひときわ輝いて美しい。

ふと舞が足を止める。あっ、とか、あった、とか小声で叫んだと思う。何とそこには、ツェルマットであれだけ探した鳩時計が、横向きで目立たぬショーケースの中に、それだけが何段にも飾られているではないか。これはスイスで見たものより伝統的なスタイルでは？　これなら店の中には、もっといろいろなものが置いてあるはずだ……、と思わず胸が高鳴った。

僕一人だったら、絶対気づかず通り過ぎていたに違いない。そんな時間だからそのお土産屋さんはもう開いていなかった。ショーケースもすでに照明は落とされ暗かったのだ。よくぞ舞は見つけてくれたものだ。店は朝九時に開く、と入り口に書いてある。明日の朝、出発前にもう一度来よう。この街を僕らは明朝一〇時一七分の列車で発たなければならない。幸い一時間ほど時間がある。とはいえ、店から駅まで歩くと二〇分は見ておかねばならないから、この数一〇分が勝負だ……。全く無理なら仕方がないが、チャンスがあるではないか。そう決めると、僕らは夜一〇時過ぎ、ホテルに戻った。

それにしても、何とハードな一日だったことか。この国境越えなど、旅程の変更が利かない日もある。何が起こるか分からないわけで、要は日本でもどこでも同じこと。間違いは起きない、と思い込んでしまわないことが大事であって、であればこそ、ムリに詰め込まないこと、余裕を持ったスケジュールを組むことが肝要だった。

今回の行程は最終的にそのように作り上げることができたと思ったし、結果としてそれによって救われたのだが、それでもこの一日は前後のスケジュールに挟まれ、移動途中に入れたハイキングも大きな荷物を持つことなく歩ける態勢としたところまでは良かったが、まるで慌ただしい団体ツアーのように（だが自分の足で、かつ全て自己責任で！）強行軍でこなす計画となっていた。からくもスケジュールどおりに辿り着けたインスブルックだが、翌日のスケジュールにつなぐべく、来たかったこの街での観光をまるまる削らねばならなかったことは、いかにも残念ではあった。が、それも止むを得なかったと思っていた。

そんな中、今日、わずか三時間足らずのこの街での散策と食事のひと時の中で、思ってもみなかった鳩時計を発見したこと、そしてそれを買って帰れる時間がわずかながらもあるということは、本当に他の何物にも代えがたい貴重なチャンス、この街に来たことがこれを手に入れることで確かなものとして刻印される絶対に逃せないポイントと、僕には思えたのだった。

夜の街　ついに見つけた　鳩時計

第一〇章

旅の交響楽　第三楽章
チロルから湖水地方へ〜サウンド・オブ・ミュージックの旅

【旅の計画】　9月6日(木)

行動計画			
インスブルックからザルツブルクへ：サウンド・オブ・ミュージックの旅 早朝、インスブルック市内観光。 インスブルック10：17→（ドイツ国内経由161RJ※）→12：03ザルツブルク。 チェックイン後、13：45までにミラベル広場前・Mツアー受付へ。 13：45「サウンド・オブ・ミュージック・ツアー」(14：00〜18：00頃)。 解散後、市内観光・夕食。			
食事（朝・昼・夕）			宿泊
ホテル	列車内	ザルツブルク	ホテルS
備　考			
ユーレイルパス4日目。 ※2国以外ではWiFi電源OFF。			

（移動手段：⇒航空機、→鉄道、…登山鉄道・索道等、—徒歩、〜船、＝バス）

第七日　九月六日（木）

六時半起床。七時過ぎから散歩に出た。イン川の畔まで行くと、チロルの山並みを背景に、対岸に建物ごとに色の異なる淡いパステルカラーの家並みが隙間なく連なり、メルヘンチックな絵本を見ているようだ。空は爽やかな青空。家並みと山の中間にはすらりと長く白い雲がたなびく。

王宮辺りまで歩く。王宮も、大聖堂も宮廷教会も、どこもまだ開いてないので中を見学することなくこの街を去ることになるが、旧市街をぐるりと歩いてホテルに戻り、朝食タイムとする。

明るくモダンなレストランで、爽やかな気分で朝食をいただく。舞はカプレーゼを自分で作って食べられると喜び、フルーツ、とくにイチゴが食べ放題なのには大満足の笑顔。

九時を回った頃、昨夜の鳩時計の店に来た。壁にたくさんの鳩時計を掛けた店内にとうとう足を踏み入れ、お店の娘さんにあれこれ見せてもらった。これだけ種類を置いてある店はこれまでなかった。やっぱりチロルだな、さすが僕の大好きなチロル……とうれしくなる。店内には他にもこの地方と南ドイツ辺りのローカル色溢れるお土産が所狭しと並んでいる。

さて、どれにしようか。この中から、長女が、孫が喜んでくれそうなのを一つ、選ばねばならない。やはり大きなものは立派だったが、機内持ち込みができないほど大きなものは持って帰れないし……。そして、三つ錘のものの中から、わが家の玄関を飾るそれよりもひと回り大きな、屋根では鐘が鳴り、下では水車も回る可愛いものを舞と選んだ。お店の娘さんがこの時計の箱を取ってきてくれるのを待って精算すると、時間が心配になってきた。あとでもう一度来るので梱包しておいて、とお願いし、一旦、店を出た。ついに手に入れた。九時二〇分。

ホテルに戻り、荷造りしておいた荷物を持って、九時四〇分チェックアウト。今朝、川べりで見たばかりの、たなびく雲とチロルの山並みが、出がけに部屋の窓から教会の塔越しに再び見え、この風景とこの街にちょっと心を残したまま出発した。

再び店に行き、鳩時計の箱を収めた大きな袋を受け取るとすぐ、僕らは駅への近道と思しき大通りへ出、タクシーを目で探しながら駅方向に急いだ。

歩き始めると間もなく後ろからタクシーが来て停まった。駅まで幾らで行く？　と問えば「一〇ユーロ」と運転手。確かガイドブックには八ユーロくらいと書いてあったのを憶えていたが、ここで今交渉していても始まらない。さっさと乗り込む。中央駅まではあっという間。一〇時過ぎに着いたが、スーツケースとリュック、それに鳩時計の大きな箱を抱えて歩いていたら、列車に間に合っていたかどうか……。少なくともギリギリ着で、ハラハラ、かつ、しんどい思いをしたに違いない。

この旅ではいろいろな乗り物に乗ってきたが、タクシーもどこかで使うだろうと何となく予想もし、乗り方ぐらいはガイドブックでチェックしていた。この時は大荷物だったからタクシーを利用するにはちょうど良い機会だったが、こんなに瞬間的な利用になるとはさすがに思っていなかった。

そして一〇時一七分。二人と大切な鳩時計を乗せたウィーン行きレイルジェットはインスブルックを出発した。

置いてきた　インスブルックに　旅ごころ

列車は途中、一時間ほどドイツ国内を経由してザルツブルクを目指す。その方がオーストリア国内ルートを採るより近道になるようだ。このドイツ経由というのが何だかうれしく、今回は三ヵ国を周遊したのだと、あとで言いたくて、ドイツの景色を心に刻もう、特に国境を越える瞬間は見逃すまい、とスマホを握りしめて車窓を注視し続けた。が、これといって変化のないローカルな景色が続く間に、国境らしき地点も判然としないまま通過していたのだった。

そうこうしているうちに、レイルジェット二回めのチャンスというのに、またしても食堂車へ移って食事する機会を逸した。この時間にお昼をまたぐ。ザルツブルクに着いたらツアーが待っている。だから初めから車中で昼食、というプランとしていたはずで、まだまだお腹が空いてないという事情はあったにせよ、せめてケーキとコーヒーぐらいでも――せっかくのドイツ紀行で――楽しめば良かったな……。


一二時〇三分、ザルツブルク駅に到着。

ツアーの集合時間は一三時四五分だ。今日のホテルに荷物を預けたら、すぐにツアー受付へ向かおうと、まずは駅前をホテル目指して歩く。バスターミナルを横切って駅の向かい側を行くと、通り過ぎるお店の様子、街の姿はこれまでの街と違い、至って普通で、ここへ来ていよいよ普通の外国の都会に来た、と感じた。舞も同じように感じたと言う。インスブルックに着いた時、少し感じたことが、ここへ来てハッキリと感じられたのだ。逆にいえばそれまでの街が、着いた瞬間から、それほど強い独特で新鮮な印象を旅人に与えてきたということだろう。

ホテルは駅から数分のところにあった。早い到着だがチェックインOKとのことで、客室へ。今度はまた昨日と全く違う、家具一式に木をそのまま生かしたシックな雰囲気の広い部屋だ。

木の濃い茶色と白壁のシンプルな組み合わせは南ドイツの風情かと思われたが、さりげなく飾られた壁掛け照明はキャンドル立ての姿で、そのぐっとオーストリアらしい色使いと曲線は優美さを漂わせている。両国の狭間にあるこの街らしいインテリアなのでは、とうれしく思った。

だが僕らはゆっくりしてはいられない。すぐ身支度を整えると、ツアー受付の目印となっているザンクト・アンドレー教会目指してホテルを出発。まずはパン屋さんに立ち寄り、バスの席でも食べられるよう、サンドイッチとパンを買い込むと、鉄道線路のガード下をくぐり抜け、旧市街へと向かう。目的地までは五〇〇メートルほどの距離だ。

——と思ったら、これがなかなか着かない。人どおりの少ないビル街の間を二人行くのだが、もうとっくに着いて良い頃なのに、着かない。そのうちに、前方が道の突き当たりになっているのが見えた。そんなはずはない。これは道を間違えたようだぞ……。

自由な街歩きでならともかく、こんな時に限って、着くべき時間が決まっているのだから困った、焦った。舞は相当心配になっているようだが、僕は、前を歩いている家族連れに声をかけたのだ。ドイツ語で。

エンチュールディゲン・ジー、ビッテ（すみませんが）。ヴォー・イスト・デア……シュロス・ミラベル（ミラベル宮殿はどこですか）？

僕はここぞとばかり、大学に入学したての頃に習った、道を訪ねるドイツ語のフレーズを、通りを行く人に向けて放ったのだ。おお、ついに使えたぞ、使ったぞと、困った風を装いつつも内心、僕は実は、うれしかった。これを使う絶好のシチュエーションがばっちり現れたのだから。これまでも旅の中で何か簡単な言葉は喋ってはきたが、ダンケ・シェーン（ありがとうございます）やビッテ（お願いします、どうぞ等）の他は何を適当に喋ってきたのだか……。もっぱら娘の英語に頼ってきたのだった。だがこのフレーズは、ドイツ語初級会話テキストのレクツィオン1《アインス》（レッスン1）冒頭の会話で、思い入れ？　が違うのだ。

家族連れはお父さん、お母さんと娘さんの三人で、ここは全然違うよ、ずっと右のほうへ行くんだ、右へ幾つ目かの角をまた右へ……と指をさして親切に教えてくれる。こちらは質問はできても、答え方は、まっすぐ、右、左くらいしか憶えていないので、すぐにいろいろ喋られて一瞬ひるんだが、いやいや、身振り手振りと表情でだいたい分かるではないか。

結局、私たちもちょうどそちらの方へ行くから付いていきて、と言ってくれ、僕は舞にそう伝えると二人で家族連れに付いて歩き、五つ六つの通りを横切ったろうか、無事、ミラベル宮殿の見えるところまで来た。ツアー受付は宮殿の手前にあるザンクト・アンドレー教会前。集合時刻まで五分ほどになっていた。

　間に合わぬ！　前行く人に　道訪ね

ツアーバスがもうそこに来ているのですぐ分かった。ドアを開け、スタッフが確認しながら次々と客を中へ案内している。バウチャーを取り出して、僕らも列に並ぶ。バスはドイツのゼトラ社製ハイデッカーの長大車だ。ガイドブックの写真で見たとおり、ボディが『サウンド・オブ・ミュージック』の映画の場面で派手にラッピングされているから、誰が見てもひと目で分かる。スタッフはわれわれのバウチャーをじっくり見ていたので少し不安になったが、ＯＫサインを出して明るく僕らにこのバスに乗るよう言ってくれた。今日は二台出るようだ。

車内に日本人は一人もおらず、満席だ。皆、結構盛り上がっている様子で、車内は明るく楽しげなムードで溢れている。さあ、いよいよこれから約四時間のバスツアーの始まりだ。ツアー参加の機会、大勢と一緒に観光する時間はここまで一度もなかったので、こちらの気分も変わり、わくわくしてくる。これまで二人だけで来たし、列車での移動中は周りがとても静かだったので、なおさらバスの中のムードが賑やかに感じられる。

ツアーガイドがこれまた元気で明るい金髪のお嬢さんで、早口の英語でまくしたてるので僕にはほとんど分からない。だがこの人が一緒に連れていってくれるのだから心強い。ここは安心、安心。何の心配も要らないぞ、と気が楽だ。これがツアーの良いところ。

バスはまず、映画でトラップ邸の撮影に使われたというレオポルツクロン城へ。湖の対岸から眺める。

次いでマリアと子どもたちが木登りをして遊んだ並木の間を抜け、ヘルブルン宮殿へ。ここは水を使った仕掛けがたくさん、とテレビで紹介されたのを見たことがあるので、このツアーが立ち寄ってくれるのを楽しみにしていたのだが、さすがに映画と関係のないところを見て回る時間はない。ここに立ち寄るのは、リーズルがロルフと「もうすぐ一七歳」を歌い踊るガラスのあずまや、いわゆるガゼボが移築されているからだ。案内看板を見ると、広大な敷地の中、正面入り口とは正反対の、一番奥の方にそれはある。バスの一行は裏側の入り口から入って、このガゼボ、いわく「サウンド・オブ・ミュージック・パビリオン」だけ見学した。

バスはこのあとノンベルク修道院の近くを通って三〇分ほど走り、ザルツブルク東方の湖水地方へ。ザンクト・ギルゲンの街と、その背景にヴォルフガング湖を一望にする丘の上で写真ストップ。

そしてバスはさらに湖水地方の奥へ、モントゼーへと向かう。車内では「ひとりぼっちの山羊飼い」の愉快な人形劇に登場した子山羊のぬいぐるみが順番に席に回されてきて、大いに盛り上がる。目をパチクリさせたこの可愛い顔のぬいぐるみが回ってくると、僕らも思わず大喜びしてしまった。子山羊を真ん中に、舞と自撮りで楽しい記念写真を残すことができた。それぞれに国は違っても、この映画の好きな人、この映画を知っている人ばかりだからこその、この共有感、一体感。バスツアーの、とりわけテーマを絞ったバスツアーの楽しさをたっぷりと味わった。

ツアーはモントゼーの聖ミヒャエル教会へ。マリアとトラップ大佐が結婚式を挙げた、荘厳なパイプオルガンが鳴り響き「マリア」の合唱で祝福された、あの教会だ。三〇年前、僕と妻の結婚披露宴で、洋装へのお色直しの時はこの曲で登場したのだった。

モント湖畔の駐車場にバスをとめると、この教会までの道のりは、日本の遊園地でいうところのチューチュートレイン（汽車ぽっぽ）に乗り換えて、結構な距離をぐんぐんと坂道を上って行った。真っ赤な塗装の、ミニトレイン型の可愛いバスだ。客車を三両ほどつないで行く。思わぬ乗り物にもう一つ、ここで乗ることができ、愉快だ。

さて教会は各自自由見学で、われわれ一行を下ろすとガイドもトレインもどこかへ行ってしまった。教会前の広場で再集合してください、と確か言ったのを聞いてはいたが、時間を聞き逃した。教会前に着いたのが四時半前だったから、普通は三〇分後の五時だろう。五時にお迎えが来るのだろう、そう思って教会をじっくり見てから例によって絵葉書など買った後、広場に何軒も並ぶオープンカフェの一つに腰を下ろし、ジェラートを食べてひと休みした。今日のランチはバスで移動中に車内で食べたパンだったので（それはそれでピクニック気分で楽しいが）、ほんのひと時だったがここで良い時間を過ごした。

――が、どうもおかしい。バスに一緒に乗っていた人たちが周りに誰もいないようだ、と気づく。もしかしたら、集合場所を聞き間違えたのではないか。え？　大丈夫か？　ここでもし置いて行かれたら、どこにバスが待機しているのかすら、全くわからんぞ……。

来る？　来ない？　帰りのお迎え　置いてかれ？

だが心配は杞憂だった。まもなく先ほどのトレインが現れ、どこからともなくバスの一行がぱらぱらと現れて、皆乗り込んだ。やれやれ……。何だかバスツアーということですっかり安心していたら、一旦はぐれたが最後、自分で居場所を把握していないから、どこをどう戻ったら良いのかさっぱり分からないではないか。日本の旅行会社のツアーなら添乗員さんが待っていてくれたり、探してもくれようが、個人で申し込んだ現地ツアーでは果たしてどうなることやら……。

トレインはモント湖畔で小休止。湖には船も出ているのでちょっとした観光地らしい。バスの駐車場まで戻ると、あとは出発地点のミラベル宮殿前を目指して一路、バスは走る。

六時一〇分前、バスがミラベル宮殿の前に到着すると、全員バスを降りていった。サウンド・オブ・ミュージックの旅を十二分に満喫し、無事、解散と相成った。ツアーはミラベル宮殿もコースのうちに入れていたが、修道院を車窓に見ただけで通り過ぎたように、ここも最後に各自見学して自由解散のようだった。

花が一杯のミラベル宮殿の庭園からホーエンザルツブルク城を望む眺めは本当に美しかった。手前の階段に上がり、宮殿を左に、庭園を正面に見て、さらに絵になる写真を撮り合おうとあれこれアングルを狙っていると、視線の向こうに先ほどのバスの一行らしき人たちが一つにまとまっているではないか。え？　あの元気なツアーガイドさんも何か一所懸命、喋ってる……。

どうやらそれが、ツアーの続きだということは確かなようだった。僕らはバスを降りた時、お疲れ様でした、とガイドさんも挨拶していたと思い込んで自由に見ていたのだが、あに図らんや、一行はちゃんとガイド説明付きで、映画に出てきた「ペガサスの泉」の説明をその前で聞いているのだった。まあ、どっちにしても英語の早口の説明では何も聞き取れなかったとは思うが……。

映画ではこの庭園のあちこちが映っていた。この時刻でもまだ雲一つない青空がひろがるザルツブルクの夕べを、僕らはしばらくの間、楽しんだ。

ホテルへ戻り、今日、道を間違えた理由が分かった。ホテルが十字路の角っこ、東南に面した角にあり、その出入り口が東西の通り側と南北の通り側の両方にあったのだ。僕らは最初ホテルに入った南側の入り口から出て南へ行けば良かったのに、フロント寄りの反対側から出てしまい、南へ進んでいるつもりが、その実、東へ東へと歩いていたのだった。どちらを行っても最初に鉄道線の下に丸く開けられたトンネルをくぐっていくので、全く気づかなかったのだ。夕食に再び街へ出て、そのことがよく分かった。

今宵の食事はどこにしようか。歩き出して間もなく、ホテルのビアガーデンレストランがあった。今日は街なかで良い食事をしようかと考えていたのだが、辺りが暗くなる中、庭の中で食事をするのもちょっと良さそうに思ったのと、メニュー看板に本で見たオーストリア料理があったので、あっさりとここに決めた。

ここでターフェルシュピッツを食べたが、これに他の薬味などとともに濃い緑色のポタージュ状のものがスープ皿で供されたのにはちょっと驚いた。何だろうと思った——海外では、しばしば経験することだ——が、ほうれん草か何かのようで、これもソースにして僕はおいしくいただいたが、舞も喜んで味わっているものと思っていたら、どうやらこの料理は彼女の口に合わなかったようだった。であれば、すぐにそう言ってくれれば、もっと別のメニューを頼んだり、他の店にさらに行っても良かったのだが……と父は思うのだが、いつも小食の舞は初めにオーダーした以上の量は食べられないので、供された料理とスープでお腹を満たしたのだった。

部屋へ戻ると、どうやら空調が壊れているようで、寒い。フロントに連絡して見てもらうと、これで直った、と帰っていくがやっぱり寒い。二、三回、若い女性が見に来てはくれたが、それほど暖かくなったとは思えなかった。が、部屋を換えてもらうほどでもないと思ったので、そのまま、部屋で洗濯などして、今日一日を終えることになった。洗濯は、連泊する宿で初日にやらないと服が回せないので、今日やらなくてはならなかった。

【旅の計画】 9月7日㈮

行動計画			
ザルツブルクからザルツカンマーグートへの旅：日帰りハルシュタット観光 ザルツブルク07：12→7：58アットナング・プッハイム乗り換え8：11→(ザルツカンマーグート線)→09：25ハルシュタット駅。 ハルシュタット駅9：30～(渡船(8分))～対岸着。 ハルシュタット観光(OP:ケーブルカーと塩坑見学ツアー)。 帰路は、渡船14：15(または14：45)～ハルシュタット駅14：32(または15：07)→14：52(または17：34)バート・イシュル15：24(または16：24)＝(ポストバス)＝16：57(または17：57)ザルツブルク帰着※。			
食事(朝・昼・夕)			宿泊
ザルツブルク	ハルシュタット	ザルツブルク	ホテルS
備　考			
ユーレイルパス5日目。 ※バス代@約1,300円。帰路、最終渡船の18：15発となった場合でも、ハルシュタット18：32→19：47アットナング・プッハイム乗り換え20：00→20：48ザルツブルクにパスで帰れる。なお、帰着後、ザルツブルクカード24Hを購入、明日の出発まで利用。			

(移動手段：⇒航空機、→鉄道、…登山鉄道・索道等、一徒歩、～船、＝バス)

第八日　九月七日㈮

今日は舞が一番心待ちにしていたハルシュタットへのワンデイトリップ。五時半から起きてせっせと支度しているのだが、何ということか、天気が思わしくない。折り畳み傘を持ち、雨の日の装備をしてホテルを出発した。

予定どおり七時一二分発のウィーン行きレイルジェットでザルツブルク中央駅を出発。ザルツカンマーグート線への乗り換え駅であるアットナング・プッハイムで真っ赤なシティシャトルに乗り換え、ローカル線の旅が続く。

この支線は風光明媚な湖水地方を行くルート。進行方向に向かって左側の車窓に最初の湖が見え始める辺りから、例の赤い鉄道時刻表でお勧め景勝ルートに選ばれていた景色が広がるというので楽しみにしていたのだが、何といってもこの天気。せっかくの景色も台無しで、どんよりした曇り空の下では、湖と湖畔の街と背後の山々が織り成す美しい風景もすっかり沈み込んで見えるのだった。

　乗り換えて一時間ちょっとで着いたハルシュタット駅はとっても小さな無人駅だった。同時に降りた中国人観光客らと、駅のすぐ脇の道を湖岸へ下るとハルシュタット湖の渡し船乗り場だ。乗り込む時、往復割引切符を勧められたが、この天気ではハルシュタットで一日たっぷり過ごすことはできないかもしれないと思った僕は、帰りはバスで村から直接、温泉保養地バート・イシュルへ向かうこともありかも、と考えて片道切符を二枚買った。来る前にイメージした優雅さは微塵もない〝渡し船〟そのものに二人乗り込む。

　船内には一〇人ちょっと座れる席があり、初めはほぼ全員腰掛けていたが、船の窓が曇って対岸の景色が全然見えない。ほどなく皆、席を立ち始め、後ろのデッキに出て、対岸に徐々に近づいてくるハルシュタットの村を望むのだった。中国人観光客らは口々にその景色の美しさを賛美しながら盛んに同行者と記念写真を撮るのだが、小さな船なので、ベストポイントに陣取られてしまうとこちらが撮ろうにもその人がどうしてもアップで入ってしまい、なかなかうまく撮れない。空くのを待つうちに村はどんどん目の前まで迫ってきてしまうのだった。

　湖の上から眺めた村は、教会の塔と家並みのすぐ近くまで雲がすっかり降りて全体が霞んでいた。緑の木々で覆われた山がすぐ背後に迫っているが、その木々も途中で真っ白な霧の中に隠れていた。まだ何とか雨は降り出してはいなかったものの、その幻想的な光景は〝雨に烟《けぶ》る〟

ハルシュタット、その何という美しさよ、といったところか。これこそ東山魁夷の世界だ。

しかし、その光景も、村が近づき、観光客の姿もない船着き場周辺がよく見えるようになるにつれ、何だかちょっぴり寂し気な印象になってきた。それというのも、舞の表情が何とも暗い、のだ。近づく村を背にした舞にカメラを向けると、にこっと微笑む。が、その頬が引きつっている、いや、引きつるまではいかないが、無理して作った笑顔が完全に泣き顔なのだ。

彼女は晴れ女を自負している。僕も晴れ男だ。旅行好きな僕の旅はほぼほぼ晴れていた。彼女もそうだ。だが今回の旅は長い。どこかで必ず雨に見舞われるのは覚悟の上だ、上だった。チューリヒ、ツェルマット、そしてここハルシュタット。ツェルマットは今回一番の目的地だったが、舞の一番の期待はむしろこちらにあったのだ……。一応そうは思っていたが、彼女のこの見るからに暗い表情を見ると、こうまでの思い入れとは思っていなかった父親の理解のなさに気づかされ、しまったと思った。舞の気持ちを思えば、船から見た景色は東山魁夷などではなく、芭蕉の象潟だったろうか（そう考えれば、マッターホルンは松島だったか）。

しまったと思ったのは、そこまでと分かっていれば、天気予報によっては明日に変更できたかもしれなかったからだ。明日のスケジュールはウィーン入りだ。夜はコンサートを予約してある。荷物を持って、ハードでタイトなスケジュールになることは間違いないが、ウィーンへ行く途中でハルシュタットへ行くパターンも、一時は考えたのだ。アットナング・プッハイム駅にコインロッカーが確かあるところまで調べもしていた。ただ、今日でないと、彼女が楽しみにしているハルシュタットにたっぷり丸一日は充てられない、という点が決定打だったのだ。だが、雨の一日、晴れの半日がもしも明らかだったなら、ここで入れ替える判断もあったのではなかったか。

僕は後半のスケジュールに入ってオーストリアの景色に触れた途端――あるいはスーツケースの一件を乗り切った瞬間から、かもしれない――、何となく肩の力が抜けてしまい、以後何らかの変更を企てることもなく、後はひたすらウィーン目指して計画を進めるのみ、というちょっと緩んだ？　気持ちになっていたようだった。逆にいえば、それまで、それほど気持ちが張り詰めていた、昂ぶっていた、ということかもしれない。

村の中心、マルクト広場は船を降りてすぐ目と鼻の先だが、歩き出すとすぐ、とうとう雨が降り出した。傘を出して、人通りの少ないこの美しい広場で写真を撮るが、舞の表情はますます重い。こんな娘の顔は見たことがなかった。曇りの方が写真はきれいに撮れるんだぞ、などとどこかで言ったような気がするが、雨が降り出してはもう、どうしようもない。

僕は、どこでそう言ったのか忘れてしまったが、舞が欲しいと言っていたブランド物の鞄を、一つだけなら買ってあげる、と言ってしまった。自分で欲しいものは何でも買えるよう、一応小遣いも渡してあるのに、ブランド品など高価なものは「買って！」と平気でせがんでくる娘だ。かなわんなぁ、小遣いかカードで、自分で買えば良いではないか――と思っていたが、ここは娘の落ち込みを見るに見かねて……ということころだろう。舞は喜んでくれたようだが、傘の下でベソをかいているような表情は変わらず、少しは持ち直してくれたのかどうか僕には分からなかった。

湖沿いの通りを傘をさして歩く。舞はそれでも、可愛らしい店構えのお土産屋さんに入っていくが、僕は入る気がせず、向かいの家の軒下で雨宿りして待っていた。お店の入り口が狭く、少ない観光客が皆、傘をたたんで入っていくので店内が混雑しているようだったからだが、僕も案外、滅入るとまでは言わないが、結構この状況に閉口していたのかもしれない。

雨宿りしたそのすぐ隣の店は、とても可愛らしい飾り付けをしたテイクアウトのスイーツ屋さんらしいが閉まっていて、見ていると、ちょうど女の子がやってきて、これから店を開けようとしていた。あとで甘いものでも舞と食べようかな……。

通りは一キロも歩かないうちにもう外れに出る。晴れていれば観光客で賑わう通りに違いないが、今日は閑散としていて、お店も半ば閉めているような感じなので、あっという間に端まで来てしまったのだ。

塩坑へ上がるケーブルカーの乗り場が、すぐその先にあった。舞が行きたいと言っていたし、僕も何とか連れていきたいと考えて一日確保したのだが、そこは所要三時間は見るべし、とガイドブックにあった。もしも天気が良かったら、意外と下で時間を取られて行けなかったかもしれないその塩坑へ、これなら充分行けそうだ。坑道の中なら雨に濡れないで済むからちょうど良いし、テレビで見て来た長ーいすべり台は、雨のハルシュタットの印象を楽しいものに変えてくれるかもしれない。塩坑ツアーと往復のケーブルカーがセットになったチケットを買い、ケーブルカーに乗り込んだ。

ケーブルカーはものすごく急な坂をぐんぐん上る。上がると、宙を行くような橋を渡った先に、世界遺産展望橋という、湖にそこだけ突き出した展望ブリッジがあった。先端まで行ってみるが、真下にあるはずの村と湖を見下ろすどころか、周囲全部が真っ白で何にも見えない。かすかに見えるのは、例の東山魁夷の、木々の先端か、水墨画の世界だ。

そこから塩坑まで山道をしばらく登っていく。下では少なかった観光客が、やはり他に行くところがないのか、塩坑入り口まで到着してみると結構な人数が集まってきていた。これから坑道の中を行くのだ。安全上、また汚れても良いよう、つなぎの作業着が貸し出され、全員、服の上から着込む。荷物は預ける。何だか雰囲気が出てきたぞ――。

ぞろぞろと同じ作業着で、ガイドに付いていて、大勢が一列になって屋根付きの木造廊下を坑道入り口へと上っていくその後ろ姿は、何だか囚人か捕虜の隊列を見ているようだ。いやいや、もっと勢いと気分の明るさはあるから、少しマシな表現をするなら日本の修学旅行団体のよう、と言い換えれば良いか。

坑道の中は暗く、狭く、そして観光客を入れる割には意外なほど長い道のりだった。

一五分ほども歩いたろうか、木製の二列あるすべり台のところへ来た。中央部分にまたがるようにして、一気に地下からさらに深い地下へと滑り降りる。かつては坑夫が実際にこれを利用して、より深い地中の底へと潜っていったというものだが、今やドキドキのアトラクションだ。すべり台は二度あらわれ、「世界ふしぎ発見！」で見たのは二つ目の、より長いほうだったと思うが、この二つ目で、滑っている瞬間の姿を記念写真に撮ってくれた。まさにアトラクション。楽しかった。

ツアーは、坑道の中のホールでアルプス造山運動と塩坑の成り立ちを映像で学習したり、鉱山労働の実物資料を見たり、岩塩の結晶の塊を見たりして、いろいろな説明を聞きながら進む。ツアーの最後はトロッコ列車だ。木製の長い台車の上に、坑夫を七、八人はまたがらせたかと思われる長い木造ベンチを取り付けただけの、至ってシンプルな（掴まるところがない！）造りのトロッコを何両かつなぎ、バッテリーカーで軌道の上を牽引する。これに乗って一気に坑道の中を走り抜けていくのは実に爽快だった。

トロッコは暗くて狭い坑道の中をガタガタと揺れに揺れ、案外長い時間、出口に向かってひた走るのだが、他の観光客らと一緒に僕ら二人、前後にトロッコにまたがり明るい外まで出てきてみると、後ろにいた舞の顔も、すっかり明るさを取り戻していた。

外に出ると、少し雨も小降りになってきていた。展望橋へつながる谷越えの橋を遠望しながら下りてくると、先ほどは向こうの景色は何もなく白一色の世界だったのが、雲の切れ間からすぐ向こうに迫る山容が次第に見え始めてきていた。

麓に下り、再び湖沿いの通りを戻る。やった！　雨が止んできた……。先ほど歩いた時の景色が、雨に烟るハルシュタットの幻想的な風景だったとするると、今の景色を何と表現すれば良いのだろう。雨上がりの空を雲がすらりと横切り、あるいはもくもくと幾重にもたなびき、それが湖面に映り、少し晴れ間すら見えてきた光景。神秘的、神々しい、と言えばちょっと言い過ぎか。

でも僕は、これまで写真で見てきた晴れのハルシュタットも素晴らしいが、こんなハルシュタットの光景も美しいと思った。そして教会と家並みが湖面に映り込み、逆さマッターホルンに次ぐ、まさに逆さハルシュタットを今僕らは見ているのではないか！　と気づくと、ますますこの景色が気に入るのだった。

通りを歩くと、雨が止んだ途端、人通りが増えてきた。僕らは船着き場の反対側まで歩き切ると、さらに先の坂を上がり、この村の写真といえば必ずこのアングルという有名な場所で、何枚も何枚も記念写真を撮った。時刻は二時二〇分。岸に着いてから四時間以上経っている。そして、スマホに映る舞の表情は和らいで、にこやかだった。

予定ではもうこの村を去る時間が近づいていた。いや、せっかく晴れてきたのだから、もっとここにいよう。だいたい、僕らはまだお昼も食べていないのだ。さあ、どこで食べよう、何を食べよう、と意気揚々、雨上がりの道を僕らは取って返した。

けれどランチタイムは少し過ぎたようで、本に載っていたお店を見つけたけれど、すでに昼休みに入っていた。行くとき見たスイーツ屋さんでいかにもおいしそうな焼菓子をたくさん積み上げて売っている。クリームがぎっしり詰まったシャウムロールというお菓子を僕は二つ買って、舞と食べた。これが本当においしかった。僕はお店のチャーミングな女性を写真に撮らせてもらって喜んだ。楽しい旅のひとコマだ。

さらに行くと、湖側のレストランに、本で見た魚料理があるのを入り口表示で発見。ここに決めて入った。

天気は良くなっていると思っていたのに、再びざっと降りだしていて、パラソルを立てた雰囲気の良いウッドデッキ席があるが今日は使えない。それでも、湖に張り出すように造られたこのレストランは、店内から湖越しに教会方面の美しい風景がばっちり見える好立地だった。店内はまだ混んでいたので初めは景色の見えない席だったが、料理を待つうちに湖側の席が空き、そこに案内してくれた。すると、ここが落ち着けて、景色も良い、素晴らしい席だった。良かったね、と二人、喜んだ。

僕が食べたのはハルシュタット湖の鱒（ライナンケ）の姿焼き。いや、ハルシュタット湖産ではないかもしれないが、湖水地方の名物料理を食べたには違いない。これが意外なほどボリュームもあり大満足の味だった。皿にはサラダやポテトも添えられていた。舞はパスタ入りのスープとレモンティー、と相変わらず少食だ。僕はここでビールを喉に流し込み、ようやく寛いだ気分になった。食べ終わるともう四時前で、外は雨もすっかり止んでいた。

今度こそ雨上がりの湖畔を歩く。雲はようやく晴れ上がってきて景色はいよいよ美しい。四時四五分の渡し船に乗れば帰りの列車との連絡も良く、ザルツブルクに八時前には戻れるので、これに乗ることに決め、通りを戻る。

僕は時間ぎりぎりまで敢えて何かしていたい性質で、船着き場で、ただ待つということが苦手だ。せっかくの、この時間が惜しいではないか。船着き場近くまで戻ると、残りの時間で僕は少し坂を上がったところにあるカトリック教会へ急ぐことにした。舞はというと、急ぐのはイヤなタイプ。ちゃんと時間までに戻ってよ！ と僕に注文を付け、一人、乗り場で待つと言う。

カトリック教会は意外なほど高台にあり、やっと上がってみると村と湖の景色がまた違った高い角度から見え、船着き場周辺の全景も見下ろせた。また墓地がたくさんの花で飾られ、教会内部も美しく、少しの時間でも舞も来れば良かったのに、と本当に思った。

一人待つ娘をハラハラさせたかと思うが、僕は予定時刻直前に乗り場へ戻ると、到着した船に、ともに乗り込んだ。ハルシュタットともお別れの時間だ。結局、七時間ここにいた。満喫したといって良い。最後は晴れて、何よりだ。

少しずつ岸を離れてゆく船から、舞はいつまでも名残惜しそうに写真を撮り続けている。来た時と違って雲は山の上のほうに逸れ、こんなにも村のすぐ後ろまで大きな山が迫っていたことに改めて驚かされた。一時は水墨画の世界だった光景に、空の青、湖の青と、雲の白、山の緑と青と、といった色が付き、まさしく山紫水明。帰りの船では舞の笑顔もすっかり優しさを取り戻していた。

もしもウィーンに入る日に今日の予定を変更していたら、三時間足らずでこの村をあとにしていただろう。せいぜい通り沿いの観光に終わり、とても満喫はかなわなかったはずだ。きっと後ろ髪引かれる思いで、二人、帰りのこの船に乗っていたことだろう。

ハルシュタット駅を五時〇七分の列車で出発。来るとき通った時には寂し気だった景勝ルートは、六時を回っていたというのに、トラウンキルヒェン辺りの湖畔の佇まいもその背後の山も、とてもきれいだった。アットナング・プッハイム駅には六時四四分着。同駅を七時ちょうど発のレイルジェットに乗り換え、七時四八分、無事ザルツブルクに帰着した。

遅い時間にお昼を食べたので、舞は夕食を食べに出るまでもないと言う。今日はザルツブルク最後の夜だったが、帰りに中央駅のパン屋さんでサンドイッチなど買い込み、お腹が減った頃に食べることにした。僕はビールも欲しかったので、明日の朝食も買っておこうと再び出かけ、酒のつまみと、舞はおやつと飲みものなどを買い、ホテルで寛いで今日一日のご苦労さん会とした。

湖畔は雨　岩塩坑に　救われて
雨の村　心に残し　湖《うみ》渡る

【旅の計画】 9月8日㈯

行動計画			
ザルツブルクから旅の終着地ウィーンへ ザルツブルク市内（旧市街）観光。 昼食後、新市街観光。 ザルツブルク15：08→（67RJ，列車内にて軽食を。）→17：30ウィーン。 チェックイン後、19：15より「楽友協会」ボックスオフィスにてチケット受け取り※。「ウィーン・モーツァルト・オーケストラ」（20：15開演、22時終演）鑑賞。			
食事（朝・昼・夕）			宿泊
ザルツブルク	ザルツブルク	ウィーン	ホテルT
備　考			
ユーレイルパス6日目。 ※国際学生証提示（半額）。			

（移動手段：⇒航空機、→鉄道、…登山鉄道・索道等、―徒歩、～船、＝バス）

第九日　九月八日（土）

今日はいよいよ旅の終着地ウィーンへ入る日だ。午後までザルツブルク市内観光の時間もしっかりある。天気は快晴。

朝食は昨日買っておいたパンとヨーグルト。日本では見かけない木苺やさくらんぼのヨーグルトがとてもおいしい。舞はこの種のベリー系が大好物なので、毎日のように食べられてうれしそうだ。

荷物をフロントに預け、八時半にホテルを出発。新市街を突っ切って旧市街へ行く途中、ザルツブルクカードを売っているところがあったので、二四時間券を二枚購入。これ一枚でほとんどの観光はできる。学生は半額というのも素晴らしい。シュターツ橋からザルツァッハ川を越えて旧市街へと入る。

モーツァルト広場、レジデンツ広場を見て、ケーブルカーでホーエンザルツブルク城へ上がる。下から見ても山上に広がる城砦を成しているが、上がってみると城はちょっとした街のように広い。四方の景色が手に取るように見え、『サウンド・オブ・ミュージック』のノンベルク修道院も、ツアーではチラ見で終わったがここからは間近に見下ろせた。城砦の博物館をひととおり見て山を下り、大聖堂などの観光ポイントを回り、ちょうど市が立っていて賑やかに露店が軒を並べる通りを歩く。お昼が近いので食事場所を探しがてら、というつもりだ。この辺りはまた、通りと通りの間を結ぶ、路地のような通路（パサージュ）が入り組んでいて、これがなかなか楽しい。

通りがかりに舞が、ガイドブックに載っていたという、ケーキが自慢のカフェを発見。昼食前だが見つけついでに入る。僕はコーヒーとマロンのケーキ、舞は紅茶と木苺のケーキをオーダー。ほっとひと休みできた。が、舞はこれでお腹が落ち着いてしまったようだった。

それから、ザルツブルクへ来たら見逃すわけにはいかないモーツァルトの生家を見て、再び賑やかな通りをあちこち散策し、ザンクトペーター修道院へ戻ってきた。ここの墓地とカタコンベ、そして教会の堂内も見逃せない。とくにハルシュタットでカトリック教会を見ていない舞に、ここをじっくり見てもらえたのは良かった。

こうして旧市街を行ったり来たり、二人で街歩きを楽しんで、帰りはマカルト小橋からザルツァッハ川を渡って新市街へと戻った。結局、今日も昼食を食べそびれたまま、僕らはホテルに帰って荷物を受け取ると、予定した三時〇八分発のウィーン空港行きレイルジェットでザルツブルク中央駅をあとにした。

ところで、今日はたっぷり、いわゆる市内観光を楽しんだ。いろんな街をフリーで二人、見て歩き、毎回そうしてきたようでいて、こうした観光都市を、大勢の観光客に交じって、そのための時間を取って自由にたっぷり過ごすということは、僕らのここまでの行程にはなかったのだ。後半戦に入って肩の力も抜けてきたところで、なおのこと普通の観光客になり切って、この一日を楽しんだのだった。

レイルジェットの車内で、残っていたパンを食べた。パンはありがたいもので、残しておけばちゃんと役に立つようだ。こんな鉄道旅にはなお有効と思われた。

逆にいうと僕たちは結局、何度もレイルジェットに乗っていながら、とうとう一度も食堂車で食事することなく最後まで来てしまったわけで、これは思えば残念なことではあった。荷物は南京錠とワイヤーロックを取り付けてまで守っているのだから、席を外して食堂車に行くこともできたはずなんだが……。状況としては、予定どおり（やっと）乗り込んでほっとした時間を、景色を見ながら味わっている、寛いで過ごしている、という感じで、わざわざ席を立つまでもないか、という気持ちになってしまっていた、というのが実感だ。が、そこを敢えて席を立ち、列車旅をもう一段、楽しむべきではあった。

食事についてもう一つ言うとすれば、行った先ごとに、土地の名物料理をいろいろ食べようぞと貪欲に考えていた割に、実際は簡単に済ませてしまうか、食べないでいる、ということが予想外に多い。これは舞が思った以上に小食であるということがあるが、朝食をしっかり食べるとなかなかお腹が空かないため、いろいろ張り切って行動しているとタイミングを失することになり、昼を食べない、もしくは、昼が遅くなれば晩は要らない、という展開に、まま、なった。ウィーンでは、ゆっくり滞在するのだから、いろんなおいしいものを食べよう——。

そして、五時三〇分。僕たちはついにウィーン中央駅に降り立った。

今日の晩はウィーンならではのコンサートを、ウィーンならではの会場で楽しんで、音楽の都ウィーンにいるぞ！　来たぞ！　という気分にどっぷりと浸るのだ。だが、そこからはもう、計画があって、ないようなもの。全てがフリータイム。あとは気ままに、この街を楽しむのだ——。やれやれ、ついにわれわれの旅もここまで来たか。そんな充足感を、到着前からすでに感じ始めていた。

といっても今夜はまず、七時一五分からのチケット受け取り開始時刻めがけて今宵のコンサート会場、楽友協会に向かわねばならない。ウィーン到着気分に浸っている余裕はない。到着するなり僕らは地下鉄に乗り換え、今日からの宿に直行した。

フォルクステアター駅からホテルへは近いはずだったが、大回りしてしまい、六時二五分頃チェックイン。思ったより小ぶりのホテルだったが、そのぶん親しみも感じられて気楽でいられそうだし、清潔感もあり、部屋も落ち着けそうで、何日も滞在するにはちょうど良いホテルを選んだ、と思えた。

僕らは、ドレスアップとまではいかないが用意してきた一番のおしゃれ着に着替えると、すぐ地下鉄駅に取って返した。カールスプラッツ駅から徒歩数分で楽友協会に到着。開場前だがすでに建物正面には人だかりができていた。中国人観光客らしき人たちの姿も多く、一九世紀の建築というこの立派な建物を背に盛んに記念写真を撮っている。割と普通の格好をしている人も多いようだ。

さあ、開場時刻だ。続々と中へ入っていく人たちの列に続いて入場し、ボックスオフィスを見つけると並び、持参したバウチャーを提示して、ようやくチケットを手にした。ちゃんとプログラムの冊子も付いてきた。ウィーン・モーツァルト・オーケストラ三〇周年記念CDも隣のショップでちゃんと一人一枚、受け取ることができた。そのジャケット写真も黄金のホールで、今日のコンサート最高の記念品だ。

開演まで、まだ時間がある。僕らはいかにも優美な楽友協会建物内を見て回ると、開演前のひと時を、ちょっと落ち着いて優雅な気分に浸ろうと、ホワイエのブッフェでコーヒーを飲むことにした。いや、優雅な気分、というなら少なくとも僕はワインかシャンパンにしたはずだが、観光、移動と、今日のスケジュールを目一杯こなしてきて、なお今宵は続くのだ。どころか今日のメインイベントはこれからだ。少々疲れたからとて、ここでお酒など飲んで、大事なコンサートの途中で、よもや眠気がさしては……とか、遅くなる帰りの夜道のこととか、考えたに違いない。いずれにしても、ようやくここでひと息つけたわけだ。

そして黄金のホール内へ。どこを見ても金色に光り輝く内部装飾の、何という華麗さだろう。僕らの席は……というと、一列の五番と六番。自ら取った最前列だ。舞がきっとびっくりするだろう……。サプライズとするため席番は告げてなかった。

ところが。席へ向かって下り始めた時、僕は気づいてしまった。何ということか、最前列では肝心のステージの位置が高過ぎて、目の前が木製の舞台前面つまりカベなのだ……。

座席と舞台の間がなく、舞台すれすれまで客席が設けられているのだ。舞台の高さが、座るとほぼ首の辺りまで、ある。顔を上に向けて見上げるようにしていないと壇上の演奏者たちの様子が見えないのではないだろうか。しかも舞台前面には手すりのような柵もある。最前列の真ん中では左右を見るのにいちいち首を一八〇度回さねばならないと慮って僕は敢えて上手寄りの席にした。右を見たり左を向いたりしないで一方向に向く方が首が疲れないだろうし、前の席では斜めからの方が舞台全体をひと目で見渡せると思ったからだ。少なくとも僕のこれまで見てきた多くのコンサートでは、その方が断然良く見ることができた。

だが今、僕らの目の前には学校の体育館のような舞台の構造部分が立ちはだかり、おまけに席の真正面はコントラバスの位置と見え、舞台上の椅子に大きなコントラバスがドンと、まさに視界を遮るかのように立てかけてある。この状態で演奏が始まれば、その背後に居並ぶであろう楽団員の様子は見え辛いに違いなかった。ステージセットは階段状に設営されているから、奥の方の楽団員はさらに高い位置となる。かてて加えて、随分大きなクラシカルな譜面台が全演奏者の椅子の前にずらりと並ぶ……。これはもう、良く見えるのだか、見え辛いのだか。両方ごちゃまぜになって、いったいどうなることやら……。

そういえば、確か料金の高い席は少し後ろだった。最前列にしては料金が安いな、と予約するとき疑問に思ったのだった。より高い料金の席がより良く見えるに決まっているだろう。だのに僕は、ここは視界を遮る柱などない会場だし、一九世紀のホールだから現代の音響設備がなく、ホール全体の造りによって生の音がよく響くよう造られているはずだから、前の方の席で、音や見え方がそんなに変わるはずがない、それにネット情報で、団体客ら一部の観客のマナーの悪さを見ていたので、一番前なら間違いない、むしろ楽しめそうだ、と考えたのだ。

これまで僕はコンサートホールで生のクラシックコンサートを聴いた経験は多くないし、そこで最前列に座った記憶はないが、このホールがこんなにも舞台のすぐ前から客席になっているとは、ちょっと想定外だった。

会場内は人で一杯になってきた。二階席も、左右両翼、ほとんど舞台を回り込む位置まであり、さらには舞台上の両袖部分、そして背後にまで、雛壇状に椅子が並べられてある。奇妙なことに、これらの席に座った観客は高い席から皆、こちらを向いている。この配席は予約時にサイトで見て奇異に感じたが、実際にその場に臨むと、やはり何とも妙な感じだ。後ろ側にも席のあるコンサートホールは、ここに限らず、よくあると聞く。楽団と至近距離にはあるが、その後ろ姿しか見えないはずで（指揮者を見るには良いのだろう）、かくも目一杯、客席を設けている格好だ。最前列がここまで近いと見えないのではないか、などと気にしている場合ではないようだ。

このあと演奏が始まると写真は撮れないので、中国人観光客らが次々と前の方へやってきてはステージをバックに自撮りしたり互いに入れ替わりながら記念写真を撮っていく（それがみんな普段着だ……）。僕らも撮っておこう、と、他の客の邪魔にならぬよう、自分たちの席の前で撮るのだが、後ろの方の席の人たちが次々と舞台前、そして僕らの目の前の、ごくごく狭いスペースにも入り込んできて、平気の風情で撮っていく。

舞がパンフレットとチケットを手にして、舞台を背に、にこやかな顔をしてポーズを取っていると、中国人と思われるおばさんが目ざとく見つけ、何とそのパンフレットを貸してくれ、私も同じように撮ってくれ、と頼まれる始末。開演前の会場内、ことに最前列と舞台の間のわずかなスペースは、かくも大騒ぎなのだった。

それでもさすがに最前列は、一旦コンサートが始まれば、二列目から後ろとは違い、前に他の客がいない。気を散らすもの、邪魔をするものがない。この点は決定的だった。ひとたび演奏が始まると、ネットの口コミにたくさん書かれていた、お喋りやら、きょろきょろしたり伸び上がったりする動き、下手をすると何かを食べたり、といった団体客のマナーの悪さに煩わされることなく、コンサートにしっかり集中できたのだ。

加えて歌手らの、その素晴らしい声ばかりか、その表情も身振り手振りも、舞台を出入りするときの颯爽とした動きと風と、その全てがダイレクトに伝わり、間に遮るものが何一つないことの迫力は本当に感動ものだった。いやはや、初めはこの席に、正直言ってさすがの僕も冷や汗を感じたが、ああ、この席で良かった――。

ウィーン・モーツァルト・オーケストラは観光客向け、とクラシック音楽通の人は言うかもしれない。だがその演奏は本物だった。そして開演から終演まで飽きさせることなく、全てに心から満足した。それが観光客向け、と揶揄される？　もしくは軽く見られるとするならば、ウィーンの演奏水準の高さ、層の厚さは計り知れない、さすが本場だ、ということに尽きるのではないかと思う。

飽きない、と言ったがプログラムが良かった。今宵ウィーンで聴くモーツァルトとして良く練られた構成だと思った。僕には、そしてクラシックが僕より初心者の舞にも、充分過ぎるほど楽しめる内容だった。

コンサートが終わったのは夜一〇時過ぎ。会場外に出て振り返ると、建物が美しく、だがきらびやかにではなくあくまでも荘厳に、ライトアップされていた。つい今ほどまで聴衆だった人々は皆カメラやスマホをいろいろに構えて、いつまでもコンサートの余韻に浸っているようだった。

地下鉄でホテルのあるフォルクステアター駅まで戻ると一一時近かった。だが僕らはまだ食事をしていなかった。今日は昼もろくに食べずに来たのだった。まあ、それも自由な旅の面白いところでもあるわけで、パン屋さんで、キオスクで、あるいはスーパーで買う、こちら風のパンやいろんな軽食を、ホテルの部屋や列車の中で寛いだ気分で食べるのも、実においしく味わえ、楽しいのだった。だが今宵はコンサート帰り。どこかで、らしい食事はできないかな——。

するると、ホテルへ向かうガッセ（小路）沿いに二、三のお店がこの時間も開いていて、通りにテーブルを出して客があちらでもこちらでも食事しているではないか。まだまだウィーンの夜は更け切れていないようで、若者たちがぞろぞろと歩いてもいる。僕らはそのうちの一つのピッツェリアでちょうど客にサービスしていたおじさんに、まだ入ってよいか聞いてみると、にこやかに招き入れてくれた。ああ、良かった……。こうしてウィーン初日の夜は、ようやくありついたおいしいパスタとビールで更けていった。

部屋に戻ると一一時半頃になっていた。風呂を待つ間にテレビを点けると、アコーディオンにベース、ギター、ハープ、パーカッションという編成のオーストリアの若者グループのライブ映像をやっていた。僕はその演奏レベルの高さと熱演ぶりにぐいぐい引き込まれてしまい、〇時を回ってもやめられなくなってしまった。うーん、これまたさすがウィーンというべきか。畏るべし、オーストリア、だ。

予約した　最高の席？　サプライズ！

黄金の　ホールで浸る　モーツァルト

旅の交響楽　第四楽章
ウィーン〜旅の終着地

【旅の計画】　9月9日(日)

行動計画			
ウィーン滞在※ 午前：美術史美術館。 午後：フリー（王宮など）。 夕刻：ハイリゲンシュタット観光、グリンツィングのホイリゲにて夕食（予定）。			
食事（朝・昼・夕）			宿泊
ウィーン	ウィーン	ウィーン	ホテルT
備　考			
※ヴィエナシティカード（またはヴィエナパス）72Hを12日朝まで利用。あるいは、9/9はカード・パスが使えないエリアとハイリゲンシュタット、グリンツィングを回り、9/10-11の2日間を48Hパスで回るといった部分使用・組合せ使用も見学予定に応じ検討する。			

第一〇日　九月九日（日）

　さあ、今日から丸三日間、何の予約も入れていない、完全なフリータイムだ。ウィーンで自由に過ごせるのだ。解放感でいっぱいだが、とうとう最後の街まで来てしまったのだ。ここでもしっかり観光し、楽しむつもりだが、ここではお土産を見て、選び、買って、最後はスーツケースに全てを収納せねばならない。

　移動に次ぐ移動の中で、目一杯盛り込んだ楽しみを満喫することに必死になるあまり、これまで僕らはあまり落ち着いてお土産を買う時間がなかった。一応、お土産（の必要な人ごとに書き出した）リストは二人それぞれ作ってきたが、それに敢えて時間を取るつもりは、僕にはあまりなかった。ツェルマットを出る前、スイス土産はここで買わねば、と、チョコレートなどたくさん買い込んだが、ちょっとしたもの以外にお土産を買うのは、滞在地でもないとなかなか思うようにそのための時間が取れなかった。

僕としては一番のポイントとしていた鳩時計が立派なものを手に入れることができたので、気持ち的には若干余裕もあった。が、舞は自分のものは（父親にねだったりして……）いろいろ手に入れてもきたが、友人らに買っていくものがあまり買えていないようだった。そこでここからの三日間の中で、お土産を選ぶ時間をちゃんと取らねばならない。だから逆にウィーンでは、ショッピングの時間も楽しめるだろう、いや、楽しもう。ここウィーンでこそ。

滞在初日の今日は、七時起床。八時出発。好天だ。

ウィーンのホテルでは朝食を付けていなかった。毎朝、カフェ担当・舞が選ぶカフェで食べようという算段だ。まずはゼツェッシオン（分離派会館）へ向かうが、一〇時の開館まで、その近くのカフェ・ムゼウムで朝食とする。クリムトらが通ったという伝説的なカフェだ。

ウィーンではコーヒーもいろいろあるらしいが、まずはメランジュ。朝食のセットメニューが幾つかあり、二人それぞれ違うものをオーダーすると、舞のも僕のもびっくりするほど可愛くて、きれいで、おしゃれなものが出てきた。舞のにはフルーツやお菓子も付いていて実に色鮮やか。星の模様の丸いパンも独特のものらしく、「センメル」というらしい。まことに気分良くおいしくいただけた。

ゼツェッシオンでは、クリムトの「ベートーヴェンフリーズ」がここへ来ないと見られない壁画なので、じっくり鑑賞。外へ出れば、ユーゲントシュティールの気概溢れる白亜の殿堂、そして黄金のドームが爽やかな青空に燦然と輝き、これぞウィーン、と感じ入った。

今日のメインは美術史美術館、と決めて来た。ここでしっかり時間を取るつもりだ。そして、ここの中にあるカフェが何とも素晴らしいことを本で見て来たので、そこでお昼とお茶をしようと考えていた。

美術館に入る前に、これから三日間、ウィーンでの観光を有利にするため、ツーリスト用のカードをまずは入手せねばならない。僕らは、オペラ座を過ぎたところにあるツーリストインフォメーションまで街を歩き、そこでヴィエナシティカードを購入した。市内の公共交通機関が三日間、自由に乗れる、七二時間タイプのものにした。これを買うより前にゼツェッシオンに行ったのは、ここがシティカードの割引対象になっていなかったからだ。

そしてマリアテレジア広場へ。待望の美術史美術館に入館。結局、ここに都合三時間半くらいいいた。堪能した。素晴らしかった。例のカフェは、というと、ドーム直下のホールにあった。舞はジェラート、それにマンゴージュース、僕はやっぱりビールを飲んでひと休みしたが、朝をしっかり食べたので、まだ昼食というには早かった。舞がスープを飲みたいと言ったので、牛肉と野菜、ヌードルも入ったブイヨンスープをオーダー。温かいウィーン風のスープはとてもおいしかった。

このあと、地下鉄に乗って市立公園へ。金ぴかのヨハン・シュトラウス像は必ずガイドブックに載っている。ここは広い公園で、時間は夕刻、四時前後だったが、多くの人たちが芝生やベンチでのんびりと寛いでいて、まさしく市民憩いの場、という言葉がぴったりだと思った。音楽家の彫像は幾つもあり、ブルックナー、シューベルトの像と見て歩き、また地下鉄を乗り継いで、今度はプラーターへ行った。

プラーターはドナウ川を越えた向こうにあり、明治期に日本が参加したウィーン万博の会場だったから、由緒ある、言わば万博記念公園というのが僕の受け止めだ。ガイドブック的には、映画『第三の男』に出てきた大観覧車があることで有名だ。僕らもそれに乗ろうとやってきたのだが、乗って上から下を見下ろすと、ここが思った以上に規模が大きく立派な遊園地だった。そして時刻は五時前後だというのに随分賑わっていた。

この大観覧車リーゼンラートが、日本で見る大観覧車とは大違い。昔の市電の木造車両が一つひとつのゴンドラになっている、といえば良いだろうか。そう、ゴンドラというなら、ロープウェイの四角いゴンドラをたくさん取り付けて大観覧車にしてある、という方が分かりやすいか。つまりこれこそ「乗り物」なのだ。それが一〇数両、路面でなく空中に、一つずつ順番に、次々と空中へと上がっていくのだ。高さもかなりのところまで行く。世界最古、とは本には書いてなかったが、最初の頃の大観覧車は、こういうものだったのだろう。

以前、僕は二〇〇五年愛知万博に向けた仕事をさせてもらったことがある。博覧会と遊園地の成り立ちや、欧米社会のその時代時代の、世界（異文化）に対する見方には非常に興味を持っていたこともあり、こうした万博史に残る場所にはぜひ来てみたかった。リーゼンラートそのものは、乗ってみれば、面白くはあったが、特段すごいというものでもなかった。が、とにかく来たこと、見たこと、乗ったこと、併せて下界に広がる広大な森の向こうに、ウィーンの市街地は言うに及ばず東西南北、そして遥かにアルプスの端《へり》の方まで見渡せたのは大収穫だった。

一方で舞はというと、眼下に展開する多種多様なアトラクション群に、いかにも乗りたそうな面持ちで目を輝かせているのだった。珍しい乗り物もあるようだったが、下りてからは蝋人形館や、チョコレートミュージアムに興味を示していた。だが時刻も五時を回り、西日が差してきていた。ここに暗くなるまでいて、夜の遊園地と街の夜景を楽しむのも一興だったが、僕らはここから地下鉄一本で直行できる街の中心、シュテファン大聖堂に出ることにした。大聖堂は夜一〇時まで内部見学可能なのだ。

大聖堂に着くと、この壮麗な大建築の正面からちょうど正装をした人たちの行列が神輿に乗せたマリア像を中心に静静と出てくるところだった。周囲には観光客も大勢集まっており、アンデスにもあった聖体行列が行われるところなのだろうかと、思わず引き込まれるように中へ入ると、瞬時に得も言われぬ荘厳な空気に包まれた。

教会のものすごく高い、いわゆるコウモリ天井とそれを支えるたくさんの長い柱の奥の方で、これからミサが始まろうとしているのだった。手前には鉄柵が張られており、そこから中へは入れず、他の大勢の観光客らと一緒に柵の外から見守る形となったが、ミサには敬虔なる大勢の信者たちが次々と参集し、儀式は厳かに執り行われていった。

大聖堂を出ると、時刻は六時半。外の広場は観光馬車の行き交う中、人通りも多くなってきていた。大通りのグラーベンは、道幅も広く、幾つものレストランやカフェが通りに店を出して大いに賑わっている。さすがは歴史あるショッピングストリート。左右に居並ぶ建築を見上げつつ、お店のショーウィンドウを覗きつつ歩く。ペスト記念柱を過ぎ、ペーター教会へ。ここは天蓋に描かれたフレスコ画が美し過ぎる。

しばらく辺りをぶらぶらと見て歩く。舞はこれまでも、チョコレートショップを見つけるや、必ず覗き込んではしばし動きが止まり、スタバを発見するたびに飛び込んではご当地タンブラーを欲しそうに見つめていたが、ウィーンの絵柄のものをこの近くにあったスタバで買ってあげた。何とデザインが今見てきた、乗ってきたあの大観覧車。ウィーンのシンボルということだ。確かにあれこそウィーンにしかない種類のものなのだろう。

それにしても、行くところ行くところでこんなタンブラーを買っていると、かさばると思うのだが……。それと、小遣いを渡してあるのだから自分でこれは欲しいと思うものはすぐ買えば良いのに、といつも思うのだが、こんなものでも買ってあげればとても喜んでくれるのだった。

ここグラーベンの通りに店を出していたレストランで夕食をとることにした。外で、とも思ったが、せっかくなので店内に入った。ウィーン料理の店で、ウィーン風フライドチキンのバックヘンドルなどをここでいただいた。サラダも含め、料理はボリュームもあり、充分に空腹を満たすことができた。舞もとても満足してくれたようだった。

暗くなると辺りは美しくライトアップされ、シュテファン大聖堂はその中心で銀色に輝き、夜の街でも威厳を放ってそびえ立っている。時刻は九時を回ったが、通りは歩く人、たたずむ人、ひと休みする人たちで一杯だ。僕らも広場に腰を下ろして、しばし幻想的な大聖堂を眺めながらジェラートを頬張った。

ホテルに戻ると、ウィーンの街を丸一日、すでに満喫した気分になっていた。が、明日はいよいよベルヴェデーレ宮殿と、王宮をしっかり見る計画だ。お土産も今日はまだ、買えていない。寝た時は午前〇時を回っていた。

ところで、二人が就寝中の部屋では、毎晩、充電機器がフル稼働中だ。特に僕のスマホは旧型だからすぐ充電が切れる厄介な代物とあって、持参した何個ものバッテリーを全部、USBケーブルにつないでタップに接続しておく。日中はこれを取っ換え引っ換えしながら写真を撮っているのだ。これに予備のデジカメ、さらにワイファイ機器の充電もしなければならないから、デスクの上はコードだらけの状態だ。

因みにベッドのすみ分けは、ワードローブないしクローゼットのある側が舞、それらの無い側、つまり概ね窓側が僕、と自然に決まっている。いろいろと身支度の必要な娘には、畢竟、そちら側が必要なのだ。それはまあ、夫婦の場合も同じで当たり前だろうが、僕の側にはデスクないしテーブルと椅子があるので、テレビを見ながら風呂を待つ時間に絵葉書を書くにもちょうど良いのだった。

【旅の計画】 9月10日(月)

行動計画			
ウィーン滞在 終日フリー(レオポルト美術館など)。アート&カフェハウス探訪。			
食事(朝・昼・夕)			宿泊
ウィーン	ウィーン	ウィーン	ホテルT

第一一日 九月一〇日(月)

六時半起床。三階の部屋から窓を開けて下を見ると、目の前の通りは何とかガッセという小路なのだが、六両編成のトラムが速度を落として静かに通過していく。ホテルのすぐ横をカーブを切って曲がっていくのだが、その右折するレールの曲線に沿って、何と歩道も曲線に切ってある。歩道で立ち止まって待つ人はすれすれを車両が通るので危なくはないのかな、と見ていて思うが、細い道を回り込んで通過するにはこうするしかないのだろう。日本では果たして、こうまでして路面電車を細い道に通すだろうか。

トラムが縦横に街を走る市街地の交通システムも素晴らしいが、歩道と車道の間に、とても道幅の広い自転車道路が随所にあるのも感心だ。目の前を速いスピードで自転車が駆け抜けるのには慣れるまでヒヤッとさせられるが、これもクルマより人間優先、環境重視のヨーロッパ社会ならではだろう。日本でも最近増えてきたとはいえ、基本的に違う理念で街づくりをしているのはさすがだ。

七時半出発。外は雲一つない晴天だ。最寄りの駅からトラムに乗って、八時過ぎにカフェ・インペリアルに到着。今朝の朝食はここだ。店内は華麗なシャンデリアが目を引く。コーヒーはアインシュペナーとラテマキアート。卵料理も昨日とは変えてオムレツやポーチエッグにしてみた。昨日のような可愛らしさこそないが、今日は気品漂う正統派の朝食といった趣きで、見るからにおいしそうだ。

だが僕らは朝をゆったり気分で味わうのは良いが、先にも触れたように、しっかり食べ過ぎてお昼が遅くなり、あれこれと行動しているうちに食べそびれるか、カフェで充分、となる傾向があった。

舞はとくに小食だから、朝、こんなに食べたら昼食は抜きで良いらしい。僕としてはいろんな店に入り、二人でいろんなものを食べよう、ウィーンでこそは……と思っていたのだが、日中の活動を目一杯していると食事の時間をこちらも忘れてしまうのだ。逆に活動が中断されることなく、通しで無駄なく行動できているということか。さすれば、やっと一服、がカフェの時間というのも全然悪くない——どころか、却って舞にとり、最高の一日の流れかもしれない。

カフェはホテルインペリアルの中にある。トイレも、そこへ至る通路も、さすがに気品漂うインテリアで、ウィーンの伝統を味わえた。ここがよほど居心地が良かったせいか、舞もゆっくり食事した後、身づくろいしたりして九時半まで過ごし、再びトラムの人となって、ベルヴェデーレ宮殿に出撃した。

さて、ベルヴェデーレ宮殿。ここで池に映る逆さベルヴェデーレ上宮を二人で感嘆しつつ眺めた。空は雲一つない青一色。庭園の緑。端正な宮殿の佇まい。それらがきれいに池の中に映り込み、池の周囲には花が添えられて、何という優雅さだろう。

　ここはクリムトのコレクションで有名な美術館になっていて、ひととおり見て回るのに二時間半ぐらい要した。有名な絵画作品についてはいちいち触れないが、何とここで、あの『嬰児殺し』を発見した。セガンティーニの、題名は怖い（今日ではこのような恐ろしい訳語は付いていないらしく、『悪しき母たち』というようだ。新約聖書に出てくる主題と区別する意味もあるのだろうか？）が僕の心に強烈に焼き付いている、あの作品だ。サン・モリッツにあるわけではなかったのだ。荒涼とした風景が、哀しく、そしてやはり恐ろしく、だけれども美しい絵で、実物はとても大きかった。

　ここで初めて見て僕が気に入ったのは、むしろアルプスの風景や暮らしを描いた作品だった。ことにフェルディナンド・ゲオルグ・ワルドミュラーという人の作品は——思わずこの画家の名前をメモしたのだが——、素朴な山の暮らしと子どもの幸せを優しい眼で描いていて、村の生活って昔はこんなだったのだろうなぁ、と微笑ましく、とても好ましく思われた。他にも昔の駅の様子や街なかの賑わいや、今回の旅で見てきたような氷河の山の風景などを描いた、おそらくローカルな画家たちの作品がとても印象に残った。

　ベルヴェデーレ宮殿を堪能し、昼過ぎにここを出て、再びトラムに乗り、次は王宮ホフブルクを目指す。

　ホフブルク宮は、銀器コレクション、シシィ博物館、皇帝の部屋の共通チケットになっていて、日本語のオーディオガイドを付けてたっぷり見学した。

次いで二時過ぎから、その隣にある国立図書館プルンクザールを見た。日本でも本屋と図書館は一番居心地の良い〝隠れ家〟と思っている僕にとって、ここはまさに感動ものだった。まさしく知の殿堂というに相応しい。ヨーロッパの、知を尊重する伝統とその意識の高さに心から畏れ入った。舞も、いたく感激したようで、今回、ザンクト・ガレンの修道院図書館こそ行けなかったけれど、ここで溜飲を下げてくれたものと思った。

再び市内に出ると三時になっていた。ひと休みしなくてはならない。場所は、王宮のすぐ前にあるデメルだ。ついに来ました、舞待望のカフェ。言わずと知れたザッハートルテの名店だ。店内はかなり混み合っており、歩道のオープンカフェ席が空いたのでここに腰を落ち着けた。ミヒャエル門越しに王宮を眺めながらケーキとコーヒーを味わうという、実に贅沢な時間を過ごした。

オープンカフェなのですぐ隣にも客がいてケーキを食べている。僕らが盛んにケーキの写真を撮ったりしていると、どちらからともなく会話が始まった。いや、僕が「どちらからですか?」と昔憶えたドイツ語でお隣の二人連れに問いかけたような気がする。すると、分からない言葉が返ってきた。SCOUSERだと言う。何のことはない、先方は英語なのだった。が、この言葉の意味が分からない。舞も分からないと言う。ボールペンを渡して僕のガイドブックのカバーに書いてもらって、やっと理解した。イングランドはリバプール出身だと言うのだ。リバプール出身の人を、こう言うらしい。舞は英語で何やらやり取りしている。旅の小さな、楽しいひとコマだ。

僕らの座っているのはコールマルクトというブランド店の多い目抜き通りの一角。何せ突き当りが王宮というのだから、周りの建物も立派だが道行く人々の視線にもさらされる。

席から向かいの建物に目をやれば、ブランドショップが入っているビルに、目立たないが驚くような彫像が埋め込まれていたりする。さすがウィーン。このさり気なさでは、歩いていたら気づかないに違いない。舞は日本から持参した干し梅のおやつをちゃっかり頬張りながら、次々と通り過ぎる観光客やウィーン市民を眺めたり（眺められたり）して、この時間を満喫している風情だ。

デメルには結局、一時間もいた。やはり休憩が長いのがわれわれの問題か。もう四時ではないか。

再び街に出て、いよいよお土産を見よう、ということになった。確かに、ウィーンの日々もあと明日一日しかないのだ。いや、今回の旅の日々が、あと一日で終わるのだ。こんなにのんびりしていて大丈夫か？

僕らはこのあと四時間ほども街をぶらぶら歩き、お店を見て回ってショッピングを楽しんだ。それが、いざ見始めると、灯りがともったショーウィンドウにはすごく可愛いガラス細工の装飾品や、とてもおしゃれな雑貨やら陶器やら、とにかく良いお土産になりそうなものが小さな店にもいろいろあるのだ。そんなお店に思わず入り込むと本人はすっかり夢中になってしまい、相方のことを忘れてしまう。小さな路地裏にも入り込んで行くので、途中、一時的にお互いを見失い、一人ぼっちになっていることに気づき、ちゃんと会えるか不安に駆られる瞬間もあった。

僕はそんな中、ウィルヘルム・ユングマンというとても自分好みの色柄のウィーンブランドの洋服を発見して気になったが、日本では聞いたことのないブランドだし、随分高いようだし、この高級感、日本では、いや僕の生活環境では浮いてしまうかな、僕には向かないよなぁ……などと躊躇するうちに買いそびれた。自分の物となると大きな買い物はなかなか踏ん切りがつかないようで、結局、こまごまとした物ばかりになりそうだが、もともとそのつもりだったわけで、それで良いのだ。

歴史のありそうな建物の一階に何軒か小さなクラフトショップが並んだところがあり、舞がその一軒のショーウィンドウに可愛いらしい革製のバッグを見つけた。イタリア製のしっかりしたものだ。知られたブランド品でない点も気に入った。舞にちょうど良いと思ったので、これを僕が買ってあげることにした。

さらに、目抜き通りのケルントナー通りを見ていくとデパートがあった。デパートというよりファッションビルで、ガイドブックにもモーツァルトゆかりの地としてきちんと紹介されていた。そこでここに入り込み、エスカレータを上がったり下がったりしながらいろいろ見た。

この手の店では僕は娘に付いて歩くしかない。ついに見つけたようだ。ポールヒューイットのブレスレットが、いたく気に入ったようで、これをお兄ちゃんのお土産にどうかと言う。確かになかなかおしゃれだ。値段も、まあお手頃か。わが息子は、こういう装飾品が好きなのだ。舞は色違いのを、ついでに自分も欲しいとねだった。

この種の買い物はここが初めてだった。免税品の手続きをしなければならない。舞にはブランド物のバッグを買ってあげる約束もしていたから、今日明日中に買ってやらねば……と思っていると、舞は前にザルツブルクでだったか、すでに目を付けていたロンシャンのバッグをここでもしっかり見つけていた。免税対象になるブランド物は、ついにここでまとめて買い込むことができたのだ。

こうして充実したショッピングタイムもようやくにして取ることができ、これでひと安心、というところか。時刻も八時を回り、辺りはすっかり暗くなっていた。あとは明日にして、食事をしよう。

夕食はケルントナー通りのシーフードレストランにした。海のない街でシーフードとは……と思わないわけでもなかったが、前にザルツブルクのゲトライデ通りで見かけて興味をそそられたチェーン店だ。今宵こそはと、発見するなりここに決まった。魚介類の様々な料理をブッフェスタイルでずらりと並べており、その前を行き来しながらオーダーし皿に盛ってもらう。舞はエビが大好物で、エビ料理ばかりを幾つも選び、エビ尽くしの夕食となってご満悦。僕は僕で、丸ごとのタコや色とりどりのシーフードてんこ盛りのマリネや、いろんなものをあれもこれも思い切り食べ、かつ飲むことができた。

一日中フリータイムで楽しくてしょうがないウィーンの日々も、あと残すところ明日一日となった。僕らは部屋に帰るとスーツケースの中身をごそごそと整理し始めるのだった。僕は大きめのスーツケースで来たので、思ったよりスペースが空いており、これなら舞の荷物が増えても大丈夫だな、と安心した。

一方の舞はというと、午前〇時近く、寝る前にお土産をチェックして、明日の買い物に備えているようだった。自分のものはいろいろ買っている。買ってもらって大満足だし、家族へのお土産も今日までに選ぶことができた。だがまだ親しい友人にあげるお土産が選べていないのでかなり焦っているらしい。もう、明日に賭けるしかない……と覚悟を決めて、眠りにつくのだった。

【旅の計画】 9月11日㈫

行動計画			
ウィーン滞在 終日、フリー（ゼツェッシオンなど）。土産品の購入・荷造り。			
食事（朝・昼・夕）			宿泊
ウィーン	ウィーン	ウィーン	ホテルT

第一二日　九月一一日（火）

ウィーン滞在最終日が明けた。

アートとカフェを巡り、ウィーンの街を満喫するぞ、と九二日間、歩き回ったつもりだが、それでも僕が当初考えたようには、多くを見て回れてはいないのだった。だが、一つひとつをしっかり見ている、見たいだけ見ている、見ていられるという充足感がある。あとは、見ておかなければならない幾つかの場所を今日見て、買い物もして、最後の夜は念願のハイリゲンシュタットへ行ってホイリゲで打ち上げとするのだ。もう、あれもこれも見て回ろうという貪欲さはいつの間にか頭から消え失せ、これで充分というのか、ちょうど良い感じに楽しめている、満足だ――という落ち着いた気持ち、快い気分になっていた。

今日は六時半起床、七時半出発。最後の一日も好い天気で、ありがたい。

今朝の朝食はカフェ・シュヴァルツェンベルク。八時前に到着。ここは、ウィーン中心部をぐるりと取り囲む、一五〇年以上前に整備された環状道路「リンク」の内側で初のカフェという歴史的な店。シックな店内でもなお落ち着けそうな、壁に絵を飾った端っこの席に着き、随分と高いところまである大きな窓越しに外の通りを眺めながら、寛いで朝食をいただいた。

やはりわれわれは長居をし過ぎるようで、ここに小一時間ほどもいてからシェーンブルン宮殿に向かった。知らず知らず時間が経ってしまうのは、朝のカフェがどこも静かでゆったりとしていて、とても居心地が良いからだ。

午前中はシェーンブルン宮殿を堪能。オーディオガイド付きのグランドツアーに参加して宮殿内を巡った。ナポレオンやウィーン会議など、様々な歴史上のドラマの舞台となったばかりか、マリア・テレジアとモーツァルトのエピソードもあるなどと知ると、さすが宮殿、と逆に見応えを感じた。舞はというと、すでに疲れ果てている様子も見え、せっかくの日本語ガイドも飛ばし飛ばし進むのも致し方なく。

内部を見終えて外に出ると庭園は広大で、やはり見事だった。庭園の中央にある泉のところまで歩き、その後ろに回り込んで、流れ落ちる泉越しに宮殿を眺めたのは一興だったが、さらに奥、丘の上に見えるグロリエッテまでは行かずじまい。世界最古という動物園も省略して地下鉄駅に戻った。僕らは買い物がしたいのだ。

正午前にはリンク内に取って返し、オペラ座界隈からケルントナー通りに再び繰り出し、お土産を買って歩いた。

手頃なお土産品なら何でも揃いそうなお店では、ばらまき土産用に大定番の「モーツァルトクーゲルン」等々。僕は今回、行くところ行くところでご当地柄のショットグラスを選んできたが、ウィーンでもようやくここでたくさんの種類の中から選ぶことができた。なるべくかさばらないものを、大きな割れ物は避けて……と思ってきたが、最後のこの段階になるとオーストリアワインなども買い込んでしまった。他にも幾つかの店に出入りしながら、舞とともども、ひととおり買い揃えることができた。やれやれ、これで安心、安心。

このあと、やはり見逃すわけにはいかないモーツァルトハウスを見て、休憩はカフェだ。今日こそはと舞念願のザッハーへ行き、深紅のワイン色に統一された店内二階でザッハートルテを味わう。

僕は日本ではコーヒーはホットと決まっているが、ウィーンでのコーヒータイムはいろいろなコーヒーを飲むのが楽しく、ここではバニラアイスと生クリームを入れたアイスカフェーをいただいた。本場のザッハートルテはどうかというと、意外と外身のチョコが硬く、すごく味が濃かった、おいしかったが甘過ぎた、というのが舞の感想だった。

ザッハーを出てからも、王室御用達のゲルストナーで王妃ゆかりのスミレの花のお菓子を買い込んだりして街歩きを楽しみながら地下鉄駅に戻り、ハイリゲンシュタットへと向かった。

ハイリゲンシュタット駅に着いた時はすでに四時。駅前からバスに乗り、ベートーヴェン遺書の家（ベートーヴェンハウス）を訪ねた。ここらあたりは郊外とあって閑静な住宅地といった趣き。バスを降りて歩いていても誰ともすれ違わない。遺書の家でも、帰り際まで他の客に誰一人会うこともなかった。これまでリンク内やその周辺ばかりを歩いた時とは全く違ったウィーンの落ち着いた空気を知ることができたのはとても良かった。

遺書の家は、舞によれば「可愛くておしゃれな家」となるが、僕にとって、幾つもの小部屋や中庭を、交響曲第六番、軽やかな『田園』を頭の中でかけながら静かに見て歩くのはとてもとても濃い時間だった。

二階の一角、最後の部屋だったかと思うが、ベートーヴェンの大きな胸像が置かれてあった。それは、どこかへ貸し出されて戻ってきたばかり、といった風情で木製のパレット台を積み上げた上に乗せられ、転げ落ちないよう、オレンジ色の梱包用のテープで固定してあった。テープは両肩のところから二本、無造作にかけられ、それは部屋の中央に何だかぞんざいな扱いで置かれていた。

ところがこれが大迫力で、舞は大いに気に入った様子。ベートーヴェンの難しい顔を真似て深刻な表情を作り、さかんにスマホで胸像とのツーショットを自撮りするのだった。もしも一人で来ていたら笑うことはなかっただろうこの家で、大いに笑わせてもらうとは。この若い娘と来ていなかったならあり得なかったろう。僕の大好きなベートーヴェンと三人一緒に難しい顔で写った写真は、音楽の都を巡る日々の終わりを飾る良い記念になった。

時刻は五時半。遺書の家を出て周りを歩き出すと、わずか二、三軒隣に、念願のホイリゲが店を開けているではないか。ここにするか、さて、どこにしようかと、もう少し行くと、もう一軒。

入り口の門から中庭が見える。ブドウの木が生い繁る中、中央部分にブドウ棚が設えてあり、その下にずらりとテーブル・椅子が並べられ、全ての席に食事のセッティングがされている。すでに何組か客も入っており、実にいい雰囲気だ。僕らはここに決めた。ガイドブックによると、ベートーヴェンが『第九』を作曲した家、とある。そう、ここが下調べして来た最有力候補の一軒だったのだ。

ここに僕らは八時前まで、ほぼ二時間半、いた。酒飲みでもない舞と二人、そんなに長くいられたのも不思議だが、ウィーン最後の夜を心ゆくまで楽しんだ。舞は、ここで収穫したというブドウの果汁。僕は勿論ここで造られた白ワイン。いずれもジョッキで提供されると、まずはこの長旅を何とか無事に最後まで漕ぎ着けたことを祝して二人で乾杯。食事が進むにつれお替りを追加した。

この店の夏の最上メニューというスペアリブを注文したらとてつもなくデカいのが来て、舞も大喜び。二人で食べきれるかな……。付け合わせのポテトも、とても付け合わせというレベルではない。おすすめメニューというカボチャ料理を一つオーダーしたら、これがまたでっかい皿においしく味付けしたカボチャの料理と、生の牛ヒレ肉の薄切りの（本来の）カルパッチョと、色鮮やかな野菜が目一杯、盛ってある。どれもこれも、日本でいえば何人か盛りは充分ある。

僕はもう、うれしくってしょうがない。とても気分良く、本当においしく楽しくいただいた。

楽しみにしていたシュランメル音楽は、暗くなってから演奏が始まるようだった。七時。近くの教会の鐘が鳴り響く。暗くなる前に、ウィーンの絵柄のきれいな絵葉書を早く書き終えねば……。

辺りが暗くなり、中庭にも灯りがともる頃になると、いつの間にこんなに客が入ってきたのだろうと思うくらい店内が賑わっており、見渡すと満席になっていた。生い繁るブドウの葉が灯りに照らされていよいよ雰囲気を増し、演奏が始まった頃には僕もすっかりいい気持ちになってしまっていた。

ホイリゲを出て、表通りのバス停まで歩き、ハイリゲンシュタット駅へ行くバスに再び乗り込んだのは、夜八時だった。

舞の飲んだブドウ果汁は最高においしかったそうで、料理もおいし過ぎたと、とても喜んでくれた。最後の晩に相応しい食事とすることができて本当に良かった。

ウィーン。来て良かった。本当に美しく、素晴らしい街だった。

終着地　こころ自由に　街歩き
見なかった　場所多けれど　満ち足りた
ブドウの木　繁れる庭で　さあ乾杯
ホイリゲの　庭で味わう　二人旅

【旅の計画】 9月12日(水)〜13日(木)

行動計画			
ウィーン；オーストリアから日本へ　いよいよ帰国 朝8時、ウィーン空港へ（※1）。 ウィーン・シュヴェヒャート空港11：15（※2）⇒（フィンエアーAY1472/18A・18B）⇒14：40ヘルシンキ空港乗り換え17：15⇒（フィンエアーAY79/45A・45C；9h35m）⇒08：50セントレア帰着。WiFi返却後、名鉄空港線にて帰宅。			
食事（朝・昼・夕）			宿泊
ウィーン	機内	機内	機中泊
備　考			
※1　ミッテ駅→空港駅は、Sバーンがユーレイルパスで乗車可能。 ※2　WiFi電源OFF。			

（移動手段：⇒航空機、→鉄道、…登山鉄道・索道等、―徒歩、〜船、＝バス）

第一三日・第一四日　九月一二日（水）・一三日（木）

六時起床。荷物をまとめ、ホテルをチェックアウトしたのは七時過ぎだったろうか。帰国便の出発時刻の二時間前までには空港に到着していないといけない。朝食は空港でとることにし、僕はスーツケースとトラベルバッグ、そして例の鳩時計を入れた袋を大事に持ち、舞はスーツケースと折畳み用のバッグに荷物を収め、さらにリュックを背負って、早めに出発した。

舞のスーツケースには旅中で手に入れたステッカーがたくさん貼り付けてある。フィンランド、スイス、ツェルマット、氷河急行、クール、ハイジ村、オーストリア等々が今回の旅で増えたものだが、彼女が前に行った国のも貼ってあり、今や自慢のコレクションの観を呈している。

僕の荷物では、鳩時計の箱を収めた白いビニール袋から、ボーン、ボーン、と中で鐘を打つ音が、持ち歩くとかすかにだが聞こえてくる。縦長の柱時計と形は違うがこれも同じ振り子時計。あれと同じ音だ。インスブルックのお店の女の子は木箱の中にある鐘が鳴らないよう、ちゃんと押さえをしてくれなかったようだ。これではひどく揺れたりしたら壊れてしまうのではないか……と甚だ心配になるが、下手に開けるわけにもいかない。それほど外側はしっかり梱包してくれてあるのだ。機内持ち込みにして片時も目を離さず大事に持ち帰る覚悟だが、音がするというのはちょっといただけないなあ——。

無事、九時前にはシュヴェヒャート空港に着き、まずは搭乗手続き。免税還付金を受けるための手続きは、ウィーンでなく、ユーロ圏を出るヘルシンキ空港で、忘れずにしなければならない。スーツケースを預け、まずはヘルシンキまで行く手続きを終えると、出発フロアの中で目星を付けておいたカフェでようやく朝食とすることができた。僕はタネとシリアルの粒々がいっぱい付いたプレッツェルとコーヒー、舞はスタンダードな塩味のプレッツェルとアイスレモンティーだ。プレッツェルは相変わらずでっかくて、旨い。

僕らを乗せたフィンエアー一四七二便は、予定どおり一一時一五分にウィーン国際空港を出発した。

まずはほっと一息、座席でしたためたのが、序章に載せた一文だ。

ヘルシンキのヴァンター空港へ着いたのは予定時刻の午後二時四〇分よりかなり早かったと思う。ここを出発する五時一五分までたっぷりある。僕らは明るく開放的なオープンキッチンのレストランに、北欧らしく実においしそうなシーフードメニューがあるのを見つけ、ここで昼食かたがた、旅の打ち上げをすることにした。舞は山盛りのエビに卵と生野菜のオープンサンド。僕は分厚いスモークサーモンとイクラが生野菜にドンと乗ったオープンサンドだ。どちらも色鮮やか、すごいボリュームだ。

ここに着くまでに軽い機内食は出ていたし、お昼時はとうに過ぎていた。だが最終立ち寄り地のヘルシンキで、こんなに旨そうなものが食べられるとあっては、今この時こそ旅の仕上げとするに申し分ないシチュエーションだった。ビールは各地のものを飲んできたが、ここはデンマークのカールスバーグの生。いやはや本当にお疲れさまでした――。乾杯はビールとスムージーで。

ヴァンター空港で僕は①免税手続き、②フィンランドのショットグラスなどを買う、そして③旅の間、大事に携え、一緒に旅してきた、木の板でできたムーミンの絵葉書をここから出す。この三つは絶対、忘れてならないことだった。少し前にこれを舞に話した時、彼女もこの空港で忘れずにしなければならないことが二つある、と言った。僕はそれを聞いた時、二人の〝絶対〟を忘れないようメモしておき、ちゃんと二人とも間違いなくクリアして、フィンランドを発ったのだった。

舞の二点とは、行きの乗り換え時に見て、帰りに買おうと決めていたスタバのフィンランドご当地タンブラーを買うこと。もう一つは、旅中でやっぱりお土産にしようと思ったらしい、あるムーミングッズをムーミンショップで買っていくこと。僕の免税手続きの他は、ごくごく他愛のないことばかりには違いない。だが本人にとってはこの旅の中で決して逃してはならない大事なこと。もしも他事に紛れて時間切れとなり、思いを果たせずそのまま飛行機に乗り込んでしまったなら、その瞬間から、ああ、もう買えない！　果たせない！　と悲しんだに違いない。良かった、良かった……。

そして九月一三日。空の長い長い旅を終え、朝八時五〇分。フィンエアー七九便は無事、中部国際空港セントレアに到着した。無事、着いたには着いたが、スーツケースがターンテーブルから出てきてみると、僕のスーツケースのタイヤが一ヵ所、壊れていた。

空港でよくあることとは聞いていた。が、最後の最後でこういうことがあるとは……。いや、待てよ、と、思い当たるフシがあった。これは荷物の積み下ろしや積み替えで発生したのではない。ウィーン国際空港に向かうべくホテルを出て地下鉄駅へ歩いた時、石畳の歩道をスーツケースがまっすぐ進んでくれず、「ん？　何だ？（おかしいな）」と思ったのを思い出したのだ。先を急いだからその時はキャスターをちらと見ただけで来てしまったが、確かにあの時、タイヤのカバー（車でいうホイールキャップ）が一ヵ所外れてなくなっているのを見た。そうだ。あの時はカバーが取れた程度のことなら……と、さして気にも留めずにいたが、あの時スーツケースは正常な動きをしていなかった。すでにあの時、壊れていたのだ。

どこで壊れたか。石畳の歩道を引いて歩くことも多かったし、斜面を延々と押して歩くなど、この旅で結構ハードな使い方をしてきたことに気づく。スーツケースのしてきた旅を、帰国した今、初めて思うのだった。

が、それにしても破損が早過ぎる。だがそう気づいた以上、空港で申し出るのはやめておこう。スーツケースを買った時、ユーザー登録をしてあるから大丈夫だ。だいたい、帰りにそんな面倒なこと、気が進まないではないか。

ワイファイ機器を返却し終えると、セントレアのフードコートで僕はまたもやビール、舞は何だったか忘れてしまったが何かの飲みもので、またしてもお疲れ様の最終打ち上げを、しつこくするのだった。旅は終わった。無事、全てをやり遂げた。

無事帰国　スーツケースが　壊れてた

さて、無事、と繰り返したが、帰国直後に、九月四日、台風二一号が関西に上陸し、関西国際空港が冠水・停電等により閉鎖したこと、さらには連絡橋にタンカーが衝突し、鉄道・道路も全面通行止めになっていたことを知った。一部復旧を伝えるニュースもこの日に流れたが、まだ連絡鉄道は運転再開できない状況だった。

そんなこともつゆ知らず旅を続け、無事帰国できたこと、そして思えば旅行中、事故や災難に見舞われることもなく、回り道こそあったが意図したとおりに行程を辿り、この間を過ごして来られたことの幸いに改めて気づき、心から安堵し、胸を撫で下ろしたのだった。

前書きのような後書き

娘へ

今回の旅は、父ちゃんにとってサラリーマン時代を総括する六〇歳記念の旅。就職前に一人で行った南米と対をなす大旅行、と位置づけています。思いがけぬ二人旅となり、英会話がからきしダメな父ちゃんなので大いに期待（頼りに）しています。

コースは調べ上げ、考え抜いた構成となりましたが、何といっても初めてのヨーロッパオリジナル鉄道旅行。乗り遅れたり乗り間違えたり、そもそも予定が違っていたり、といったミスは一回はあると思います。

二週間もいれば雨も必ずあるでしょう。でも、旅（＝人生）とはそういうもの。そこを何とか思い直して切り返し、乗り越えてこその旅（＝人生）と思っています。（ヨロシクたのみますよ！）

むしろ体調を崩したり、ケガしたり、スリとか事故とかトラブルに巻き込まれぬよう、最後まで気を抜かず、無事帰着していることを祈念しています。

――このカードを買ったのは行きの（旅の始まりの）ヘルシンキ。でも出せるのは帰りのヘルシンキです。着くのはとっくに帰ってからになりますが、どんな旅になったことやら。どうか無事に帰宅し、ホッとしていることを心より願いつつ。

¡Buen Viaje!　ヨーロッパ二〇一八　旅の父より

（スイス、ツェルマットにて）

以上は、行きのヘルシンキ・ヴァンター空港で買い込んだムーミンの絵葉書にしたためた、同行した娘宛ての一文。すぐに書いてフィンランドから出すつもりが、いざ書き始めると力が入り、トランジットの間では書き終えられず、ツェルマットに着いた晩に何とか書き終えたものの、ヴァンター空港ですぐ出そうとフィンランドの切手を貼ってしまったため道中で出すこともできず、ようやく帰りのヴァンター空港で投函した一枚だ。

いざ出発した時の決意を込め、宜しくと旅のパートナーに告げたものが帰ってから届くなんて、実に間の抜けたメッセージとなったが、そこがどうやら私らしいところかもしれない。ここに紹介し、終章に代えたい。なお文末の「¡Buen Viaje!（ブエン・ヴィアッヘ）」は、今回の旅に似合わずスペイン語で「良い旅を！」。

おわりに

娘とヨーロッパに行ってから早や四年以上もの歳月が流れました。

その後、娘は無事、大学を卒業し、就職しました。卒業前にはアルバイトで貯めたお金で、卒業旅行と称してまたしてもヨーロッパに二度も友人たちと出かけていましたから、私は、一回なら分かるけれど二回も、とは……。そんなに急がなくても良いのに、もっと思いをためてから行った方が何倍も価値のある旅になるだろうに……、そう思って見ていました。

ところがその後、恐ろしい新型コロナウイルスの影が忍び寄り、瞬く間に世界中を覆い尽くし、世界を、時代を、あっという間に一変させてしまいました。もう当分の間、海外旅行は夢のまた夢、お預けとなってしまいました。いや、お預けというのは、その間、まず命が無事永らえ、そして世界が回復し再生する日が来てこその話。本当にもう、以前と同じように行けるかどうか、分からなくなってしまいました。

この本が世に出る頃には収束の見通しもつき、状況は改善しているものと信じていますが、まことに旅は、行きたい時・行ける時——行けるタイミングが来たと見たら、ここぞと思う瞬間——に、間髪を入れず、万難を排して、行くべきなんだ、との思いを新たにしました。その瞬間に気づき、行動に移すためには、日頃の鍛錬つまり心がけと準備態勢づくりが肝要なのです。旅も人生も、なすべきこと、心から果たしたいと願うことは、実行に向けた何らかの行動——それは例えばメモに残す、一冊の本を買う、といった、ほんの小さなことでも良いのです——を躊躇なく起こし、心に思いを持ち続け、そして、ある日、きっと訪れる機会を違《たが》わずとらえることだと思います。

因みに私は、コロナで動きの取れないこの間に、次に備えて外国語をちょっぴり始めています。それに何より、家にいる時間が増えたことを生かし、幸いにもこの本をまとめることができました。この時間がなかったら、決してまとめ上げることはできなかったと思っています。

そしてこの間、娘と二人で撮った夥しい数の写真を何度も見返しました。全く、撮った瞬間の想いまで、如実によみがえってくるではありませんか。実に旅は三度、楽しめるものと実感しています。行く前（計画段階）、行っている間（旅行中）、行った後（思い出す）の三度です。今回、これをまとめ直す作業の中で、あの楽しかった旅を追体験することができました。

旅は行った後も一生涯、何度も味わって、心豊かな人生を送るのにとても大切なものだと思います。そのために写真は一番のよすがとなります。いい写真、いい記録を、たくさん残せました。娘が撮ってくれた、私が写っているものも多くあります。私は古いスマホで撮りましたが、娘に新しいカメラを買ってあげたことが、こんなふうに結果となって出てくるとは思っていなかっただけに、本当にうれしく感じています。

娘にそのことを話すと、「いいカメラを買ってくれたからだよ」と言ってくれます。この旅、娘と行って本当に良かった。

よく撮って　くれたね父《ぼく》の　旅姿

私のスマホに関し補足すれば、今回、カメラは予備の小さなものを持参するにとどめ、結局スマホにしたことも良かったと思っています。美しい写真がいつでもどこでも手軽に撮れ、機能的に統一された一台なので撮影場所・時間などのデータが記録されたことは今回のまとめにも大いに役立ちました。

娘と行って良かったと思ったことは、文中の随所に表れていると思いますのでここで多くは触れませんが、一つだけ挙げておきたいのは、彼女の英語力でしょう。今回の旅に「同行を許した」とか何とか言いながら、結局、彼女の英語力にどれだけ助けられたことか。全く、「同行二人」で乗り切った旅、なのでした。

そう言いながら、娘のことを全然知らずにいたのだなあ、ということにも今回気づかされました。ここまで小食だということすら分かっていなかった。もっとこまめに少しずつ、もっといろいろなものを食べさせてあげれば良かったと反省しています。

さて、ここで今回の旅を終えた時点での、幾つかの点について、少々まとめっぽく補足しておきたいと思います。

一つは、今回、予想以上（計画での想定以上）に良かったこと・楽しめたことについて。今回、非常にたくさんの乗り物に乗りました。鉄道（登山鉄道・ケーブルカー含む）・トラム、ロープウェイ、船、観光バスくらいまでは計画の範囲内でしたが、次々と、実に五〇回以上。どれも実に楽しかった。とくに面白かったベストスリーはといえば、順不同で①古式エレベータ。②すべり台。いやいや、これは遊具であって、さすがに乗り物とするわけにはいかないな……。とすると②は、同じ塩坑の、トロッコ。これはスリル満点でした。順位をつけるとすれば、これが一番でしょう。③プラーターの大観覧車。何だか、いわゆる〝乗り物〟っぽくないものばかりになってしまいましたが、さて、娘の意見は、どうでしょうか。これら意外性のある〝乗り物等〟の面白みをアクセントとして、多彩な「乗り物の旅」であったことは特筆に値します。

ベストスリーと言えば、①逆さマッターホルン、②逆さハルシュタット、③逆さベルヴェデーレ、と三つの〝逆さ〟を見たことも印象に残れば、他にも幾つも予期しなかった喜びがありました。

二つ目は、逆に、やり残したこと・次回以降への持ち越し案件について。

そんなに一杯乗ったのに、当初期待したはずのSL・保存鉄道、そしてポストバスには乗れなかった、乗らなかった。あんなに意気込んでいたはずなのに……。これだけいろいろな乗り物に乗ると充分満足してしまいましたが、これらについては次回以降への持ち越しとしたい。

特急にも、あんなに何度も乗ったのに、とうとう食堂車の利用機会を逸しました。計画は全て達成したと思っていましたが、これは確かに果たさずに終わったのでした。これも次なる旅の楽しみに取っておこうと思っています。

インスブルックの心残りについて。これは、行きたかった街に本当に行けたのですから、あれで良かったと思っています。どう見てもあの行程で他を省略できたところは半日とてなかったのですから。欲を言えば、南米旅に合せ、もう一日取って、この街で、あるいは慌ただしかったあの一日を二日に分けて、どこかでもう一泊していれば完璧だったかもしれませんが。この街、ないしチロル辺りに関しては、いずれ次女が結婚する時、もう一度、私が鳩時計を買いに行ってあげようかな……くらいに考えて、次の楽しみとして、いずれきっと訪れるであろうチャンスの時まで、〝思い〟を残しておこうと思っています。

そう、鳩時計について少し補足しておきたいと思います。長女に買ってきた鳩時計のオルゴールは、「エーデルワイス」と「ハッピーワンダラー」の二曲。「ハッピーワンダラー」の「ワンダラー」は、〝ワンダーフォーゲル〟のワンダラー、すなわちワンダーする人、の意味でしょうから、山や森を歩いて行く自由な旅人のことでしょう。この二曲はドイツの伝統的な鳩時計の定番らしいのですが、二曲とも今回の旅にまさしくぴったりで、とてもうれしく思っています。

鳩時計　求め旅した　ワンダラー

話は少し逸れますが、「エーデルワイス」が出たついでに、私の『サウンド・オブ・ミュージック』の記憶についても、ここで補足させてください（因みにこの映画の「さようなら、ごきげんよう」は鳩時計を真似た歌でしたね！）。補足というより、これは訂正です。

私はこの映画を中一で見たのではないかと、第一部の本文中、つまり旅行前に記憶を辿っていますが、その後、どうも違うのではないかと気になっていました。もっと昔の記憶と思えるのです。中一の頃からいつも聴いていたのはクラシックや世界の音楽、あるいは当時人気だった映画音楽やポピュラー音楽といったもので、この映画のレコードをあの大きなステレオで聴いた記憶は、どうも、ないのです。

小学校の頃まで、わが家には箱型のレコードプレーヤーと、オープンリールのテープレコーダーもありましたから、これらで聴いていたのだと思い当たりました。ということは六五年の封切り時に見たことになります。娘の舞が見たのと同じ、小学校時代に。

このテープレコーダーは確か兄が父に買ってもらったもので、兄は当時家族で見ていたテレビドラマなどの主題歌を幾つも録音して聴いていました。『若者たち』は有名ですが、渥美清の『泣いてたまるか』、母が涙して最終回を見ていた『さくら貝の歌』などいろいろ。『太陽の丘』などは今思い返してみても力をもらえる名曲だと思います。これらの番組、子ども向けではないこともあり、内容はほとんど憶えていないのですが、この録音のおかげで主題歌だけは今もそのまま頭の中に残っているのです。

調べてみると、『サウンド・オブ・ミュージック』と同じ六五年には映画『大怪獣ガメラ』が、すぐ翌年に総天然色（カラー）になって『ガメラ対バルゴン』『大魔神』が同時公開されています。映画館で見たこれら三作品の映像を、部分的にではありますが実にリアルに憶えています。

そう気づいて、子ども時代の私は映画やテレビ、そしてそこから流れ出ていた音楽から、とても強い影響を受けていたことが初めて認識されたのです（そしてそれら全てが父と家族の影響だということも）。

そんな私に音楽の楽しさと素晴らしさをダイナミックに吹き込んでくれたのが、もしかしたら映画館で見た『サウンド・オブ・ミュージック』だったのではないか。

そしてこの映画、シネマスコープの大画面で外国の美しい風景をたっぷりと見せてくれたはずです。私の目を外国に向けさせてくれたのは、小学六年からテレビで始まった『ムーミン』と、中一時代の大阪万博、すぐ翌年の、兄のヨーロッパ旅行だったと、これまで思ってきたのですが、もっとうんと昔、小二の頃に見た『サウンド・オブ・ミュージック』の映画体験が、私の音楽との、そして外国との出会いだったのではないか。そういうところに考えが至ったのです。

その後のアメリカ映画が、ベトナム戦争の泥沼化とともに社会が大きく揺らいでゆく中で変貌していったことを思うと、高度成長期に育った私の幼少時の生活体験が穏やかで平和な記憶で彩られ、美しい外国の風景や音楽が、子どもだった私の目と耳と心を惹きつけてくれたことはまことに幸いだったと感じます。

同じ頃、家族で見た『小さい逃亡者』という日ソ合作の映画があったことも思い出しました。具体的なストーリーこそ憶えていませんが、主人公の少年がオーケストラをバックにヴァイオリンでチャイコフスキーのヴァイオリン協奏曲を演奏するラストシーンだけは今もありありと目に浮かびます。この映画も、以後一度も見ていないのに、です。そしてこの名曲も、父の買ってきたレコードを後に聴き込んで、全編、そらんじていました。このドラマチックで壮大で、かつ繊細で悲壮感すら漂わせる名曲に、子どもの頃、映画館の暗闇の中で全身で浸ったことが、もしかしたら私のクラシック原体験だったのかもしれません。

仮に私に音楽的素養？ があるとするならば、これまたテレビの初代『ムーミン』の宇野誠一郎の音楽と、中一時代の生活の変化を契機として家庭で培われたものと思っていたのですが、実はもっとずっと小さかった頃にそのルーツが、芽生えが、あったようです。

今、旅の経験をまとめ終えて改めて記憶を辿り、考えて、たった今、このことを再発見しました。大学時代、己に目覚めたように自由に活動し、卒業時の旅行がそのまとめとなるとともに人生の大きな飛躍への力となったことは間違いありませんが、それよりずっと前の子ども時代から私は私だったこと、様々に外的刺激を受けながら私を形作っていった時代がずっとあって、その延長上に、その後の――オリジナルの生を自覚した――大人の私があること、そして今現在の歩みもその延長線上にある――今も変化の途上に生きている――ことを、改めて自覚したのです。

旅を深く考えた時、自分の辿ってきた人生が見えてくるって、不思議です。そして、私の外国への憧れと音楽の好きなことが常にセットになって旅の夢につながっていることも、今にして認識しました。テレビの歌番組もいつも見ていましたが、まだ音楽が今ほど商業化されておらず、グローバル化もしていなかった時代、人々は外国の民謡やシャンソン・タンゴ・ラテン音楽といった地域色の濃い音楽も、そうでない一般的なポップミュージックや歌謡曲等々と同レベルで（というよりその一部として）、何だか――逆説的ではありますが――今日よりも幅広く受け容れ、楽しんでいたような気がしてきます。そして、そうした音楽や外国映画を通して、遠い国に想いをはせていたように思います。外国の映画音楽も本当に素敵でした。マッターホルンを望む村の道の風景を、私はいつも、ある映画音楽を頭の中でかけながら思い浮かべていたのでした。

まさしく今回の幸せな体験は、私の人生のあみだくじの、うんと下の方から、全てがちゃんとつながって出てきたものと、改めて実感されたのです。

原稿をまとめ終えてから発見したことは、まだまだあります。『サウンド・オブ・ミュージック』と『ハイジ』について、この間に改めて本を読む機会を持つことができて初めて気づいたこともあります。それは、この二つの物語がとてもよく似ている、ということです。

どちらも、外から来た天衣無縫な女性（少女）が自然な信仰心と教えを授けられることによって成長し、持てるものを惜しみなく周りに分け与えることで人々の心を開き、皆が希望を取り戻していく物語だと思います。けれどそのためにはマリアもハイジも、一旦外に、たった一人で出なければならないという試練を経験することが必要でした。神様は、神を信ずる人に試練を与えますが、その人にとって一番良い時に、ちゃんと願いをかなえてくれるのでした。まさに私も、ハイジと同じように、願いがもっと早くかなっていたらこれほど素晴らしいことは起こらなかったと、今、強く感じているところです。

この二つの物語は今回の旅のテーマの一部でしたが、こと『ハイジ』に関しては新婚旅行との接点であること、娘の希望でもあることが主眼で、私のこれまでの人生の中で深い〝縁〟があったとは思っていませんでした。それが今回、行く前に初めて原作に触れ、現地を訪ね、帰ってから再び学び直す中で、私にとってとても大切な、かけがえのない本の一冊になりました。

旅を通じて三たび考えたことで、この旅が夢の実現に終わらず、私の人生に新たな何かを加えてもくれたようです。旅の中で出会った人や物、すれ違った出来事や自然が、その後の人生に深く影響することは多くあります。旅はその時で終わるものでは決してなく、旅を経てこそ人生は深く豊かになるのではないでしょうか。

以上の点は補足のさらに補足のつもりで書き始めましたが、長くなりました。三点目とし、原稿をまとめ終えてからの気づき、としておきましょう。

さて、四点目は、費用決算についてです。

旅行後、きちんと精算したところ、この旅行の総費用(土産まで含む、私の総支出)は一一三万円でした。予算を若干オーバーしましたが、ほぼ見込みどおりに終了したということです。クレジットカードがどこでも使用できたおかげで、ATMも、デビットカードも、一度も利用する機会はありませんでした。持参した外貨は一部残りましたが、両替分は二人分の全額を計上しましたから、この額には娘の小遣い分まで含まれています。この小遣い分を差し引けば、予算表どおりの結果です。

なお娘には請求書と、返済状況がひと目で分かる表と、月謝袋のような封筒を作って先に渡しておいたのですが、就職後の返済はなく、少々気になっていました。が、冬のボーナスが出た年末、一括返済してくれました。

最後に二点、触れておかねばならないことがあります。

まずはご協力いただいた方へのお礼です。

今回の旅で全面的にお世話になったB旅行社とDさんに、実は何の断りもなく、ここにこの間のこまごまとしたやり取りまで書いてしまいました。この場をお借りして心よりお礼申し上げるとともに、何卒悪しからずご了承いただければ幸いです。Dさんのサポートなしには、こんなに充実した旅は決してできなかったと、感謝の気持ちで一杯です。本当にありがとうございました。（本稿がまとまった段階でB旅行社に改めてご挨拶に伺ったのは言うまでもありません。実はこのまとめをもってDさんへの旅の結果報告とお礼とさせていただこうという気持ちを持ち続けてきました。）

次に、文中の娘と妻に関する記述について。

私のごく個人的な思考と行動のまとめとなったことで、周りの家族のことまで、ここにある程度は出てしまう内容となりました。直接的なやり取りなど、より詳細な記述は控え、あくまで私個人の勝手な受け止めとして書かせてもらいました。今回の旅に一言も文句を言わず最後まで付いてきてくれたばかりか、いつもさり気なく助けてくれて、父の希望と計画どおりに全て実行させてくれた娘と、やはり一言も文句を言わず送り出してくれた妻だから、きっと許してくれていると信じています（勿論、二人には原稿を読んでもらいました）。

二人には本当に感謝しています。私の人生総合編への旅立ちに、よくぞ立ち会い、協力してくれました。そして娘には、この旅を心の糧（まさに心の栄養）として今後の人生をしなやかに歩んでいってほしいと願っています。スネガでのあの一言にも、今では感謝しています。あの一言がなかったら、翌日の幸せなハイキングは決してなかったでしょう。それどころか、あの時もしも歩き出していたら、私たちは遭難していたかもしれないのです。本当に、あの一言が私たち二人を救ってくれました。

コロナ後の世界が、それ以前より良い世界になって――人類がこの試練を乗り越え、新しい次の時代を切り拓いて――いますように。そして再び、世界を自由に旅することのできる日が訪れますように。

ヨーロッパ　歩いた走った　旅をした

――以上をもって、これを書き了えるはずでした。ところが、今度はロシアによるウクライナ侵攻という異常事態が、コロナ禍に追い討ちをかけるようにして、今、世界を揺るがしています。いったい、世界はどこへ向かっていくのでしょうか。この悲惨な事態が一刻も早く終息することを心より祈念して、ペンを擱きます。

――ところが。擱いたペンを、また、手に取ってしまいました。

というのは、最後の最後に、大きな変化があったからです。といっても世界情勢の話ではなく、（恐縮ながら）私のこの本をめぐる状況の変化です。

お読みいただいた方は、この本が例によって私の年間計画のもとに進められたプロジェクトのひとつであることに、もうお気づきのことと思います。そのとおりこの本は、新型コロナウイルスの脅威の只中にあった二〇二〇年と翌二一年に取り組んだ、私の執筆プロジェクトであり出版プロジェクトでありました。

しかし、何とか二〇年度中にまとめ上げたこの一編の記録は、私が職業人生最後の仕事に追われる中で棚上げとなってしまい、プロジェクトは二二年まで持ち越されてしまいました。

今年、退職してフリー、いえ、失業者となった私は、年内の自費出版を目指し作業を再開しました。が、個人出版は大変な事業であるうえ、他事も重なり、思うように捗りません。そこへ、この秋になって思わぬ展開があったのです。

何と、この個人的な経験の記録が、旧知の方のご紹介を得て出版社のご協力をいただけることになったのです。

六〇歳の旅のまとめが、ここへきて昔のご縁にまたひとつつながったことで、六五歳となる今、ついに形になろうとしています。この一冊を次なる旅への一里塚として、今日から六〇代後半の旅に、静かに歩みを進める覚悟です。

ここに新葉館出版をご紹介いただいた西まさるさんと、新葉館出版の皆さん、そして、この一冊を手に取ってくださった読者の皆さんに心からの感謝を申し上げ、最後まで個人的となりますが私の人生総合編第二幕の完結といたします。

ありがとうございました。

かみの旅途

二〇二二年一二月一五日

【著者略歴】
かみの旅途（かみの・たびと）

1957年愛知県生まれ。1981年、名古屋大学文学部哲学科（社会学研究室）卒業。同年、名古屋鉄道㈱入社。車掌等の鉄道現場実習、関連ホテルへの研修出向を経て、本社広報、サービスエリア、文化事業現場等に勤務。経済団体、バス事業者団体、名古屋財界事業への派遣も経験。（関連会社への出向期間をこの間に含む。）2017年定年退職。引き続き同社の契約社員として名古屋財界事業へ派遣。2021年、同事業へ転籍。翌2022年退職。愛知県扶桑町在住。本書が初の著作となる。

旅の計画
父と娘、ヨーロッパへ行く。
○
令和5年 4 月22日　初　版
著　者
か み の 旅 途
編　集
西まさる編集事務所
発行人
松　岡　恭　子
発行所
新 葉 館 出 版
大阪市東成区玉津1丁目9-16 4F　〒537-0023
TEL06-4259-3777㈹　FAX06-4259-3888
https://shinyokan.jp/
印刷所
明誠企画株式会社
○
定価はカバーに表示してあります。

ISBN978-4-8237-1081-0